성경인물에 대한
성경적 설교

A Study on the Biblical Preaching of Bible Characters
by Rev. Won-Kwang Kim, B.A., M.Div., Th.D.

Copyright© 2014 Won-Kwang Kim,

Pubilshed by Hapdong Theological Seminary Press
 Kwangkyojoongang-ro 50,
 Yeongtong-gu, Suwon, Korea
 All rights reserved

성경인물에 대한 성경적 설교

초판 1쇄 인쇄 | 2014년 6월 30일
초판 1쇄 발행 | 2014년 6월 30일

지은이 | 김원광
발행인 | 조병수
펴낸곳 | 합동신학대학원출판부
주 소 | 443-380 경기도 수원시 영통구 광교중앙로 50(원천동)
전 화 | (031) 217-0629
팩 스 | (031) 212-6204
홈페이지 | www.hapdong.ac.kr
출판등록번호 | 제22-1-1호
출판등록일 | 1987년 11월 16일
인쇄처 | 예원프린팅
총 판 | (주)기독교출판유통(031)906-9191
값 14,000원

ISBN 978-89-97244-20-1 93230
*잘못된 책은 교환해 드립니다

235.2-KDC5
252-DDC21

이 도서의 국립중앙도서관 출판시도록목록(CIP)은 e-CIP 홈페이지
(http://www.nl.go.kr/cip.php)에서 이용하실 수 있습니다.
(CIP제어번호 : CIP2014018975)

성경인물에 대한

성경적 설교

합신대학원출판부

••• 권두언

성경적 인물 설교를 위한 값진 시도

성경은 수많은 인물들의 이야기를 통하여 하나님의 자기 계시, 혹은 구속의 역사를 진행하고 있으므로 그 인물들의 이야기를 내용으로 한 설교, 곧 성경인물 설교를 수행하는 것은 필연적인 일이기도 하다. 사실, 성경에 등장하는 인물들을 주제로 한 성경인물 설교는 그것이 성경적으로 정당하게 수행되고 있는가와 상관없이 고금을 막론하고 설교 현장에서는 많은 환영을 받으며 널리 시행되고 있는 보편적인 설교 방식 가운데 하나이다.

　인물 설교가 설교자나 설교를 듣는 회중에게 높은 관심과 효력을 갖는 것은 어떤 점에서는 자연스러운 일이기도 하다. 왜냐하면 인물 설교는 반드시 이야기의 형식을 설교 안에 취할 수밖에 없는데, 사람들은 본성상 누구나 이야기를 좋아할 뿐만 아니라, 또한 이야기는 감동적이고 생생하며, 구체적이라는 특징을 가지고 있어서 전달에 탁월한 효과를 나타내기 때문이다. 뿐만 아니라 이야기는 청중에게 직설적으로 말하지 않으면서 청중으로 하여금 어느 순간엔가 이미 그 이야기 속에 있는 자신을 발견하게 하는 힘을 가지고 있다. 즉 자기의 이야기가 아니므로 부담 없이 듣기를 시작하여 결국은 그것이 자신의 이야기인 것으로 판명나게 함으로써 강력한 메시지를 구사할 수 있게 하는 동일시의 힘을 가진 탁월한 간접 커뮤니케이션 (indirect communication) 수단인 것이다.

그러나 아이러니컬하게도 목회 현장에서는 이렇게 보편적으로 활용되는 인물 설교가 설교학의 세계에서는 매우 희귀하게 다루어지고 있다. 성경에 수많은 인물들이 등장하고 있고, 설교 현장에서도 인물설교가 보편적인 설교방식 가운데 하나인데도 성경인물 설교에 대하여 이렇게 무관심한 것은 명백한 직무 유기라고 할 수 있다. 인물설교를 무시한다면 우리는 결국 오늘을 살아가는 사람들에게 하나님의 진리를 효과적으로 전달하는 데 유용한 귀중한 도구 하나를 놓치는 셈이 될 것이다.

물론 성경인물설교가 성경의 근본적인 의도를 떠나 단순한 도덕설교 혹은 모범설교로 변질될 위험성을 내포하고 있다는 점은 심각하게 인식되어야 한다. 실제로 목회 현장에서 행해지고 있는 인물설교 가운데 상당수가 단순한 도덕설교나 모범설교의 차원에 머무르고 있다는 것도 부인할 수 없는 사실이다. 그러므로 성경적인 성경인물설교가 수행되도록 하기 위한 적극적인 논의와 노력이 이루어져야 한다. 성경적 인물 설교란 무엇이며, 성경인물설교가 흔히 범하기 쉬운 오류나 위험은 무엇인가에 대한 논의가 심도 있게 이루어져야 한다. 그리고 나아가서 설교 현장에서 실제로 성경적 인물설교가 실현되게 하기 위한 구체적인 방안은 무엇인가 하는 것이 제시되어야 한다.

이 책은 저자가 성경인물 설교에 대한 위와 같은 문제를 깊이 인식하고 나름대로 수년 동안 연구하고 고뇌한 결실이다. 저자는 성경인물설교에 대한 논의를 조직적으로 그리고 체계적으로 펼치면서, 성경적 인물설교를 위한 이론과 실제적 지침을 제시하려는 시도를 일관성 있게 전개하고 있다. 그러므로 저자의 논의에는 인물 설교에 대한 신학적, 해석학적, 그리고 설교학적 안목이 종합적으로 작동하고 있다. 무엇보다도 이 책의 중요한 가치는 설교자들이 성경인물 설교를 어떻게 성경적으로, 그리고 효과적으로 수행할 수 있을 것인가에 초점을 맞추고 구체적인 지침을 제시하여 현장의 설교자들을 돕고 있다는 데 있다. 이를 위하여 저자는 나름대로 인물 설교 분석의 틀을 작성하여 국내외의 인물 설교들을 분석 평가하고, 그로부터 성경적 인물 설교를 위한 지침을 작성하여 제시하고 있다. 뿐만 아니라 삼손 내러티브를 본문으로 한 자신의 설교 작성 과정을 실례로 제시하여 주어진 지침의 구체적인 적용 시범을 제시하여 현장의 설교자들의 실천이 용이하도록 돕고 있다. 본인은 저자의 이 작업과정을 처음부터 지켜보며 함께 고민했던 사람으로서 이 책이 성경인물 설교를 수행하는 한국교회 설교자들에게 훌륭한 길잡이가 되고, 동시에 큰 유익을 끼치게 될 것을 확신하는 바이다.

합동신학대학원대학교
설교학 교수 **정창균**

추천사

어찌 보면 설교만큼 쉬운 일도 없지만, 또 어찌 보면 설교만큼 어려운 일도 없다. 설교가 쉽다는 말은 설교자료가 성경에 부지기수로 많기 때문이고, 설교가 어렵다는 말은 성경을 해석하기가 매우 까다롭기 때문이다. 이번 김원광 목사님이 세상에 선보이는 성경인물 설교에 관한 이 책은 삼손을 예로 들어 설교의 쉬움과 어려움 사이에서 우리가 어떤 길을 가야 할지 잘 보여 준다.

먼저 저자는 성경인물을 설교해야 할 필요성과 정당성을 제시한다. 성경 곳곳에 인물이 많이 등장하기 때문에 그 설교는 당연한 일이며, 알아듣기 쉽고 감동적이기 때문에 반론의 여지가 없다는 것이다. 그러나 저자는 성경인물설교의 위험도 간과하지 않는다. 때때로 너무나 지나치게 상상력이 많이 발동되거나 구속사와 관계없는 도덕설교로 전락할 가능성이 많기 때문이다. 그래서 저자는 성경인물 설교와 구속사 설교를 조화할 수 있는 길을 모색하면서 성경의 인물을 설교할 때도 그리스도 중심적 성경해석을 시도해야 한다고 주장한다. 이렇게 하기 위해서 저자는 본문의 내러티브를 충실하게 이해해야 하며, 성경인물 해석에서 자주 나타나는 오류들을 충분히 살펴야 한다고 목소리를 높인다.

저자는 성경인물설교를 위한 대표적인 예로 삼손설교를 제시한다. 우선 저자는 국내외 유명한 설교자들의 삼손설교를 분석하면서 허실을 평가한다. 그 대부분이 본문에 대한 정확한 분석을 외면한 채 전기적으로 접근하거나, 알레고리 해석으로 시간을 초월하여 성경인물과 현재의 청중을 성급하게 동일시하거나, 도덕 설교로 전락해 버렸다는 것이다. 그래서 저자는 삼손설교에 일반적으로 나타나는 이런 문제점들을 막기 위해서 전기적 설교라든지 성경인물과 청중을 동일시하는 적용을 경계하고, 구속사를 바탕으로 하는 그리스도 중심의 해석과 구속의 결과로 요청되는 윤리 강조라는 해석의 전제들을 제시한다.

저자가 삼손설교와 관련하여 이 책에서 보여 주는 장점 가운데 하나는 설교를 작성하기 이전에 풀어야 할 선결 문제들을 생각해 본다는 점이다. 그것은 삼손이 정말 타락한 사사인가, 어려서부터 힘이 셌을까, 술과 정욕에 노출된 사람인가, 삼손에 대한 히브리서의 평가를 어떻게 이해할 것인가 등등이다.

이 책이 제공하는 최대의 선물은 삼손설교의 작성 원리와 실례를 친절하게 제시하고 있다는 데 있다. 아마도 독자들이 책을 잘 읽어 보면 적지 않은 편수의 설교를 손에 쥐는 유익을 얻을 것이다.

김원광 목사님의 성경인물설교 지침서는 설교가 쉽지만도 않고 어렵지만도 않다는 양비론을 극복할 수 있는 어떤 지혜로운 길을 알려주고 있기 때문에 꼭 읽어 보라고 힘 주어 추천하고 싶다.

합동신학대학원대학교
총장 조병수

한국교회의 신자들과 목회자들은 인물설교를 좋아한다. 성경에 등장하는 인물들에 관한 설교는 하나님의 진리를 생생하고 실감나게 묘사하기 때문이다. 하지만 자칫하면 성경의 인물들에 관한 설교의 초점이 하나님의 진리에 집중되지 못하고 인물들의 모범적인 장점들이나 윤리적인 교훈에 머무를 때가 많다. 성경의 인물들에 관한 내러티브 본문을 해석할 때, 해석자의 해석 관점이 성경 본래의 저작 의도를 염두에 두면서 인물들을 분석하지 않고 특정 인물의 윤리적인 장단점이라는 제한된 요소만을 의식하기 때문이다.

저자는 목회 현장에서 성경에 관한 인물들을 올바로 해석하고 설교할 수 있는 설교학적인 방법에 관하여 오랫동안 고민한 끝에 삼손이라는 흥미로운 인물을 선택하여 삼손 내러티브를 올바로 해석하고 설교할 수 있는 방법들을 이 한 권의 책에 담아냈다. 이 책에서 저자는 먼저 성경인물설교를 올바로 정의내리고 이어서 성경의 인물들을 설교에서 다룰 수 있는 정당성과 그 한계를 분명하게 선 긋고 있다. 이러한 인물설교에 대한 설교학적인 이해의 토대 위에서 성경에 등장하는 인물들을 예수 그리스도 중심의 구속 역사의 관점에서 해석할 수 있는 해석학적인 근거들을 소개한다. 이렇게 인물설교에 대한 이론적인 토대를 확보한 다음에 후반부에서는 구약의 사사시대를 대표하는 삼손이라는 흥미로운 인물을 설교에서 올바로 다룰 수 있는 방안을 소개한다. 이를 위하여 먼저 기존의 삼손설교에 대하여 그 장단점을 파헤친 다음에 사사기 13-16장의 삼손에 관한 내러티브를 올바로 설교할 수 있는 실례들을 제시하고 있다. 이 책이 목회 현장에서 성경의 인물들에 관하여 설교해 오고 있거나 또 앞으로 인물설교를 희망하는 많은 목회자들과 신학생들, 그리고 인물설교에 대하여 관심 있는 신자들에게 인물설교 이해를 위한 중요한 이정표가 될 수 있기를 희망한다.

합동신학대학원대학교
설교학 교수 **이승진**

구약 내러티브에는 수많은 인물들이 등장한다. 안타깝게도 한국 강단에서 이 인물들은 단순히 윤리적 모범으로 설교되고 마는 경우가 적지 않다. 김원광 목사님의 연구는 이런 문제를 교정하고 성경의 인물들을 그 고유한 구속사적 맥락 속에서 이해하고 설교할 수 있도록 돕는 훌륭한 신학적, 해석학적 지침을 제공해 준다.

합동신학대학원대학교
구약학 교수 김진수

오랫동안 한국 교회의 강단에서는 성경 속의 인물들에 대해 성경의 저자가 전하고자 하는 메시지와는 다른 신앙의 영웅화 혹은 풍유적 설교들이 전파되었다는 것은 주지의 사실이다. 금번에 '어머니 기도회'로 한국 교회에 친숙한 김원광 목사님의 삼손을 중심으로 한 '성경인물에 대한 성경적 설교'의 출판은 한국교회 강단의 설교자들에게는 가뭄에 단비와 같은 기쁜 소식이 아닐 수 없다. 이 책이 난무한 성경인물설교의 홍수 속에서 성경 신학에 근거한 탁월한 통찰과 올바른 방향을 제시할 것으로 확신한다.

아플레턴 한인장로교회(Appleton Korean Presbyterian Church)
안승준 목사

머리말

이 책은 성경 내러티브 본문 속의 성경인물들을 어떻게 설교할 것인가에 대하여 쓴 것입니다. 이 책은 필자가 합동신학대학원 설교학 박사과정에서 쓴 논문 "성경적 성경인물설교–삼손설교를 중심으로"를 독자가 읽기 쉽도록 조금 손을 봐서 내놓은 것입니다.

성경의 내러티브 본문에는 많은 인물들이 등장합니다. 이 인물들은 그동안 설교자들의 개인적인 경험과 생각에 따라 다양하게 해석이 되어 왔습니다. 하지만 성경의 내러티브 본문에 등장하는 인물들은 이처럼 해석될 수 있는 사람들이 아니라는 것이 이 책의 주장입니다.

그 인물들을 바로 이해하기 위해서는 성경 전체의 구속사적 개념을 잘 이해해야 하며, 내러티브의 특성에 대한 깊은 성찰도 있어야 합니다. 이런 것들이 없이 성경인물이 해석되고 설교될 때에, 일반 전기 속의 인물들을 해석하여 청중에게 교훈을 주는 것과 전혀 차이가 없는 성경인물 설교들이 되는데, 여기에는 큰 문제점이 있습니다.

이 책에서는 설교자들이 이런 점들을 극복하도록 돕기 위해 성경인물들이 등장하는 본문을 해석하고 설교할 때 주의해야 할 7가지 원칙을 제시하였습니다. 이 7가지 원칙들이 완전한 것일 수는 없겠지만, 설교자들이 내러티브 본문 속의 인물들을 설교할 때 오류를 피하게 해 줄 좋은 도구들이 될 수 있다는 사실만은 분명합니다.

이 책을 쓰기까지 지도해 주신 정창균 교수님을 비롯한 합동신학대학원의 모든 교수님들께 진심으로 감사드립니다. 그리고 이 책을 꼼꼼히 읽고 조언을 해 준 우리 중계충성교회 교역자들과, 언제나 든든한 후원자인 우리 교우들 그리고 무엇보다 사랑하는 우리 가족들에게 감사의 마음을 전하고 싶습니다.

　하나님의 크신 은혜가 이 책을 읽는 모든 분들 위에 함께하기를 기원합니다.

2014년 4월
중계동 서재에서
김원광

Contents

 들어가는 말

하나님의 계시인 말씀을 오늘날의 회중이 알아듣기 쉽게 전하는 일
은 설교자들에게 항상 무거운 사명이다. 이런 무거운 사명을 감당하
기 위하여 설교자들은 회중에게 잘 다가설 수 있는 매력적인 설교 방
법으로 성경인물들에 관한 설교들을 사용해 왔다. 필자 역시 오랜 시
간 설교자로 살아오면서 많은 성경의 인물들을 설교 대상으로 삼아
왔다. 아담을 비롯하여 창세기의 족장들과 선지자들 그리고 신약의
사도들과 그의 후계자들이 모두 거기에 포함된다. 지난날을 돌이켜
보면 해마다 성경인물설교를 하지 않고 지나간 경우는 거의 없었다.
필자의 경우 인물설교를 하고 그 내용을 묶어 책으로 출판한 적도
몇 번 있었다. 그 책들의 주인공들은 다윗과 요셉 그리고 삼손 등이
었다.

　성경인물설교에 대한 관심은 필자에게만 있었던 것이 아니다. 교
회 역사를 살펴보면, 설교의 중요한 한 축을 성경인물설교가 감당해
왔다는 사실을 쉽게 확인할 수 있을 것이다. 성경인물설교는 늘 설교
자들의 관심을 끄는 매력이 있다. 오늘날도 국내 여러 유명 설교자들
이 자주 성경인물설교를 하고 있고, 성경인물에 관한 유명 설교자들
의 설교집들도 여러 권 출판되어 있다. 뿐만 아니라 스펄전과 F. B.
마이어와 같은 분들도 성경인물설교를 자주 했고, 찰스 스윈돌이나
존 맥아더도 성경인물설교들을 책으로 출판한 바 있다. 그 외에도 주
위를 살펴보면 많은 설교자들이 성경인물설교를 하고 있음을 쉽게
발견할 수 있을 것이다.

그러나 성경인물설교는 설교단에서의 쓰임만큼 설교학계에서는 크게 주목을 받지 못했다. 이런 현상의 배경에는 다양한 원인이 있을 수 있는데, 성경인물설교가 모범설교(이 용어는 사람들의 삶을 윤리적, 도덕적 모범으로 제시한 후 그들처럼 살라는 식으로 설교하는 방식을 의미하는 것으로, 성경을 하나님 중심으로 보지 못하는 문제점을 내포하고 있다)에 머물러 결코 성경적인 설교가 되지 못한다는 구속사적 설교론자들(이들은 성경이 창조-타락-구속이라는 틀로 구성이 되어 있으며, 그 구속의 전 과정이 그리스도를 향하고 있다는 주장을 한다)의 주장도 분명히 그 한 원인이 되었다. 사실 많은 성경인물설교들이 단순히 성경의 한 인물을 전기적(傳記的) 차원에서 다루며, 그로부터 도덕적 혹은 모범적 교훈을 찾아 교훈하는 문제점들을 드러내고 있다. 즉 우리는 어렵지 않게 "다윗과 같은 믿음을 갖자"라든지 "요셉처럼 효도하자"라든지 혹은 "야곱처럼 기도하자", "갈렙처럼 나이가 많아져도 변치 않는 신앙을 갖자"라는 주제의 성경인물설교들을 찾아낼 수 있다. 이런 전기적 인물설교들의 문제는 성경이 아닌 다른 위인전이나 소설의 인물들로부터도 얼마든지 비슷한 교훈을 찾아내는 것이 가능하다는 점에 있다. 이런 방식으로는 결코 설교 고유의 목적을 달성하기 어렵다.

성경인물설교에서 인물은 매우 중요한 역할을 담당한다. 성경인물들은 하나님의 구속사의 한가운데를 살아간 사람들로, 실제 구속사의 한 부분을 이루는 사람들이다. 예를 들어 아브라함의 삶은 단순히 이스라엘이라는 민족의 시조가 된 인물의 전기를 후세에 전하는 것을 목적으로 기록되지 않았다. 그의 삶은 하나님의 인류를 향한 구원의 계획과 밀접하게 연관되어 있다. 그를 통해 하나님이 약속하신 후손이 임할 것이며, 그 후손(예수 그리스도)을 통해 온 인류에게 구원의 은혜가 임하게 될 것이었다. 그러므로 아브라함의 삶과 하나님의 구속사는 따로 떼어 생각할 수 없는 것이다.

그런데 주목할 것은 성경인물들이 구속의 역사 한가운데를 살아가면서 자연스럽게 그 삶의 자취를 남기게 된다는 점이다. 설교자들은 이때 이들의 삶의 자취가 보여주는 윤리적, 도덕적 삶들이 단순히 인간적 삶의 모범을 제시하기 위해 기록된 것들은 아니었다는 사실을 기억해야 한다. 그들의 삶은 하나님의 구속에 대한 특별한 반응으로 나타난 것이었다. 성경인물들의 삶은 철저히 구속사와 연관되어 있다. 그러므로 단순히 인물 전기적으로 다루어지거나 혹은 윤리, 도덕적 삶의 모범을 제시하기 위한 예화처럼 다루어져서는 안 된다.

　　여기서 주의해야 할 사실이 한 가지 있는데, 인물 전기적인 이해를 통해 성경인물을 설교하는 일을 할 수 없다는 말을 인물에 관한 설교를 전혀 할 수 없다는 말로 오해하는 것이다. 앞서 필자는 성경인물들의 삶이 하나님의 구속에 대한 반응임을 지적했다. 그런데 바로 이 지점에 성경인물설교에 대한 열쇠가 있다. 하나님의 구속사 속에서 이들이 보여 주는 다양한 반응들은 동일한 구속의 은혜를 받고 이 세상을 살아가는 우리에게 얼마든지 삶의 모델로 제시될 수 있는 것들이다. 성경인물설교를 하고자 하는 설교자들이 놓쳐서는 안 될 것이 바로 이 부분이다. 바로 이 부분에 성경인물들의 삶 자체가 가지는 모범적인 의미가 있는 것이다. 설교자는 이런 면들을 확인하여 신앙생활의 모범으로 제시할 수 있으며 그것은 매우 바람직한 것이다. 왜냐하면 우리도 그들과 동일한 구속의 은혜를 입었고, 여전히 진행중인 하나님의 구속사 속에 살고 있으므로 그에 합당한 반응을 보이는 것이 우리에게도 필요한 일이기 때문이다. 그리고 이것이 성경인물설교의 가장 중요한 목표 가운데 하나라 할 수 있을 것이다.

　　이 책에서 필자는 기존의 성경인물설교에 나타난 설교학적(신학적)문제점들은 무엇인지를 파악하고, 성경인물설교가 지향해야 할 올바른 방향이 무엇인가를 제시해 보려고 한다. 특별히 필자는 삼손이란 인물을 중심으로 이 문제를 분석하고 설명할 것이다. 삼손이란 인물을 성경인물설교 연구의 대상으로 삼은 것은 우선 삼손에 대한 필자의 개인적인 관심 때문이다. 사실 필자가 주일학교를 다니던 시절에 많이 들었던 성경동화 가운데 삼손 이야기는 당연히 가장 인기 있는 소재 가운데 하나였다. 어린 시절에는 삼손과 항우가운데 누가 힘이 센지에 대해 친구들과 이야기한 적도 있었다. 교회에 다니던 나는 열심을 다해서 삼손이 항우보다 훨씬 더 힘이 세다는 주장을 하곤 했었다. 필자의 어린 시절인 1960년대에 한국 사회는 지금과 달리 매우 어려웠다. 북한의 위협은 항상 우리의 삶을 위태롭게 했다. 그런 상황에서 슈퍼 파워를 가진 삼손이란 장수가 자기 민족을 구해 냈다는 이야기는 어린아이들의 마음에 환상을 갖게 해 주기에 충분했다. 그런 사람이 우리 민족에게도 나타나서 우리 민족의 억울함을 풀어 주고 세상을 새롭게 해 주었으면 좋겠다는 생각이 마음을 사로잡았던 것이다.

그런데 성인이 된 후 삼손에 대한 설교를 들었을 때, 삼손이라는 인물이 어린 시절에 내가 알고 있던 인물과는 판이한 사람이라는 사실을 알게 되었다. 삼손에 관한 대부분의 설교에서 삼손은 타락한 인물로 해석이 되고 있었다. 그는 여자만 밝히는 호색한에다가 힘만 센 마초였다. 나는 어렸을 때에 들은 삼손 이야기와 성인이 되어 들은 삼손설교 사이의 이런 차이점은 어디서 비롯된 것인지 궁금했다. 그런데 교회에서 삼손에 관한 연속 강해 설교를 하는 중에 그를 조금은 다르게 볼 수도 있다는 사실을 알게 되었고, 그 내용이 바로 이 책이 되었다.

책을 쓴다는 것은 무척이나 조심스러운 일이다. 무엇보다 다른 분들의 설교를 분석, 평가해야 하는 책을 쓴다는 것은 필자에게는 더욱 조심스러운 일이다. 그것은 바로 필자 자신이 평생 설교를 해야 할 사람이고, 필자가 평가의 대상으로 삼는 분들보다 더 설교를 잘하고 있다는 생각을 결코 할 수 없기 때문이다. 그럼에도 불구하고 이 책을 쓰기로 결심한 것은 우선 나 자신이 앞으로도 평생 설교를 해야 하는데, 과연 지금과 같은 모습 그대로 설교를 해도 괜찮은지 확인해야 했기 때문이다. 그래서 결국 설교자로서 남은 삶은 조금이라도 나은 모습으로 살아야 한다는 책임감이 있었기 때문이다. 실제로 이 책을 쓰면서 그동안 내 설교들이 참 많이 부족했다는 사실을 알 수 있었다. 다른 분들을 평가하면서 나 자신의 모습을 돌아본 결과물이라 할 수 있을 것이다. 앞으로도 설교자로의 삶을 지속적으로 살아가면서 항상 자신을 돌아볼 줄 알아야 하겠다는 생각을 해 본다.

필자는 이 책이 앞으로 성경인물설교가 나아가야 할 방향을 제시하는 데 조금이라도 기여할 수 있게 되기를 바라는 마음이 간절하다. 물론 기존의 성경인물설교에 대한 좋은 논문이나 책들이 이미 그 방향을 올바르게 제시하여 준 바 있었다. 이 책은 그동안 이루어져 온 이런 연구들에 많은 빚을 졌다. 현장 목회자인 필자는 이제까지의 연구들을 기반으로 설교자들이 성경인물설교에 직접적으로 적용할 수 있는 도구를 하나를 더 제시하려고 이 책을 썼다. 그것이 이 책에 제시된 성경인물설교를 위한 7가지 제안이다. 이 책의 7가지 제안이 결코 완전한 것은 아닐 것이다. 하지만 현장 설교자들이 성경인물설교를 작성할 때 오류를 피할 수 있게 해 줄 간단한 기준이 될 수 있고, 자신의 성경인물설교가 바르게 작성되었는지를 신속하게 확인해 볼 수 있는 매우 간편한 도구가 될 수 있을 것이다. 마치 간이검사기와 같은 것이라고 생각하면 좋을 것이다.

현장의 설교자들은 너무나도 많은 사역의 짐을 지고 있다. 무엇보다 설교 사역은 엄청난 에너지를 필요로 한다. 그러한 현장 설교자들의 무거운 사역의 짐이 이 책으로 인해 조금이나마 덜게 된다면 필자에게 큰 기쁨이 될 것이다.

PART I

성경인물설교에 대한 일반적인 논의

필자는 이 책을 우선 그동안 설교학계에서 이루어져 온 성경인물설교에 대한 일반적인 논의들을 살피는 것으로부터 시작하려고 한다. 그동안 논의되어 온 성경인물설교의 일반적인 정의를 비롯하여 그 정당성과 한계성, 그리고 인물설교의 방식과 같은 것들을 먼저 다루고, 성경인물설교의 대척점에 서 있는 것으로 생각되는 구속사적 설교론의 주장은 무엇이며, 그들의 비판을 넘어설 수 있는 대안의 여부를 탐구해 볼 것이다. 또한 성경인물설교를 위한 성경해석의 방식과 주의할 점들에 대하여 연구하고, 이 모든 연구의 결과로부터 성경인물설교 분석을 위한 틀을 구성할 것이다.

제1장
성경인물설교

먼저 성경인물설교의 정의와, 그 문제가 우선적으로 다루어져야 할 필요성은 무엇인지 살펴보자. 그리고 그 정당성과 한계성은 어디에 있고, 어떻게 성경인물설교를 해야 하는지에 대해 알아보자.

A. 성경인물설교의 정의와 논의의 필요성

무엇을 정의한다는 것은 그리 쉽지 않은 일이다. 정의를 하기 위해서는 기존의 여러 생각들을 하나로 묶는 작업이 선행되어야 하기 때문이다. 성경인물설교를 정의하는 일도 쉽지 않다. 성경인물설교 전체의 내용을 포괄적으로 담아낼 정의를 내리기 위해서는 성경인물설교에 대한 전반적 이해가 필요하기 때문이다. 여기서는 기존의 성경인물설교에 대한 정의들을 먼저 살펴본 후, 설교학적 문제점이 어떤 것들이 있는지 파악하고, 그 후에 올바른 성경인물설교의 정의 혹은 개념이 무엇인지 밝힐 것이다.

1. 성경인물설교의 정의

먼저 성경인물설교에 대한 기존의 정의들에 대해 간략히 살펴보는 것이 좋겠다. 김운용 교수는 '설교학 사전'에서 인물설교를 "기본적으로 인물을 중심으로 그의 생애와 스토리가 담고 있는 의미와 교훈을 설교하는 형태"[1]라고 정의한다. 결국 그는 인물설교는 성경인물을 삶의 모델로 제시하여 오늘날 하나님을 섬기며 살아가는 회중에게 교훈적 도움을 주는 설교 형태라고 주장하는 것이다.[2] 그리고 이명희 교수는 "성경에 등장하는 어떤 인물을 중심으로 그의 생애에 관한 성경의 기록을 근거로 하여 그 내용을 해석함으로 발견된 진리를 현대의 청중이 가지고 있는 필요를 채워 주기 위해 행하는 설교의 한 형태"[3]라 정의한다.

그런데 우리가 잊지 말아야 할 중요한 사실이 있다. 그것은 성경의 인물들은 세상의 다른 역사책이나 위인전에 등장하는 인물들과 동일한 방식으로 다루어져서는 안 된다는 것이다. 성경인물들은 사실 매우 독특하다. 우선 그들은 세상에서 유일무이하게 하나님의 영감으로 기록된 책(성경)에 등장하기 때문이다. 또한 그들의 삶은 하나님과 하나님 나라의 역사를 드러내는 계시적 의미를 포함하고 있다는 점에서 하나님에 대해 어떻게 반응해야 하는지를 교훈하는 독특성을 가지고 있기 때문이다. 즉 성경의 인물들은 단순한 윤리(도덕)적 차원이 아닌, 하나님이 드러내기를 원하시는 계시적 목적을 이루기 위해 사용된 사람들인 것이다.[4]

그러므로 성경인물을 다룰 때에 설교자는 김운용 교수가 지적한 바와 같이 "성경의 가장 중심이 되는 주인공은 성삼위 하나님이시"라는 사실을 먼저 인지하고,[5] "성경의 인물들을 통해 하나님의 말씀

1) 정장복 외, 『설교학 사전』(서울: 예배와 설교 아카데미, 2008), 829-30.
2) 정장복 외, 『설교학 사전』, 830.
3) 이명희, "인물설교", 『복음과 실천』 21 (1998년 겨울): 190.
4) 정창균, "구속사와 성경인물설교", 『헤르메니아 투데이』 42 (2008년 봄): 37.
5) 김운용, "베드로 인물설교", 『헤르메니아 투데이』 42 (2008년 봄): 132.

을 전할 때 어떤 인물을 절대화한다든지, 권선징악 형식의 설교"를 하지 말고, "그들의 삶과 믿음 생활을 통해 하나님의 구원의 역사가 어떻게 드러나고 있는지를 분명하게 제시"[6]하는 설교를 해야 하는 것이다.

황대연 목사는 그의 박사논문에서 바람직한 성경인물설교는 1)성경이 전하는 구속사를 선포하는 설교여야 하고; 2)하나님의 주권과 인간의 책임의 상호 조화를 적실성 있게 선포하는 설교여야 하며; 3)오늘을 살아가는 그리스도인들로 하여금 하나님 나라의 백성에 합당한 영적 정체성을 확립하게 해 주며; 4)신자의 삶속에서 성경적인 윤리를 구현할 수 있도록 안내해야 한다는 점을 지적했다.[7]이러한 황대연 목사의 설명은 종래의 성경인물설교에 대한 이해를 크게 진전시킨 것이다. 황대연 목사는 계속해서 바람직한 성경인물설교가 무엇인지를 다음과 같이 설명했다.

> 가장 바람직한 성경적 성경인물설교는 본문이 제시하는 특정인물에 대한 이야기를 무시하지 않고 잘 드러내면서도, 본문의 궁극적 의도는 하나님을 주인공으로 드러내고 그 앞에서 그 인물로 반응하도록 촉구한다는 관점으로 해석하여 메시지를 포착하고, 그것을 오늘의 청중의 삶으로 연결하는 적용점을 찾아 제시하는 설교일 것이다. 즉 성경인물설교는 성경에 나와 있는 인물들은 다른 인물들처럼 그 사람의 공로를 밝혀서 귀감을 삼는 데 있는 것이 아니라, 또 다른 차원, 하나님의 계시의 차원에서 하나님의 의도를 배경으로 하고 있음을 밝힌다.[8]

결국 성경인물설교란 성경 안에서 하나님과 성경인물을 모두 잘

---

6) 김운용, "베드로 인물설교", 133.
7) 황대연, "성경인물설교에 관한 설교학적 연구" (합동신학대학원대학교 신학박사 학위논문, 2010), 143-45.
8) 황대연, "성경인물설교에 관한 설교학적 연구", 146.

드러내지만 성경인물이 설교의 주인공이 아닌 하나님께서 주인공이 되시어 이끄시는 구속사적 흐름을 파악하여 설교하는 것이다. 성경인물은 오직 하나님의 구속 사역에 반응하는 모습을 통해 발견되는 메시지를 제공하는 존재이며, 그 메시지가 오늘날의 청중의 삶에 적절히 적용되는 것이 성경적 인물설교라 할 수 있다.

정창균 교수는 "설교는 과거에 주어진 본문을 오늘의 신앙공동체, 즉 회중을 위하여 해석하는 것"이라고 했다.[9] 그는 "청중이 없으면 설교도 없다"고 하면서, 설교학의 관심이 "무엇을 설교할 것인가?"와 "누가 이 설교를 할 것인가?"라는 질문에만 집중되어 있고, "누가 이 설교를 들을 것인가?"라는 물음에는 소홀한 것은 잘못이라고 지적했다.[10] 정창균 교수가 성경인물설교도 반드시 회중의 변화를 추구해야 한다는 점을 지적한 것은 매우 깊은 설교학적 통찰력에서 비롯된 것으로 보인다.[11] 설교자는 구속사의 틀 안에서 얼마든지 성경의 인물과 오늘의 회중 사이의 연결고리를 찾아낼 수 있으며, 이것을 통해 성경인물설교를 듣는 오늘의 회중이 성경인물의 삶을 자신에게 적용하도록 할 수 있다. 왜냐하면 하나님은 과거 성경에 등장하는 신앙의 조상들의 삶속에 역사하셔서 구원을 베푸셨을 뿐 아니라, 오늘날도 동일하게 신자들의 삶속에 역사하고 계시기 때문이다. 그러므로 성경인물설교는 바로 성경인물과 오늘의 청중 사이의 이런 초상황적 동일성의 관점에서 오늘의 청중의 변화를 목적으로 하는 설교다.

이상의 논의들을 종합해 볼 때, 올바른 성경인물설교란 성경 전체의 흐름이 교훈하는 구속사적 성경이해를 바탕으로 역사의 주관자이

---

9) 정창균, 『고정관념을 넘어서는 설교』(서울: 합동신학대학원출판부, 2003), 14.
10) 정창균, 『고정관념을 넘어서는 설교』, 14.
11) 조상현, "윤리적 행위를 촉구하는 설교", 『설교한국』 4/1 (2012년 봄): 124.

시며, 하나님 나라의 주권자요 통치자로 모든 것을 섭리하시는 하나님께서 그의 독생자 예수 그리스도를 중심으로 행하시는 모든 구속 사역과, 그에 반응하는 하나님의 백성들의 모습을 통해 하나님 나라에 합당한 그 백성의 영적 정체성을 밝혀 내고, 그것을 오늘도 동일하신 하나님의 구속의 통치 한가운데 있는 이 시대의 청중에게 전해 줌으로, 그들의 삶에 변화를 일으키고자 하는 설교방법이라 정의할 수 있다.

2. 성경인물설교 논의의 필요성

회중은 추상적이고 딱딱한 설교보다 성경인물을 통해 전달되는 구체적이고, 자신들의 삶과 유사한 매우 실제적인 설교를 더 좋아한다.[12] 그러므로 성경인물설교는 자연스럽게 실제 설교의 현장에서 널리 활용되는 설교 방법 중의 하나가 될 수밖에 없다. 성경인물설교는 그것이 성경적으로 정당하게 수행되고 있는가와 상관없이 고금을 막론하고 설교 현장에서 많은 환영을 받으며 시행되는 보편적인 설교 방식가운데 하나로 자리 잡았다.[13]

하지만 성경인물설교는 설교학계에서는 소외된 주제 가운데 하나였다. 즉 목회 현장에서는 보편적으로 성경인물설교가 활용되고 있으나, 설교학계에서는 충분히 다루어지지 않고 있었던 것이 사실이다. 실제 성경인물설교에 관한 주제를 심도 있게 다루고 있는 설교학 관련 자료들도 찾아보기 힘들다.[14] 그리고 대다수의 설교학 관련 서적에서도 성경인물설교를 언급하지도 않는 경우들이 많으므로, 오

---

12) 이승진, "인물설교의 설교학적 가능성", 「성경과 신학」 43 (2007): 113.
13) 정창균, "성경적 성경인물설교를 위한 설교학적 고찰과 제안", 「설교한국」 3/1 (2011년 봄): 12.
14) 정창균, "성경 인물설교의 당위성과 한계성", 「신학정론」 26/2 (2008년 11월): 166-67.

늘날 현장 목회자들이 성경인물설교 방법에 관한 도움을 얻기에는 그 자료가 턱없이 부족한 실정이다.[15]

오버스트릿(R. Larry Overstreet)은 성경인물설교에 대한 설교학자들의 이러한 무관심을 명백한 직무 유기라고 단정한다. 그는 성경인물설교를 무시하면 오늘을 살아가는 사람들에게 하나님의 진리를 효과적으로 전달하는 데 유용한 도구 하나를 놓치게 된다고 경고하기까지 했다.[16] 그러므로 더 이상 성경인물설교에 대한 논의를 뒤로 미루어서는 안 된다. 오히려 설교학에서 적극적으로 성경인물설교에 관한 논의를 주요 주제로 삼아야 한다. 뿐만 아니라 성경인물들을 다루는 바른 설교방법들을 제시함으로 올바른 성경인물설교를 할 수 있게 설교자들을 도와 주어야 한다.

설교는 "특정한 말씀을 청중에게 전달하는 행위"[17]이다. 설교는 반드시 특정한 말씀인 성경을 전하는 것이라는 사실에 먼저 주목해야 한다. 설교자는 자신의 사상을 증명하기 위해 성경을 동원하는 것이 아니라, 도리어 성경의 내용에 자신의 사상을 맞추며 성경이 전하고자 의도하는 대로 성경을 설교해야 한다.[18] 그런 점에서 먼저 설교자가 인지해야 할 사실이 있다. 그것은 "성경의 중심부에는 이야기 세트가 있고 이들 이야기들이 뼈대가 되어 그들을 중심으로 성경 전체가 구축되고 있다"는 것이다.[19] 그렇게 되면 자연스럽게 '성경인물을 어떻게 설교할 것인가?'라는 주제가 '그 인물이 등장하고 있는

15) R. Larry Overstreet, Biographical Preaching: Bring Bible Characters to Life, 이승진 역, 『성경인물설교 이렇게 하라』(서울: CLC, 2007), 12.
16) Overstreet, 『성경인물설교 이렇게 하라』, 12.
17) 정창균, 『고정관념을 넘어서는 설교』, 9.
18) Haddon W. Robinson, Biblical Preaching: The Development and Delivery of Expository Messages, 박영호 역, 『강해설교』(서울: CLC, 2007), 24.
19) George W. Stroup, The Promise of Narrative Theology: Recovering the Gospel in the Church (Atlanta: John Knox, 1981), 145. 정창균, "성경적 성경인물설교를 위한 설교학적 고찰과 제안", 20 에서 재인용.

전체로서의 성경을 어떻게 이해할 것인가?' 라는 문제와 긴밀한 연관성이 있음이 드러나게 된다. 바로 그 연관성 속에서 그 성경의 인물이 성경 전체의 역사적 흐름-구속사-에서 어떤 위치를 차지하고 있으며, 어떤 역할을 하고 있고, 또한 어떤 반응을 보이는지를 연구하고 설교할 때에 비로소 바른 성경인물설교가 가능해지는 것이다.[20]

성경의 전체적인 흐름이 우리에게 드러내 주는 것은 하나님의 구속사이다. 그리고 성경의 흐름에 대한 구속사적 관점에 의하면 성경의 주인공은 하나님이시지 결코 사람이 될 수 없다.[21] 이 부분은 구속사적 설교론을 다루는 제2장에서 좀 더 상세히 다루게 될 것이다.

그러나 아쉽게도 그동안의 성경인물설교들 중에는 이러한 성경적 설교와 거리가 먼 것들이 많았음이 사실이다. 그런 성경인물설교의 문제점을 더 이상 간과할 수 없다. 그러므로 오늘날 성경인물설교에 대해 논의하는 것은 의미 있는 일이 아닐 수 없다.

B. 성경인물설교의 정당성

우리가 먼저 살펴보아야 할 것은 설교자들이 왜 성경인물설교를 하지 않을 수 없는가 하는 문제이다. 여기서는 성경인물설교가 정당한 이유들에 대해 살펴 볼 것이다.

1. 성경 본문의 구성에서 나타나는 불가피성

성경의 상당 부분이 역사서술 본문이고, 역사서술 본문에는 언제나

---

20) 정창균, "성경적 성경인물설교를 위한 설교학적 고찰과 제안", 19.
21) 이 부분은 구속사적 설교론을 다루는 제2장에서 좀 더 상세히 다루게 될 것이다.

인물들이 등장한다. 그리고 성경은 그 인물들과 관련된 역사적 사건들의 진행을 담고 있기 때문에 인물들을 언급하지 않고는 설교가 불가능하다.[22] 그러므로 정창균 교수는 인물설교의 필연성을 다음과 같이 언급한다.

> 성경은 수많은 인물들의 이야기를 통하여 하나님의 자기 계시를 진행하고 있으므로 그 인물들에 대한 이야기를 내용으로 한 설교 곧 인물설교를 수행하는 것은 필연적인 일이다. 게다가 성경의 압도적인 분량이 이야기체 본문이고, 그 이야기들은 대부분 인물을 중심으로 엮어지고 있어서 인물을 제외하고 본문을 설교하는 것은 사실상 불가능하다는 사실을 감안하면, 성경인물에 대한 설교 문제는 설교학에서 매우 중요하게 다루어야 할 영역이라는 것을 부인할 수 없다.[23]

설교의 거룩한 재료인 성경의 상당 부분이 인물들을 중심으로 그 내용이 구성되어 있다. 그러므로 인물에 대한 언급을 하지 않고는 설교를 할 수 없는 것이며, 성경인물설교는 지극히 당연할 수밖에 없는 것이다.

2. 청중과의 소통을 위한 효과적인 방편

오버스트릿은 인물설교의 몇 가지 중요한 가치를 지적했다.[24] 그는 무엇보다 인물설교는 성경을 생생하게 만들며, 풍부한 예화를 담아내며, 진리를 분명하게 전달하며, 영적인 도전과 교훈을 심어 줌으

---

22) 황대연, "성경인물설교에 관한 설교학적 연구", 1. 특히 Gorden D Fee 와 Douglas Stuart의 *How to Read the Bible for All It's Worth* (Grand Rapids: Zondervan, 2003), 89에는 구약성경의 40%가 내러티브로 구성이 되어 있고 이 구약성경이 성경 전체의 4분의 3을 차지하고 있으니 내러티브야말로 성경 전체에서 가장 흔한 문학형태라고 밝히고 있다.
23) 정창균, "성경적 성경인물설교를 위한 설교학적 고찰과 제안", 13.
24) Overstreet,『성경인물설교 이렇게 하라』, 49–85.
25) Overstreet,『성경인물설교 이렇게 하라』, 73–85.

로써 청중의 삶에 변화를 줄 수 있으므로 매우 유익하다고 말한다.[25] 오버스트릿의 주장을 통해 우리는 성경인물설교가 청중과의 소통에 얼마나 강력하고 효과적이며 실제적이고 유익한 역할을 할 수 있는 지를 알 수 있다.

3. 구속사에서 확인할 수 있는 성경인물들의 주요 역할

구속사적 설교론에 의하면 설교는 궁극적으로 하나님께 초점을 맞추어야 한다. 그렇다면 성경에 등장하는 인물들은 어떤 역할을 하는 것일까? 설교에서 성경인물들 역시 중요한 역할을 한다. 정인교 교수는 설교에서 성경인물들의 역할에 대하여 다음과 같이 주장한다.

> 분명 설교는 궁극적으로 하나님께 초점을 맞추어야 한다. 하지만 하나님께서 인간들을 어떻게 사용하셨으며 인간의 어떤 면이 하나님으로 역사하게 하셨는지 궁구하는 것도 설교의 중요한 주제일 수 있다. 하나님은 인간을 사용하셔서 역사를 섭리하시고 당신의 뜻을 이루어가시는 분임을 인정한다면 그렇게 쓰인 인물들을 집중 조명함으로 동일한 성정을 지닌 인간들에게 귀감과 교훈이 되기 때문이다. 설교가 독백이 아닌 대화이고 전달되고 받아들여져야 하는 커뮤니케이션이라면 이러한 대상과의 동일시는 매우 중요한 요소이다.[26]

그러므로 설교자들은 "성경에 제시하는 구속사의 진행 자체가 수많은 인물들의 삶과 행동양식을 통해 제시되고 있고, 하나님의 자기 계시가 여러 인물들을 통해 드러나기 때문에 인물에 대한 언급이 없이 설교한다는 것은 불가능에 가깝다"[27]는 사실을 항상 인지하면

---

26) 정인교, "야곱 인물 설교", 「헤르메나아 투데이」 42 (2008년 봄): 80.
27) 정창균, "성경적 성경인물설교를 위한 설교학적 고찰과 제안", 10.

서 성경의 인물들을 다루어야 한다. 성경인물들은 "역사적 인물로서……구속사의 일부"[28]이며, 분리할 수 없는 존재임이 분명하기 때문이다. 이것은 회중들에게 인물에 대한 언급이 반드시 필요하다는 사실을 분명하게 보여 주는 것이다.

4. 청중을 향한 구속사의 적용

성경인물설교는 과거의 인물이 하나님의 주권적인 섭리와 구원 앞에서 어떤 반응을 보였는지를 생생하게 보여 주므로, 후대의 독자와 성도에게 동일한 구체적 반응을 유도한다.[29] 즉 성경에 등장하는 인물들은 하나님의 구원에 긍정적으로든 부정적으로든 각자 반응하는 모습을 보여 주었다. 하나님의 구원에 대한 그들의 반응은 오늘의 청중들로 하여금 자신들의 모습을 돌아보게 하고, 자신들이 하나님과 하나님의 구원 앞에서 어떻게 반응해야 하는지를 알게 하고, 그렇게 반응할 수 있도록 강력하게 도전을 한다.[30] 김운용 교수는 이 부분을 다음과 같이 언급했다.

> 하나님의 구원의 역사 속에는 수많은 인물들이 세워져 있다. 그들은 나름대로의 이야기를 통해 하나님의 구원, 심판, 위로, 역사하심, 하늘의 축복과 메시지 등을 그 시대 사람들과, 이어지는 시대의 사람들에게 전하였다. 때문에 성경은 그들이 결코 주인공이 아니면서도, 인물들의 전시장처럼 수많은 사람들과 그들의 이야기로 덮여 있다. 그러므로 설교에 있어서도 성경에 등장하는 인물은 중요한 설교의 대상이 될 수밖에 없다. 인물들에 대한 성경 이야기와 그들의 섬김의

---

28) 조상현, "윤리적 행위를 촉구하는 설교", 144.
29) 이승진, 『설교를 위한 성경해석』 (서울: 기독교문서선교회, 2008), 168.
30) 이승진, 『상황에 적실한 설교』 (서울: CLC, 2012), 185.

이야기, 혹은 불순종의 이야기들은 현대인들의 삶속에 어떻게 섬기며, 어떻게 살아야 할지에 대한 분명한 메시지를 제시해 준다.[31]

그러므로 성경인물들의 삶의 모습은 곧바로 오늘날 동일한 구속의 역사 한가운데를 살아가는 이 시대의 성도들에게도 실제적으로 적용할 수 있는 것들이 된다.

5. 강한 호소력을 통한 청중의 설교 몰입성

사람들은 성경의 인물들에 대하여 이야기해 주는 것을 일반적으로 선호한다. 성경에 등장하는 인물들의 이야기 속에는 사람들의 관심과 호기심을 자극할 만한 위대한 내용들이 풍성하게 담겨있다. 누구라도 성경의 이야기 속에 들어가 보면, 그 속에 흥미진진한 내용들이 가득하다는 사실을 금방 알게 될 것이다. 그 안에는 모리아 산에서 독자 이삭을 재물로 드리려 했던 아브라함의 이야기, 그리고 야곱이 형 에서와 아버지 이삭을 속인 이야기, 그의 도망하는 모습과 벧엘에서 본 사닥다리 꿈 이야기, 그리고 라헬과의 사랑과 얍복강에서 씨름한 이야기들이 들어 있다. 그리고 아마 사람들의 주목을 가장 많이 끄는 이야기 중의 하나로 요셉과 그 형제들에 관한 이야기도 있고, 기드온의 놀라운 승리에 관한 이야기, 목동 다윗이 왕이 된 이야기, 그리고 요나의 이야기 등등 참으로 많은 이야기들이 사람들의 흥미를 자극한다. 그리고 이 모두가 설교를 하기 위한 좋은 자료들이 된다.[32]

---

31) 김운용, "베드로 인물설교", 「헤르메나아 투데이」 42 (2008년 봄): 132-33.
32) Clarence E. Marcartney, Preaching without Notes (New York: Abingdon-Cokesbury, 1946), 37, 류응렬, "Charles H. Spurgeon의 인물연구", 「설교한국」 3/1 (2011년 봄): 45에서 재인용.

이야기를 좋아하는 사람들의 특성에 관하여 위어스비(Warren W. Wiersbe)는 "사람들은 다른 사람들에 관한 이야기를 좋아한다. 그래서 성경인물들의 이야기 역시 사람들의 흥미를 자아낸다. 사람들은 성경인물들이 오늘날의 우리와 그리 다르지 않다는 것을 알고는 내심 놀란다"[33]고 했다. 오버스트릿도 인물설교에는 강력한 대중 호소력이 있다고 주장한다. 그는 인물설교가 대중적인 호소력이 강한 이유는, 첫째로 그것이 이 세상에서 유일하게 하나님의 영감으로 기록된 책(성경)에 근거하고 있고, 둘째로 사람들에게는 다른 사람들의 이야기 듣기에 대한 관심과 감동적인 이야기를 좋아하는 특성이 있으며, 셋째로 인물의 경험이나 갈등 시련과 유혹 등이 실감나게 전달될 때 청중의 상상력이 크게 자극되기 때문이라고 설명한다.[34] 또한 인물설교는 청중이 다른 유형의 설교들보다 더 기억하기 쉽고, 다른 사람들의 실제적인 신앙생활의 모습을 통해 청중의 변명을 차단시키며, 성경의 실패한 인물들의 모습을 통해 자신의 실패를 스스로 진단할 수 있을 뿐 아니라 절망에 빠진 사람들에게 구체적인 소망을 주며, 개인적이고 공동체적으로 다양한 필요들을 채워주기 때문이라는 것이다.[35] 그의 지적처럼 성경인물설교는 청중을 성경인물의 이야기 속으로 몰입하게 만드는 힘이 있음이 분명하다.

6. 구체적인 내용으로 말미암는 설교의 사변화와 추상화방지

인물설교는 매우 실제적이다. 왜냐하면 성경인물들의 실제적 삶의

---

33) Warren W. Wiersbe, 『상상이 담긴 설교』, 이장우 옮김 (서울: 요단출판사, 2001), 181.
34) Overstreet, 『성경인물설교 이렇게 하라』, 49-52.
35) Overstreet, 『성경인물설교 이렇게 하라』, 59-72.

모습을 통해 인생살이의 보편적인 진리를 가르쳐 주고, 추상적으로 들리기 쉬운 교리적 진리들을 이해하기 쉽게 만들어 주며, 수준 높은 개인적 윤리와 사회적 윤리들을 교훈하는 데 매우 유용하기 때문이다.[36] 이승진 교수는 다음과 같이 주장했다.

> 인물설교에 대한 설교학적 논의가 필요한 이유는 단순히 인물설교에 대한 설교 현장의 높은 관심 때문만은 아니다. 하나님의 구원사에 반응하며 여기에 함께 동참하고 있는 구체적인 인물들이 배제된다면 기독교 설교는 사변화 및 추상화될 수밖에 없다. 현실을 살아가는 인물들을 다루지 않는 설교는 구체적인 인간 역사 속에 침투해 들어오신 그리스도의 성육신과도 부합하지 않는다.[37]

인물설교가 설교의 사변화와 추상화를 막을 수 있다는 이승진 교수의 지적은 매우 정당하다. 그 이유는 설교자가 성경의 인물들의 구체적인 삶의 모습을 청중에게 모범으로 제시함으로 설교를 삶에서 유리된 것으로 만들지 않을 수 있기 때문이다. 거기에 덧붙여 "성경인물을 설교할 때 추상적인 진리를 구체적으로 제시하게 되고, 보편적인 원리를 매우 개인적인 원리로 드러나게 할 수 있다"[38] 그러므로 성경인물설교를 일반적인 설교자들이 선호하는 것은 당연한 일이다.

이상에서 살펴본 바와 같이 성경인물설교는 모든 설교자들이 깊은 관심을 가지고 연구해야 하며 설교해야 할 중요한 설교 방법임이 틀림없다. 설교자는 '인물에 대한 설교를 할 것인가 말 것인가?'를 고민할 것이 아니다. 도리어 '인물설교를 하되 어떻게 해야 하는가?'를 고민하는 것이 마땅하다.[39]

---

36) Overstreet, 『성경인물설교 이렇게 하라』, 52-58.
37) 이승진, "인물설교의 설교학적 가능성", 「성경과 신학」 43 (2007년 7월): 137.
38) Wiersbe, 『상상이 담긴 설교』, 181.
39) 정창균, "성경인물설교의 당위성과 한계성", 175.

C. 성경인물설교의 한계성

앞에서 살펴본 것처럼 성경인물설교는 설교자들에게는 반드시 필요한 영역 가운데 하나임이 분명하다. 하지만 일반적으로 성경인물설교는 성경인물에 초점을 맞추기에 설교학적 한계가 있다.[40] 여기서는 성경인물설교를 할 때에 설교자들이 빠지기 쉬운 위험 요소들과 필연적인 한계성에 대해 살펴보자.

1. 하나님 중심에서 이탈할 위험성

성경인물설교는 언제나 성경 본문의 의도를 벗어나 인물에 집중할 위험성을 지닌다는 점에서 항상 주의가 필요하다. 설교자가 인물에 집중하다 보면 실제 주인공이신 하나님은 사라져 버린 체, 성경의 인물들만 마치 주인공인 양 전면에 부각될 수 있다. 만일 성경인물설교가 이런 방향으로 진행된다면 그것은 설교라기보다는 차라리 하나님이 배제된 일반 연설에 불과한 것이 되고 만다. 설교자는 성경인물설교를 시도할 때, 반드시 성경인물이 하나님의 주권, 하나님의 성품, 하나님의 구속의 원리, 구속사의 진행, 하나님 나라의 삶 등의 차원과 어떻게 연관되어 있는지를 파악하려고 노력해야 한다.[41]

정성구 교수는 "성경의 역사는 하나님의 구속사이므로 당연히 하나님 중심한 것이어야 하며, 하나님 우선의 시각으로 접근해야 하며, 인간을 출발점으로 삼아서는 안 된다"고 주장했다.[42] 뿐만 아니

---

40) 여기서 한계성이라고 하는 것은 인물설교자가 범하기 쉬운 또는 빠지기 쉬운 함정이라고 생각하면 좋을 것이다.
41) 정창균, "성경인물설교의 당위성과 한계성", 32-33.
42) 정성구, 「개혁주의 설교학」(서울: 총신대학출판부, 1993), 362.

라 그레이다누스(Sidney Greidanus)는 정경의 목적 또는 성경 전체의 목표를 다음과 같다고 주장한다.

> 만일 어떤 사람이 정경의 목적 또는 성경전체의 목표에 대해 묻는다면 다음과 같이 아주 분명하게 대답할 수 있겠다. 정경의 목적은 우리에게 하나님을······추상적으로가 아니라 구체적으로, 알려 주는 데 있다. 즉······그분께서 지으신 창조계 및 그분 자신의 백성과 관계를 갖고 계신 하나님, 세상에서 행하시는 하나님의 활동, 임하게 될 하나님의 나라 등을 알려 주는 데 있다.[43]

그러므로 설교자는 결코 인물들의 행동을 설교의 궁극적인 대상으로 부각시키거나 강조하면 안 된다. 도리어 그들을 통하여 하나님의 구원과 하나님의 하나님 되심이 어떻게 드러나는지 혹은 어떻게 구체화되는지를 중심으로 그 인물들의 행동을 드러내야 한다.[44] 결국 성경인물설교는 인물들의 역할을 통해 청중의 눈앞에 하나님의 거대한 구원 사역의 파노라마를 펼쳐 선보이는 것이다.[45]

2. 도덕설교나 모범설교로 전락할 위험성

성경인물설교는 하나님을 주인공으로 인정하지 않을 때 자연스럽게 그 인물을 영웅시하고 칭송하거나, 반대로 그의 잘못을 지적하고 비판하는 형식이 된다.[46] 즉 "인물을 다룰 때는 그 인물의 어떤 행동에 매료되거나 환멸을 느낀 나머지 쉽사리 그 인물을 본받자거나, 이 사람처럼 해서는 안 된다는 식의 도덕설교로 일탈" 해 나갈 위험성이

---

43) Sidney Greidanus, 『성경해석과 성경적 설교(상)』, 김영철 역 (서울: 여수룬, 2006), 219.
44) 정창균, "성경적 성경인물설교를 위한 설교학적 고찰과 제안", 25.
45) 이승진, 『상황에 적실한 설교』, 203.
46) 정장복외, 『설교학 사전』, 830 참조.

상존한다는 것이다.[47] 즉 전통적인 성경인물설교는 인물의 장점이나 선행, 단점이나 악행을 소개하며, 그것들이 하나님의 구원이나 축복 혹은 심판의 직접적인 원인이 된다고 이해한다. 그리고 그 내용들을 오늘의 회중에게 그대로 적용시키려고 한다.[48] 예를 들어 '이스라엘 이 애굽에서 400년 이상 종살이한 것은 아브라함이 쪼개지 않고 드린 제물이 있었기 때문이다' 라고 성경을 해석하고, 그러므로 우리는 지극히 작은 헌금도 바로 하기를 힘써야 한다는 식으로 적용하는 것이다.[49] 이런 면이 구속사적 설교론자들이 성경인물설교를 부정적으로 평가하는 이유이다. 즉 성경인물설교는 자칫하면 이렇게 단순한 모범설교나 도덕설교로 기울어질 위험성이 많은 것이다. 이 부분에 대한 좀 더 구체적 논의는 제2장에서 다룰 것이다.

3. 내러티브 본문에 대한 피상적인 해석에서 오는 본문 왜곡의 위험성

내러티브 성경본문(이것은 주로 이야기체로 된 성경 본문을 의미하는 말로 역사 서술 본문의 상당 부분이 바로 이러한 형식으로 되어 있다)을 이해하기 위해서는 그 특성을 잘 파악해야 한다. 내러티브 성경 본문은 단순한 이야기가 아니다. 그것은 저자이신 하나님의 특별한 목적을 이야기에 담아 구성한 것이다. 내러티브 본문은 저자가 선택적인 내용만을 특별한 플롯에 의해 기록한 것이기에, 내러티브 본문을 이해하기 위해서는 독자들이 상상력을 동원해서 판단하기도 해야 하는 등의 상당한 문학적 능력을 갖추어야 한다.[50] 그러므로 이런 내러티브의 특성을 이해

---

47) 정창균, "구속사와 성경인물설교", 「헤르메네아 투데이」 42 (2008년 봄): 33.
48) 이승진, 「상황에 적실한 설교」, 203.
49) 하지만 실제로는 아브라함이 제물을 쪼개지 않은 것 때문에 이스라엘이 애굽에 들어가 400년 이상의 오랜 기간을 종살이하며 지내게 된 것이 아니었다. 하나님께서는 그곳에서 이스라엘이 큰 민족이 되기까지 보호하여 주셨고, 아모리 족속의 좌악이 차기까지 기다리셨던 것이었다(창 15:16).
50) 이명희, "인물설교", 「복음과 실천」, 21 (1998년 겨울): 195.

하지 못한 채 성경 본문을 읽고 설교한다면 그 성경 본문의 중심 내용을 올바르게 전달할 수 없음이 당연하다. 이런 점에서 성경인물설교를 하고자 하는 설교자는 반드시 내러티브 성경 본문에 대한 이해력을 높여야 한다. 설교자가 내러티브 성경 본문의 특성을 올바르게 파악하지 못한다면, 성경인물의 생애를 상식적인 수준에서 몇 마디 주절거리다가 성경에 대한 깊은 고찰도 없이 자기 생각에 맞는 몇몇 내용들을 교훈이랍시고 내놓는 방식으로 설교할 수밖에 없게 된다.[51]

결국 성경적인 성경인물설교를 위해서 설교자는 내러티브 성경 본문을 "정확하고" "정직하게" 읽어내야 한다. 즉 설교자 자신의 의도가 아니라 성경본문의 의도를 파악하여 드러내야 하는 것이다. 이명희 교수는 이 점을 분명하게 각인시키고 있다.

> 인물설교가 청중의 필요를 잘 채워 줄 수 있는 것이라고 했다. 그러나 이것은 동시에 설교자가 청중의 필요를 채워 주기 위해 성경 말씀의 근본 뜻을 왜곡하여 자신의 어떤 주장을 뒷받침하기 위한 방편으로 삼기 위해 에이스제시스(eisgesis)하기 쉽다는 말이기도 하다. 올바른 해석은 하나님의 말씀은 '읽어 오는 것'(To read out of)이지 '읽어 들어가는 것'(To read into)이 되어서는 안 된다. 이것은 특히 청중의 필요에서 출발하여 적절한 성경 본문을 찾아 설교하고자 할 때 범하기 쉬운 잘못이다.[52]

그러므로 설교자가 탁월한 성경인물설교를 하고 싶다면 반드시 성경 전체의 이야기 흐름에 매우 민감해야만 한다. 자기 생각을 적당히 성경 내러티브의 일부 내용을 들어 옹호하거나 주장하려고 해서는 안 된다. 오직 성경 내러티브가 말하고자 하는 바를 바로 파악하여 전달하려는 자세가 있어야 한다.

---

51) 이명희, "인물설교", 195.
52) 조상현, "윤리적 행위를 촉구하는 설교", 120.

4. 구속사적 설교에 집착하여 신자의 윤리행위의 중요성을 간과할 위험성

구속사적 설교만 옹호하다 보면 모든 설교에서 하나님이 행하시는 구속의 역사만을 전해야 한다는 의식에 사로잡혀, 윤리행위를 강조하는 설교는 무엇이든 금물이라는 생각을 갖기 쉽다. 그러나 하나님의 구속을 경험한 하나님의 백성에게 하나님 나라의 윤리가 요구되는 것은 지극히 당연하다. 하나님의 구속을 경험한 하나님의 백성들에게 윤리행위를 요구하는 것은 하나님께서 행하시는 구속사역에 대한 인간의 마땅한 반응을 요구하는 것이기 때문이다.[53] 그러므로 성경인물설교는 구속사적 관점에서 성경인물들이 마땅히 행하여야 할 윤리적인 행동을 적극적으로 드러내고 강조할 필요성이 있다. 성경인물들의 삶을 모델로 삼아 제시해 주는 윤리적 삶의 양식들은 오늘날의 청중을 변화시키는 데 매우 효과적인 도구가 될 것이 분명하기 때문이다. 이 문제에 대해서도 제2장에서 좀 더 자세히 다루도록 하자.

5. 지나친 상상력에 의한 본문 이탈의 위험성

성경의 인물을 설교할 때 설교자는 얼마든지 이 시대 사람들의 삶에 비추어 상상력을 발휘한 해석을 할 수 있다. 그런데 지나친 상상력은 성경의 올바른 내용을 왜곡시킬 위험성이 있다는 점은 항상 경계해야만 한다. 왜냐하면 설교자가 상상력을 지나치게 활용한 나머지 성

---

53) 이명희, "인물설교", 「복음과 실천」 21 (1998년 겨울): 195.

경에 있지도 않은 내용을 자기 마음대로 집어넣을 수 있기 때문이다.

예를 들어 요셉을 유혹한 보디발의 아내에 대한 설교를 할 때, 설교자가 그 여인이 얼마나 아름다웠는가를 상상력을 동원해서 자세히 설명하면서, '젊은 요셉이 이런 유혹을 피하기 얼마나 힘들었겠는가?'라는 식의 해석을 할 수 있다. 그러나 이런 것은 매우 주관적인 해석이고 다른 주관적 해석들에 의해 얼마든지 도전을 받을 수 있다. 사실 그 여인이 아름다웠는지 아닌지는 전혀 성경의 관심이 아니다. 그럼에도 불구하고 지나친 상상력으로 말미암아 성경이 본래 전하고자 하는 바를 주목하지 못하게 할 위험성이 있다는 것이다. "설교자가 임의대로 상상한 어떤 내용을 근거로 하여 설교를 구성하고 하나님의 말씀이라고 강변한다면 그것은 중대한 잘못"[54]이라는 사실을 잊어서는 안 된다.

이상에서 살펴본 것처럼 성경인물설교는 분명히 한계점이 있다. 설교자는 이런 성경인물설교의 한계점을 잘 파악하고 설교할 때, 비로소 바른 인물설교를 할 수 있다는 사실을 명심해야 할 것이다.

D. 성경인물설교의 방식

그렇다면 성경인물설교는 어떤 방식으로 이루어져야 할까? 사실 효과적인 설교와 설교의 방식 사이에는 불가분의 관계가 있다.[55] 즉, 내용과 형식 둘 다 서로 적절한 관계를 유지할 때, 설교의 시너지 효과를 발휘할 수 있는 것이다.[56] 그러므로 설교의 방식이나 구조 혹은 형식에 대한 연구도 매우 중요하다.

---

54) 이명희, "인물설교", 196.
55) 정성영, 『설교스타일』 (서울: 한들 출판사, 2004), 43.
56) 정성영, 『설교스타일』, 43.

1. 주제설교

주제설교란 설교자가 먼저 자유롭게 주제를 정하고 난 후에, 거기에 맞는 본문을 찾는 방식으로 작성된 설교를 말한다. 설교자는 주제설교 방식의 경우 본문이 지배하는 설교가 아니라 주제가 설교를 지배하는 문제에 빠질 위험성이 있음을 알고 경계하여 사용해야 한다.[57]

성경인물설교 역시 주제설교 방식으로 진행할 수 있음은 분명하다. 특별히 주제설교 방식으로 인물설교를 하기 위해서 절기설교와 접목하는 경우들을 쉽게 찾아볼 수 있다.[58] 우리는 동방박사나 여선지자 한나, 시므온 혹은 목자들 그리고 헤롯 왕과 같은 인물들은 주로 성탄절에, 그리고 구레네 시몬이나 십자가 양 옆에 달려 있던 강도들 그리고 예수님의 십자가 곁에서 울고 있던 여인들과 같은 인물들은 주로 고난주일에 설교된다는 사실을 대부분 알고 있다. 성탄절이나 고난주일이라는 절기와 그 인물들이 밀접한 관계가 있기 때문에 자연스럽게 접목이 되는 것이다.

이때 설교자는 필요 이상으로 비성경적인 자료들을 사용해서는 안 된다. 그리고 자신이 전하고자 하는 주제를 증명하기 위해 사용하는 성경 본문들이 문맥을 벗어나서 해석되게 해서도 안 된다.[59] 성경인물을 주제설교 방식으로 설교하려 할 때에 설교자는 다음과 같은 점을 항상 경계해야 한다.

> 이 설교의 부작용은 설교자의 주장을 위하여 성경이 인용된다는 주객전도의 문제이다. 하나님의 말씀에 기초한 설교가 아닌 인간의 주

---

57) 정장복 외,『설교학 사전』, 833-34.
58) 정성영,『설교스타일』, 51.
59) 정성영,『설교스타일』, 51-52.

장에 말씀을 갖다 붙이는 결과를 가져올 수 있다. 설교자는 하나님의 말씀을 등한히 할 수 있으며 설교는 훌륭한 웅변이 되겠지만 영력이 부족하고 복음을 설득력 있게 전하지 못할 수 있다.[60]

2. 본문설교

본문설교는 본문의 길이를 3-4절 정도로 짧게 잡고 주제를 찾아 그것을 중심으로 설교를 전개하는 방법이다. 본문설교는 설교의 내용이 모두 본문에서 나오는 장점이 있다. 그러나 설교자의 취향에 따라 성경 본문이 취사선택되는 과정에서 성경 본문의 문맥이 무시되고 왜곡된 메시지가 전해질 위험성도 있다는 점은 설교자들이 늘 경계해야 할 부분이다.[61]

성경인물설교도 본문설교 방식으로 얼마든지 다루어질 수 있다. 스펄전의 경우 여러 성경인물들을 본문설교 방식으로 다루었다. 그의 인물설교들을 자세히 살펴보면 그 대부분이 본문설교 방식으로 진행된 것을 확인할 수 있다.[62] 본문설교는 본문에서 주제와 대지를 얻을 수 있기에 설교자가 훈련만 하면 설교를 자연스럽고 쉽게 작성할 수 있다.[63] 하지만 본문설교에서는 자칫 설교자가 택한 본문이 속한 전체 성경의 내용과 그 본문이 어떤 관계에 있는가를 놓치는 실수들이 발생하기 쉽다. 류응렬 교수는 스펄전 목사의 인물설교를 분석하면서 "본문을 하나의 강해 단위로 선택하지 못한 점과 본문의 일차적인 문맥을 충분히 고려하지 않는 부분들이 나타난다"고 지적했

---

60) 문성모,『곽선희 목사에게 배우는 설교』(서울: 두란노, 2008), 166.
61) 정장복 외,『설교학 사전』, 772-73.
62) 스펄전의 설교들을 살펴보면 그가 매우 짧은 본문을 택하고 그 본문을 집중적으로 파악하는 설교를 하고 있음을 쉽게 알 수 있을 것이다. 이동원 목사는 그의 책 "청중을 깨우는 강해설교"에서 스펄전 을 본문설교의 천재로 소개하고 있다.
63) 문성모,『곽선희 목사에게 배우는 설교』, 167.

다.[64] 그러므로 본문설교 방식으로 성경인물설교를 하기를 원한다면 설교자는 성경 본문이 의도하는 바에 중심 초점을 잘 맞추어야 할 것이다.[65]

3. 강해설교

강해설교는 "설교자 자신이 본문에 대한 충분한 신학적 검토와 더불어 성경 본문의 의미를 올바로 파악하여 하나님의 말씀의 본래적 의미와 뜻을 성령님의 도우심으로 회중에게 효과 있게 전하는 설교의 형태"를 말한다.[66] 즉 강해설교는 선택된 본문의 깊은 메시지를 드러내는 것에 초점이 맞추어진 설교인 것이다.[67] 성경 본문의 깊은 메시지를 드러내기 위해 성경 본문에 대한 심도 있는 연구가 있어야 하기에, 문성모 목사는 강해설교를 "성경공부식의 설교"[68]라고 표현하기도 했다. 설교학의 대가인 로빈슨의 경우에는 강해설교를 다음과 같이 정의했다.

> 강해설교란 성령께서 먼저는 설교자의 인격과 경험에 적용하시고, 후에 그를 통하여 청중에게 적용하시는, 어떤 구절을 그것의 문맥 속에서 역사적 문법적 그리고 문학적으로 연구하여 나오고(derived from) 전도된(transmitted through) 성경적 개념의 전달이다.[69]

즉, 강해설교는 성경본문에 대한 철저한 주해를 바탕으로 설교를 작성하는 일종의 주해설교인 것이다. 성경인물설교를 강해설교 방

---

64) 류응렬, "Charles H. Spurgeon의 인물연구", 「설교한국」 3/1 (2011년 봄): 73.
65) 문성모, 「곽선희 목사에게 배우는 설교」, 167.
66) 정장복 외, 「설교학사전」, 749.
67) 정장복 외, 「설교학사전」, 748.
68) 문성모, 「곽선희 목사에게 배우는 설교」, 168.
69) Haddon W. Robinson, *Biblical Preaching-The Development and Delivery of Expository Messages* (Grand Rapids, Michigan, Baker Book House: 1980), 20.

식으로 진행하는 것은 매우 큰 장점이 있다. 무엇보다 먼저 강해설교의 경우에는 성경인물에 대해 연속적인 설교를 하고자 하는 설교자들에게 편리를 제공한다. 마이어는 강해설교를 가리켜 "성경 가운데 한 권이나 또는 어느 일정한 부분을 본문으로 하여 그것을 연속적으로 주석해 나가는 설교"라 정의한다.[70] 물론 한 책을 정하여 연속적으로 설교하는 방식을 강해설교의 필수조건이라 말할 수는 없다. 그러나 일반적으로 한 책이나 일정 분량의 본문을 미리 정해 놓고 상당기간 연속적으로 설교하는 것이 강해설교자들의 일반적인 현상이라 할 수 있다. 그러므로 연속적인 성경인물설교를 하고자 할 때 강해설교 방식은 큰 도움이 될 것임이 분명하다. 우선 설교 본문이 미리 정해져 있기에 오랜 시간 본문에 대한 묵상이 가능해질 것이고, 설교자가 매번 본문을 정하는 수고를 새로 하지 않아도 된다. 설교자의 편견에 따라 본문을 택하지 않아도 되기 때문에 객관성 있는 설교를 할 수 있으며, 설교자가 자신의 목적 때문에 성경 본문을 선택한다는 청중들의 오해를 불식시킬 수 있다.[71] 결국 성경 본문의 메시지에 대한 깊은 연구가 가능해지는 것이다.

하지만 강해설교는 단점도 있다. 이동원 목사는 강해설교의 단점으로 메마르고 흥미가 결여될 수 있으며, 성령의 역사를 제한할 수 있고, 제목설교보다 시사성이나 현실성이 약화될 수 있고, 설교자를 게으르게 만들 수 있다고 지적했다.[72] 그러므로 설교자는 강해설교를 할 때 반드시 성경 본문을 잘 분석한 후에 오늘의 상황에 맞는 복음적인 내용을 찾아내서 청중이 잘 받아들이도록 전해야 한다. 단순

---

70) 정성영, 『설교스타일』, 49에서 재인용.
71) 정성영, 『설교스타일』, 49-50.
72) 이동원, 『청중을 깨우는 강해설교』(서울: 요단출판사, 1991), 109-10.

히 딱딱한 강의가 되지 않도록 조심하면서 전한다면 강해설교는 성경인물설교의 가장 좋은 도구가 될 수 있을 것이다.[73]

이상에서 살펴본 바와 같이 성경인물설교는 사실상 주제설교나 본문설교나 강해설교나 상관없이 모든 방식을 사용할 수 있다. 그러므로 성경인물설교에서 정말 중요하게 생각해야 할 것은 "단순한 방법론이 아니라 철학의 문제"[74]임을 알아야 한다. 즉 어떤 방법을 사용하는가 보다, 성경본문이 전하고자 하는 본래적 의미를 올바로 찾아 전하고자 하는 설교자의 정신이 가장 중요하다는 것이다. 이런 설교자의 정신이 밑 바탕이 될 때 비로소 주제설교나 본문설교 그리고 강해설교와 같은 모든 설교방법들이 나름대로의 특징을 가지고 그 설교를 더욱 돋보이게 만들어 줄 수 있게 될 것이다.

---

73) 문성모,「곽선희 목사에게 배우는 설교」, 170.
74) Haddon W. Robinson,「강해설교」, 박영호 역 (서울, CLC: 2007), 24.

제2장
성경인물설교와 구속사적 설교론

성경인물설교에 대한 논의를 할 때에 반드시 다루어져야 할 부분이
바로 구속사적 설교론일 수밖에 없다. 구속사적 설교론은 일반적으
로 성경인물설교의 대척점에 서 있다고 생각되고 있기 때문에, 구속
사적 설교론이 주장하는 바를 정확히 이해하지 못하면서, 성경인물
설교를 바르게 하기란 쉽지 않을 것이다. 그러므로 이번 장에서는 구
속사적 설교론과 성경인물설교의 관계에 대하여 다루려고 한다.

A. 구속사적 설교론

성경인물설교를 가장 경계한 설교학자들은 바로 구속사적 설교론을
주창하는 이들이다. 고재수 교수는 모범설교를 "구속사적 설교 방식
과 대조되는 것"[75]이라고 소개하면서 "구속사적 방법을 소개하는 신
학자들은 역사적 본문에서 나오는 인간을 모범으로 사용하는 설교방
법에 항거했다"[76]고 했다. 그렇다면 도대체 구속사적 설교론은 무엇
이기에 성경인물설교와 대척점에 서게 된 것일까? 먼저 구속사적 설
교론의 몇 가지 핵심적인 주장을 살펴보자.

---

75) 고재수, 『구속사적 설교의 실제』(서울: 기독교문서선교회, 1987), 202.
76) 고재수, 『구속사적 설교의 실제』, 202.

1. 하나님을 중심으로 하는 설교

구속사적 설교는 성경 본문을 해석하기 위해 인간 편이 아닌 하나님의 편에서 본문에 접근하려고 노력하는 설교 방식을 의미한다. 성경의 역사는 하나님의 구속사이므로 당연히 하나님을 중심으로 접근해야 한다는 것이다. 구속의 역사에서 하나님은 언제나 주도권을 가지시며 구원을 이루어 나가신다. 그러므로 일차적으로 하나님이 무엇을 행하시고, 무엇을 원하시며, 무엇을 의도하셨는지 물어야 한다.[77] "성경인물설교에서 설교자는 인물이 보여 주는 표면적인 윤리나 덕행에 주목하기 이전에, 그러한 덕행이나 인물의 행동과 사건들이 하나님의 주권적인 구원과 통치와 어떤 상호 연관성을 갖고 있으며, 그러한 상호 연관성 속에서 하나님의 통치에 관한 어떤 진리가 전달되고 있는지 주목해야 한다."[78]

2. 역사적 점진성의 원리를 따르는 설교.

"구약의 역사는 단편적인 사건들의 모음이 아니며 그리스도의 십자가 구속이라는 정점을 향하여 전진하고 있는 흐름 속에서 이해되어야 한다."[79] 정성구 교수에 의하면 성경은 이스라엘 역사를 기술한 자연적 사건의 연속이 아니고, 창조주 하나님이 그리스도 안에서 인간을 구속하시기 위하여 역사를 주관하시며 섭리하시는 특별한 구원의 역사다. 이러한 구속사적 연구의 초점은 언제나 예수 그리스도를 향한 신구약의 통일성과 점진성이 전제된다. 즉 그리스도를 중심으

---

77) 정성구, 『개혁주의 설교학』, 361-63.
78) 이승진, 『상황에 적실한 설교』, 245.
79) 류근상, "구속사적 성경해석의 원리와 방법", 「고려신학」 7 (2002): 58.

로 행하시는 하나님의 구원운동을 역사의 중심축으로 보는 것이다. 이런 점에서 구속사적 설교는 성경을 단순히 점으로 보지 않고 선으로 본다고 할 수 있다.[80] 따라서 구속사적 설교를 하고자 하는 설교자는 마땅히 성경신학에 익숙해져야 한다. 그 이유는 자명하다. 성경신학이 특별히 신학의 분야 중에서 구속 계시의 점진적인 발전을 연구하는 데 그 초점을 맞추기 때문이다. 그렇지 않다면 구속사적 설교를 할 수 없다.[81] 고영민 교수는 다음과 같이 구속사적 설교의 특징인 역사적 점진성을 설명한다.

> 세계 역사는 무한히 되풀이되는 원과 같은 역사도 아니요 정반합의 변증학적 원리에 의해 진행되는 삼각형 구도의 역사도 아니다. 그것은 인류 구원이라는 목표를 향해 그리스도 안에서 태초부터 시작하여 종말의 때까지 계속적으로 이어지는 직선적인 역사이다. 구속사적 설교는 하나님께서 역사를 통해 직선적으로 이루어 가시는 구원의 과정과 섭리와 내용을 말하는 것이다.[82]

B. 구속사적 설교의 정당성과 한계성

앞에서 우리는 구속사적 설교의 주장에 대해 살펴보았다. 이러한 구속사적 설교는 과연 어떤 점에서 정당한지 그리고 어떤 점에서 그 한계성을 드러내는지를 살피는 것은 구속사적 설교를 하고자 하는 설교자들에게 매우 중요한 지침이 될 것이다.

1. 구속사적 설교의 정당성

---

80) 고재수, 『구속사적 설교의 실제』(서울: 기독교문서선교회, 1987), 202.
81) 고재수, 『구속사적 설교의 실제』, 202.
82) 고영민, "구속사적 설교를 말한다", 『월간목회』 413 (2011년 1월): 58.

설교자는 언제나 "하나님의 그 위대하고 웅장한 구속의 역사를 볼 줄 아는 시선이 열려 있어야 한다."[83] 설교자는 성경 안에서 하나님의 구속의 역사를 볼 수 있는 자이며, 그것을 전해 주는 자여야 한다. 그렇다면 왜 설교자는 구속의 역사에 대해 그토록 잘 이해하는 자가 되어야 하며, 구속사적 설교의 특징인 구속 역사의 정당성은 어디서 확인할 수 있을까?

a. 성경의 유기적 통일성

구속사적 설교론자들은 성경 전체가 유기적 통일성이 있음을 강조한다. 그들은 하나의 성경 본문은 별도의 존재가 아닌 그 성경 본문이 속한 성경 각 권의 문맥과, 더 나아가 성경 전체의 문맥 속에 유기적으로 연결되어 있다고 생각한다. 그러므로 구속사적인 설교를 하고자 할 때 설교자는 단지 정해진 본문의 의미만 살필 것이 아니라, 그 성경 본문이 속한 성경 각 권에서의 의미, 그리고 전체 성경의 구속사적 의미와의 연관성을 종합적으로 살펴 해석해야 한다. 정창균 교수는 유기적으로 성경을 해석해야 함을 다음과 같이 설명했다.

> 유기적 해석이란 한 마디로 특정 본문을 전체적 틀 아래 해석하는 것을 말한다. 즉 각 본문은 보다 큰 전체를 구성하는 부분이라는 관점에서 이해되어야 한다는 것을 의미한다. 유기적 해석의 원리에 입각할 때 성경 안의 개별적인 각각의 이야기들은 더 큰 이야기인 하나님의 이야기와 분리하여 이야기할 수 없다. 즉 성경 안에 있는 각각의 이야기는 결국 하나님의 구속 사역에 대한 이야기의 한 부분이다. 그러므로 각 개별 이야기들은 더 큰 이야기, 하나님의 구속 사역의 전 역사 안에서 이야기되고 있는 것이라는 사실을 간과하고는 제대

---

83) 정성구, "뭇별을 셀 수 있나", 「월간목회」368 (2007년 4월): 164.

로 그 이야기의 의미나 역할을 이해할 수 없다. 다른 말로 하면 성경의 각 이야기들은 '그 이야기'(the story)나 '전체 이야기'(master story) 안에 들어 있는 '여러 이야기들'(stories within the story)이다.[84]

b. 역사의 중심이신 그리스도

박종칠 교수는 "구속사는 삼위일체 하나님이 인간을 위해 하신 모든 신적 행동을 총체하는 개념"이며 "특히 예수 그리스도의 나심, 수난, 죽으심, 부활, 승천이 핵심"이라고 주장했다.[85] 즉, "성경은 단순히 도덕적, 윤리적 교훈을 주려는 목적이 아니고 창조주 하나님, 구속주인 하나님께서 인생들을 구원하시기 위하여 중보자 예수 그리스도를 준비하시고, 그가 오시기까지 역사를 섭리하시며 간섭하신 구속의 역사"라는 것이다. 여기서 우리는 구속사적 설교는 그리스도를 역사의 중심으로 인정하는 것임을 분명히 알 수 있다. 이 사실을 확실히 알 때, 설교자의 가슴이 먼저 뛰고, 그의 메시지도 엄청난 탄력을 받는다.[86]

사실 성경을 그리스도 중심으로 해석하는 방법은 예수님께서 가르쳐 주셨다. 누가는 예수님이 엠마오로 내려가던 제자들을 만나 "모세와 모든 선지자들의 글로 시작하여 모든 성경에 쓴 바, 자기에 관한 것을 자세히 설명"해 주셨다고 기록했다(눅 24:27). 예수님이 두 제자에게 성경이 '자기에 관한 것'이라고 가르쳐 주셨으니, 설교자는 마땅히 성경을 예수님에 관한 것으로 해석해야 할 것이다.

그러므로 예수님이 구속사의 핵심이시다. 그리고 구속사적 성경

---

84) 정창균, "구속사와 성경인물설교", 「헤르메네이아 투데이」 42 (2008년 봄): 27.
85) 박종칠 「구속사적 구약성경해석」 (서울: 개혁주의신행협회, 1991), 9.
86) 정성구, "멜기세덱의 축복", 「월간목회」 367 (2007년 3월): 164.

해석의 초점은 예수 그리스도에게 맞춰진다. 성종현 교수는 "말씀의 사역자들은 진정으로 자신이 신구약성경을 통해서 얼마만큼 그리스도에게 붙잡혀 있는가를 먼저 점검해 보아야 한다"[87]고 했다. 따라서 설교자가 구속사적 설교를 하는 것은 매우 자연스러운 것이다.

c. 모범적, 교훈적 설교 탈피

설교자가 범하기 쉬운 잘못들 가운데 하나는 성경인물들을 통해 단순히 인간적인 모범과 교훈을 얻으려 하는 것이다. 구속사적 설교는 이런 설교를 단호하게 거부한다.

예를 들어 창세기 14장은 아브라함과 롯을 단순하게 대조하면서 롯과 같은 사람이 되지 말고 아브라함과 같은 신앙인이 되어 그의 장점을 오늘 나의 장점으로 발전시켜 나가자는 설교가 되기 쉽다.[88]

그러나 이런 설교 내용은 성경 본문이 말하고자 하는 참된 의미를 파악했다고 보기 어렵다. 아브라함과 롯의 본문에서 정말 다루어져야 할 것은 멜기세덱이 말한 것처럼 지극히 높으신 하나님께서 그 대적들을 아브라함의 손에 붙여 주셨다는 사실이다. 즉, 만유의 주요 구원의 하나님이 아브라함을 승리케 하셨다는 사실을 선포하는 것이 더 중요한 의미를 갖는다.[89] 결국 "설교자는 하나님 중심의 시각 또는 그리스도 중심의 시각에서 성경을 봐야 성경이 눈에 들어오기 시작한다."[90]

우리는 지금까지 구속사적 설교가 성경의 유기적 통일성과 역사의 중심으로서의 그리스도를 잘 드러내 주며, 성경을 단순히 모범적

---

87) 성종현, "구속사적 성경해석의 실제", 「진리논단」 창간호 (1997): 110.
88) 정성구, "멜기세덱의 축복", 162.
89) 정성구, "멜기세덱의 축복", 163.
90) 정성구, "멜기세덱의 축복", 163.

이고 교훈적인 책으로 보는 시각에 변화를 주어 성경의 바른 이해를 돕는다는 차원에서 매우 유익함을 알 수 있었다.

2. 구속사적 설교의 한계성

그렇다면 구속사적 설교에 설교학적 단점은 없는 것일까? 이번 단락에서는 구속사적 설교의 단점이 무엇인지에 대해 살펴보자.

a. 현실 무관성

모범적 설교 혹은 예증적 설교론자들의 주장에 의하면 구속사적 설교는 오늘의 삶을 대상으로 하는 실천적인 면을 소홀히 다루기 쉽다고 한다. 이것은 구속사적 설교론자들이 본문의 구속적 의미에 집착하면서 오늘의 청중의 고민에는 크게 관심을 갖지 않을 위험성이 있다는 말이다.[91]

설교에 있어서 성경 본문이 전하는 하나님의 구원은 오늘을 살고 있는 청중의 삶속에도 그대로 적용되어야 한다. 이것은 바른 설교를 지향하는 이들에게는 지극히 자명한 일이다.[92] 설교가 전해져야하는 대상은 오늘의 현실을 살고 있는 청중인데 '여기 그리고 지금'(here and now)의 문제를 심각하게 다루지 않는 설교가 과연 바른 것인가? 정창균 교수는 이러한 설교는 "본문을 오늘날의 청중과 아무런 직접적인 상관이 없는 화석과 같은 위치로 전락시키는" 문제점이 있다고 지적했다.[93]

---

91) 정창균, "구속사와 성경인물설교", 28.
92) 이승진, 「상황에 적실한 설교」, 236.
93) 정창균, "구속사와 성경인물설교", 28.

설교는 단순히 청중에게 구속의 역사를 설명하거나 혹은 진술하는데 그치는 것을 말하지 않는다. 성경본문은 항상 회중의 반응을 이끈다. 왜냐하면 하나님이 계시의 말씀을 주신 이유가 자신의 백성들이 살아가는 한 시대의 구체적인 삶속에서 능력으로 역사하도록 하시기 위함이었기 때문이다.[94] 그러므로 구속사적 설교가 현실과 괴리된다면 결코 바람직한 설교라 할 수 없다. 정성구 교수는 구속사적 설교는 상황성을 가진다는 사실을 분명히 지적했다. 즉, 설교자가 본문 해석과 함께 성도들을 생각하면서 본문의 메시지와 여기와 지금을 생각하는 일을 동시에 해야 한다는 것이다.[95]

결국 설교자가 모든 비밀과 지식을 총동원하여 설교 본문을 작성하여 천사의 말처럼 전한다고 할지라도 청중에게 감동을 주지 못하고 그들을 변화시키지 못한다면, 그것은 한낱 소리 나는 구리와 울리는 꽹과리에 지나지 않는다는 사실을 잊어서는 안 될 것이다.[96]

b. 기독론적 관심에만 치우침

"구속사는 그리스도의 역사이다. 따라서 개혁주의 성경신학의 본문 접근의 근본 원리는 구속사적 접근이며, 이것은 곧 그리스도 중심적 해석의 원리를 의미한다."[97] 이 점은 설교에서 핵심적이라 할 수 있다. 청중은 그리스도의 구속의 역사로 말미암아 속죄 받아야 할 자들이다. 그런데 설교를 듣는 청중의 입장은 이에서 더 나아가야 한다. 즉 이들은 단지 구속을 받는 것만이 아니라 구속에 참여한 자들로 하

94) 정창균, "구속사와 성경인물설교", 28.
95) 정성구,「개혁주의 설교학」, 375.
96) 고영민, "구속사적 설교를 말한다", 59.
97) 류근상, "구속사적 성경해석의 원리와 방법", 62.

루하루의 삶을 살아가야 하고, 종국적으로는 다시 오실 그리스도를 기다리며 그 심판의 날을 바라보아야 하는 것이다. 그러므로 설교자는 이러한 청중에게 현재를 어떻게 살아가야 할 것인가 하는 것뿐 아니라 종말의 날을 기다리는 자들로서 어떻게 그 날을 기다리며 살 것인가 하는 문제도 다루어 주지 않으면 안 되는 것이다. 즉 설교의 관심은 단지 기독론적인 면에만 그치지 않고, 성령론적 관심과 종말론적 관심까지 나아가야 할 것을 요구받는다.[98]

구속사적 설교가 예수 그리스도 중심의 설교임은 분명하다. 그러나 이 말을 오해하면 안 된다. 즉, 이 말을 성경의 모든 본문을 예수 그리스도라는 단편적 안경으로 읽어 낸다는 의미로 받아들여서는 안 된다는 것이다.[99] 구속사적 설교론을 잘못 이해하면 이런 오류에 빠지기 쉽다는 것을 항상 인식해야 한다.

c. 예증으로 사용할 수 없는 성경인물

구속사적 설교론자들은 성경인물설교가 모범설교나 도덕설교로 빠질 위험성이 많다는 생각을 가지고 있음을 앞에서도 지적한 바 있었다. 그렇다면 설교자는 어떠한 경우에도 성경의 인물들을 예증으로 사용해서는 안 되는 것일까? 정성구 교수는 "구속사적 설교를 하면서도 성경을 예증으로 쓸 수 있다"고 하면서 그 실례로 느헤미야가 솔로몬 왕을 예로 들어서 그가 이방 여자와 결혼한 일을 경고적 모범으로 사용했다고 주장한다. 그리고 야고보는 엘리야를 의인의 기도는 역사하는 힘이 많다는 사실의 예로 언급하고 있다는 점도 지적한다.[100]

---

98) 정창균, "성경인물설교의 당위성과 한계성", 174.
99) 류응렬, "예수 그리스도 중심의 설교: 그 기초와 방법론", 288.
100) 정성구, 『개혁주의 설교학』, 393.

그는 이렇게 성경을 예증적으로(exemplary) 인용하여 설교하는 것은 이해를 하면서, 성경인물의 행위가 긍정적이고 부정적인 삶의 모범이 될 수 없다고 한다면 모순될 것이라는 사실을 적시하고, 중요한 것은 성경 본문이 과연 그것을 말하고 있는가 하는 점이 되어야 한다고 했다.[101]

C. 구속사적 설교론에서 본 인물설교

지금까지 우리는 구속사적 설교론의 정당성과 한계성의 문제를 살펴보았다. 이제는 이러한 구속사적 설교론의 인물설교에 대한 주장을 정리하고 평가해 보자.

1. 구속사적 설교론의 주장

구속사적 설교론자들은 전반적으로 구속사적 설교 방식과 성경인물 설교가 조화를 이룰 수 없다고 생각한다. 그들은 인물설교는 언제나 하나님이 아니라 사람의 행동이나 심리에 주목한다고 비판한다. 그들의 주장은 설교자의 눈이 언제나 하나님 중심이 되어야 하고 주권자 되시는 하나님만을 바라보아야 한다는[102]것인데, 성경인물설교는 인물의 장단점에 주목하기 때문에 결국 본문 자체의 고유한 중심 사상 즉 하나님에 대한 계시적 교훈들을 파악하는 데 실패할 수밖에 없다는 것이다.[103] 그리고 더 나아가 구속사적 설교론자들은 성경인물 설교가 역사적 사건체 본문을 해석하는 데 있어서도 실패할 수밖에

---

101) 정성구, 『개혁주의 설교학』, 393.
102) 정성구, "성경적인 설교로 돌아가자", 202.
103) 이승진, "인물설교의 설교학적 가능성", 116.

없다고 주장한다. 이승진 교수는 구속사적 설교론의 주장을 다음과
같이 정리했다.

> 인물설교의 성경 본문은 등장인물이 포함된 역사적 사건체 본문이
> 다. 따라서 역사적 사건체 본문을 해석할 때 필요한 해석 전략은 기
> 본적으로 역사적 해석이다. 그럼에도 불구하고 인물설교는 성경의
> 등장인물을 예증적인 전제를 가지고 접근하기 때문에 역사적 해석은
> 간과되고 등장인물이 개입한 사건들의 사실적 성격도 무시되기 십상
> 이다.[104]

이처럼 구속사적 설교론자들은 성경인물설교를 성경의 주인공이
신 하나님에 대한 바른 깨달음을 얻기에도 부적합하고, 성경 구속 역
사의 흐름과도 어울리지 못하는 것으로 여긴다. 뿐만 아니라 그들은
성경인물설교가 모범설교나 도덕설교가 될 가능성이 매우 높다는 점
도 깊이 우려한다. 모범설교에 대해 고재수 교수는 다음과 같이 설명
했다.

> 성경에 나오는 역사적 인물이 잘못을 저질렀을 때 그를 경고적 모범
> 으로 사용했고 그에 따른 적용은 '그 사람처럼 행하지 말라' 는 것이
> 었습니다. 또 기록된 이야기에 어떤 사람이 올바르게 행동했으면 그
> 를 본받을 모범으로 사용하고 그 적용은 '그 사람처럼 행하라' 는 것
> 이었습니다.[105]

구속사적 설교론자들은 성경인물설교의 경우 이런 방식으로 인
물을 다룰 위험성이 상존한다고 생각하는 것이다. 고재수 교수가 소
개하는 실례를 한 가지 들어 보자. 고재수 교수는 "아브라함의 거짓
말"(창 12:10-20)과 "이삭의 거짓말"(창 26:6-11)이라는 제목의

---

104) 이승진, "인물설교의 설교학적 가능성", 116.
105) 고재수, 『구속사적 설교의 실제』, 202.

설교를 통해, 만일 설교자들이 구속사적인 관점을 가지고 있지 못하고 단지 도덕적인 교훈만을 중심으로 본문을 깨닫는다면, 이 본문들은 똑같이 '거짓말은 잘못된 것이고, 그 결과 아내들을 빼앗길 위험에 빠지는 재앙이 초래되었다' 라는 의미로 해석될 수 있음을 지적한다. 결국 설교자들이 이런 본문들을 성경인물들의 윤리적 교훈으로만 보게 될 때, 두 본문을 가지고 동일한 설교(예를 들면 '거짓말을 하지 말자' 와 같은 것)를 만들게 될 것은 분명하다. 그는 이런 방식으로 성경 본문을 보는 것은 경계해야 한다고 하며, '아브라함의 거짓말' 이나 '이삭의 거짓말' 사건은 하나님이 약속을 성취하시는 분이시고, 그 약속을 이루시기 위해 자기 백성을 보호하시고 그 길을 섭리하는 분이시라는 사실을 나타낼 목적으로 제시된 본문들이라고 주장한다.[106]

이처럼 구속사적 설교론자들은 설교자가 성경 본문에 대한 구속사적 통찰력이 없이 성경인물의 좋은 점을 본받고 그렇지 못한 부분은 본받아서는 안 된다는 식으로 다루는 것을 부적절하다고 여긴다. 그들은 인물에 주목하여 설교를 하다 보면 결국 그 인물을 통해 사람들에게 교훈을 주는 모범설교로 빠질 것이기에 성경인물설교를 중요하게 다루지 못하게 하였던 것이다.

2. 구속사적 설교론의 주장에 대한 평가

과연 이러한 구속사적 설교론의 주장을 어떻게 받아들여야 할까? 구속사적 설교론의 관점에 분명히 옳은 일면이 있다. 그러나 이런 구

---

106) 고재수,『구속사적 설교의 실제』, 16-29.

속사적 설교론의 관점은 사실 매우 편협하다 할 수 있다. 즉, 인물설교는 모범설교가 될 수밖에 없다는 구속사적 설교론의 주장은 올바르다고 평가할 수가 없다는 말이다.[107] 정창균 교수는 "성경인물설교의 당위성과 한계성"이라는 논문과 "성경적 성경인물설교를 위한 설교학적 고찰과 제안"이라는 논문에서 이 점을 분명하게 지적하고 있다.

정창균 교수는 "성경인물을 다루고 있다는 자체로 그것은 도덕설교, 모범설교가 되는 것이라는 생각은 매우 편협한 것"이라고 말한다.[108] 물론 그동안의 성경인물설교가 이러한 인식에 빌미를 제공한 것은 분명하다. 실제 설교현장에서 인물설교는 여전히 도덕설교나 모범설교의 차원에 머물고 있기 때문이다.[109]

그러나 그것으로 모든 성경인물설교는 곧 모범설교라고 주장해서는 안 된다. 왜냐하면 성경인물설교가 인물들의 행동을 부각시키거나 강조하는 것에 목적이 있는 것이 아니라, 그 인물들의 행동이 하나님의 통치와 섭리에 어떤 반응을 보이며, 그것을 통하여 하나님의 구원과 하나님의 하나님 되심이 어떻게 구현되고 있는가에 더욱 관심을 갖는 것이라면, 모범설교로 비난을 받아야 할 이유가 전혀 없기 때문이다.[110] 즉 성경인물을 어떻게 다루는가가 문제이지 결코 성경인물설교 자체가 문제가 아니라는 말이다.

이동수 교수는 "온전한 구속사적 해석은 이미 인간의 실존적 문제들을 포함하고 있기 때문에 모범적인 해석이 전혀 배제되지 않는다[111]고 주장했다. 그레이다누스(Sidney Greidanus)도 구속사적 설

---

107) 정창균 교수는 "성경인물설교의 당위성과 한계성"이라는 논문과 "성경적 성경인물설교를 위한 설교학적 고찰과 제안"이라는 논문에서 이 점을 분명하게 지적하고 있다.
108) 정창균, "성경인물설교의 당위성과 한계성", 175.
109) 정창균, "성경인물설교의 당위성과 한계성", 168.
110) 정창균, "성경인물설교의 당위성과 한계성", 174.
111) 이동수, "말씀의 검으로 새 생명을 낳는다", 145.

교론자들이 성경인물에 대해 지나치게 편협한 시각을 가지고 있음을 다음과 같이 지적했다.

> 구속사 측은 인간 중심적 설교의 부당성은 드러내었으나……본문에 나오는 인물을 사실상 제거해 버림으로써 과잉반응을 보인 경향이 있었다. 그렇지만 하나님 중심성이 강조되어야 함에도 불구하고 본문에 나오는 사람은 계속하여 다시 떠오르게 된다. 즉 그들을 억누를 수는 없는 것이다.[112]

그레이다누스는 성경인물설교에 관해 성경의 인물과 오늘날의 청중 사이를 동일시하는 방법의 문제점들을 지적한다. 하지만 그는 "성경의 등장인물을 동일시하는 방법은 정당성이 없다는 이유로 쉽게 내버리기에는 너무 아깝고 중요한 것"[113]이라고도 했다. 이승진 교수도 성경인물설교가 구속사 설교와 날카로운 각을 세우고 있으나 구속사 설교를 강조하는 측에서 성경의 인물을 모두 도외시하는 것이 아니라는 점에 주목하면서 "구원사의 틀 속에서 성경의 인물과 오늘의 청중 사이에 설교의 연결고리를 찾을 수 있다"고 주장한다.[114] 구속사적 설교론에서 경계한 것처럼 성경인물설교가 모범설교 내지는 도덕설교로 변하는 것은 결코 바람직하지 않은 일이다. 그러나 성경인물설교는 곧바로 모범설교나 도덕설교가 된다는 구속사적 설교론자들의 생각도 정당한 것이라고 생각되지는 않는다.

성경인물설교를 하고자 하는 이들은 구속사적 설교론자들이 염려하는 바를 충분히 고려하여 인물설교가 모범설교화하는 것을 주의해야 할 필요가 있다. 그리고 구속사적 설교론자들 역시 성경인물설교는 무조건 모범설교나 도덕설교라는 전제적 자세를 버리고, 서로 조

---

112) Sidney Greidanus, 『구속사적 설교의 원리』, 권수경 역 (서울: SFC, 2011), 260-61.
113) Greidanus, 『성경해석과 성경적 설교(중)』, 김영철 옮김 (서울: 여수룬, 2006), 342.
114) 이승진, "인물설교의 설교학적 가능성", 127.

화를 추구할 수 있음을 인정해야 한다.

결국 설교자는 "성경을 해석할 때 성경 본문에서 모범을 찾으려는 노력[115]과 이 본문을 성경의 전체적인 맥락에서 이해하여 하나님의 구속사적인 의미를 찾으려는 노력을 병행해야"[116] 할 것이다.

D. 윤리행위를 요구하는 설교와 모범설교의 구분

조상현 목사는 "모범적······설교가 단순히 인물의 장단점에 집중하여 하나님의 구속사와는 상관없이 영적 도덕적인 교훈이나 경고로서의 예시로 취하는 것이라고 한다면, 윤리행위를 촉구하는 설교는 하나님의 구속사를 경험한 하나님의 백성에게 요구하시는 하나님 나라 윤리를 촉구하는 설교를 말한다"고 했다.[117] 즉 윤리행위를 촉구하는 설교는 세속사가 아닌 구속사와 밀접한 관계를 맺는 설교라는 것이다.

클라우니(Edmund P. Clowney) 역시 "은혜언약이 항상 윤리 반응을 요구하듯이 구속사에서 중요한 역할을 맡은 인물의 삶이나 행위에 있어서도 윤리 요소는 결코 인위적이나 불합리하게 나타날 수 없다"[118]고 했는데, 여기서도 윤리행위의 요소가 인물들의 삶속에 잘 드러날 수밖에 없다는 사실을 알 수 있다.

이러한 윤리행위는 하나님의 구속의 행위에 대한 인간의 반응이라 설명할 수 있다. 조상현 목사는 이 행위는 하나님께서 행하신 구속 사역에 대한 반응이기에 신학적인 내용이 담겨진 신학적 행위인

---

115) 여기서 모범이라는 말은 구속사적 설교가 결코 윤리행위를 촉구하는 설교를 배척해서는 안 된다는 사실을 강조하는 말로 받아야 할 것이다. 조상현 목사는 H. J. Schilder와 같은 이들이 의견을 통해 이런 점을 강조한다.
116) 류근상, "구속사적 성경해석의 원리와 방법", 59.
117) 조상현, "윤리행위를 촉구하는 설교", 119–20.
118) Edmund P. Clowney, 『설교와 성경신학』, 류근상 역 (서울: 크리스찬출판사, 2003), 76.

동시에 그에 따른 하나님 앞과 공동체 안에서 행하는 윤리 행위라는 사실을 지적하면서, 그러기에 "구속사적 설교는 이러한 윤리 행위를 촉구하는 설교여야 함이 당연하다"고 했다. 그는 "진정한 구속사적 설교는 하나님의 구속 사역을 선포할 뿐 아니라 그 구속의 은혜를 입은 자로서 오늘 어떻게 살 것인지에 대한 선포가 있어야 하며, 후자의 목적을 달성하는 설교를 윤리행위를 촉구하는 구속사적 설교"[119]라고 호칭했다.

1. 구속사적 설교가 윤리행위를 촉구해야 하는 당위성

a. 설교의 궁극적 목적으로서의 청중의 변화

설교는 하나님의 말씀을 청중에게 전달하는 구체적인 행위로서, 구속사적 설교 역시도 단순히 구속사를 드러내려고 하는 차원을 넘어 그 내용이 청중의 삶과 구체적으로 관련을 맺을 수 있도록 해야 한다. 그러므로 설교자는 본문에 나타난 하나님의 구속사역을 잘 드러낼 뿐 아니라, 하나님이 그 구속사역을 경험하는 사람에게 당신의 구속사역을 통해 일으키고자 하셨고 요구하고 기대하셨던 그들의 변화가 무엇이었는지를 살펴서, 오늘의 청중에게도 과거 본문 속에 등장하는 인물들이 경험했던 것과 동일한 하나님의 구속 사건이 재현되도록 해야 한다.[120]

b. 성경의 기록목적

---

119) 조상현, "윤리행위를 촉구하는 설교", 120-23.
120) 조상현, "윤리행위를 촉구하는 설교", 124-26.

바울 사도는 성경이 "교훈과 책망과 바르게 함과 의로 교육하기에 유익하니 이는 하나님의 사람으로 온전하게 하며 모든 선한 일을 행할 능력을 갖추게 하려 함이라"(딤후 3:16-17)고 했다. 성경의 역사적 본문 역시 같은 목적으로 기록되었다. 즉, 과거에 발생한 구속사적 사건들은 후대 독자들에게 그 사건에 어울리는 합당한 믿음의 반응을 이끌어 내는 것을 목적으로 한다는 것이다. 성경은 하나님의 구속 사역과 관련하여 매우 구체적인 윤리행위를 촉구하고 있다. 그러므로 이런 성경의 목적을 이루려는 설교자는 반드시 설교에서 윤리행위를 촉구하는 일을 해야만 한다.[121]

이뿐만 아니라 성경 본문은 이미 하나님의 말씀이 특정시대에 적용된 결과물이다. 즉 모세가 들려 주는 아브라함의 이야기는 그저 한가롭게 되새김질해 보는 옛날이야기가 아니라, 아브라함의 출애굽 사건을 통해, 모세시대 이스라엘 백성들을 출애굽시키신 하나님의 영광과 구원의 능력을 상기시키고, 지금도 동일한 구원을 베풀고 계신 하나님의 능력과 영광을 매개하는 매개물이라는 것이다. 즉 성경 본문의 내용은 과거 사건이지만 그 과거에 관한 내용이 과거 속에 묻히지 않고 계속 현재의 신앙공동체 속에 적용적으로 선포되고 있다는 것이다. 그러므로 구속사적 설교는 하나님의 구속의 은혜를 체험한 사람다운 모습으로의 적극적인 삶의 변화를 촉구하는 내용이 되어야 한다.[122]

또한 성경에는 하나님의 구원에 대한 합당한 반응을 요청하는 직설법적이고 명령법적인 진술들이 나온다. 십계명에 대한 이스라엘의 복종은 하나님의 구속적 행위에 대한 구속적 응답임을 잊지 말아야 한다. 성경은 하나님의 구속 사역을 드러내는 직설법을 우선하

121) 조상현, "윤리행위를 촉구하는 설교", 123-26.
122) 조상현, "윤리행위를 촉구하는 설교", 126-31.

고, 그 구속자이신 하나님의 사역에 대한 인간의 응답으로서의 명령법을 뒤따르게 한다.[123] 직설법이란 어떤 객관적인 사실을 단정적으로 드러내 주는 방식이다. 예를 들어 복음의 내용을 있는 그대로 전하는 방식이 직설법이다. 이런 구원의 복음이 전해진 후에는 자연스럽게 그 복음에 대한 회개나 믿음의 반응이 요구된다. 바로 이 회개와 믿음의 반응에 대한 요구는 명령법으로 주어진다. 이러한 사실을 아는 설교자는 자연스럽게 하나님의 구속 사역을 경험한 신자에게 기대되며 요구되는 변화된 삶에 대한 명령법에 주목하고, 그에 합당한 윤리행위를 촉구하게 되는 것이다.[124]

전 역사를 통해 행하시는 하나님의 모든 구속 사건이 객관적인 구속사라고 한다면 한 인간의 삶속으로 들어와 역사하시는 하나님의 구속 행위를 주관적인 구속사라 할 수 있다. 진정한 구속사적 설교가 되려면 하나님의 객관적인 구속사와 함께 주관적인 구속사를 온전히 드러내는 설교가 되어야 한다.[125] 즉, 구속의 역사 속에서 한 개인의 삶에 들어와 역사하시는 하나님의 행위를 드러내고, 그에 반응하는 인물의 윤리적 반응을 다루는 것이 지극히 자연스럽다는 것이다.

2. 성경인물설교에의 적용

구속사적 설교론자들은 성경인물설교가 성경의 근본적인 의도인 구속사적 관점을 떠나 단순한 도덕설교나 모범설교로 나갈 위험이 있다는 과도한 경계심으로 인해 성경인물설교를 소홀히 해 온 것이 사실이다. 그러나 앞에서 다룬 것처럼 하나님의 객관적 구속사의 현장

---

123) 조상현, "윤리행위를 촉구하는 설교", 131-34.
124) 조상현, "윤리행위를 촉구하는 설교", 131-34.
125) 조상현, "윤리행위를 촉구하는 설교", 134-38.

에서 주관적인 구속사를 경험하는 성경의 인물들도 하나님의 구속사를 형성하는 데 매우 중요한 요소이다. 그러므로 구속사적 설교는 필연적으로 하나님의 구속의 대상이 되는 인물과 그들과 관련된 내용을 기초로 하여, 하나님께서 이루고자 하시는 궁극적인 구속 사역의 목적을 재현하는 윤리 행위를 촉구하는 설교가 되어야 한다.

이승진 교수는 "하나님의 구원 역사에 관한 사건체(redemptive historical narrative)에 관한 설교에서 설교자는 인물에 관한 언급을 완전히 배제시키지 말고 오히려 인물에 관한 묘사를 도구 삼아 이를 통해서 하나님의 구원에 관한 진리를 선포해야 한다"[126]고 했다. 즉 성경인물설교는 조상현 목사의 주장과 같이 "성경인물의 삶에 윤리 행위를 촉구하시는 하나님의 주관적 구속사를 드러내는 설교"[127]로 이해하는 것이 올바르다 할 수 있다.

그러나 성경인물이 구속사 속에서 아무리 중요한 위치를 차지하고 있다 할지라도 궁극적인 주인공이 하나님이시라는 사실에는 변함이 없다. 설교자는 이러한 관점을 놓치지 않도록 조심해야 한다. 설교자가 이러한 점에 주의해야만, 한 성경인물이 구속사에서 차지하고 있는 독특한 위치와 기능에 합당하도록 설교할 수 있는 것이다.

이제까지 살펴본 바에 의해, 성경인물설교를 하려는 설교자는 그 인물이 자신의 시대 속에서 경험한 하나님의 구속 사역에 어떻게 반응했는지를 소개하여, 오늘 우리의 역사 한가운데 개입하시는 하나님의 구속 사역에 대하여 청중이 합당하게 반응하도록 촉구해야 함을 알 수 있다.[128]

---

126) 이승진 『상황에 적실한 설교』, 232.
127) 조상현, "윤리행위를 촉구하는 설교", 142.
128) 조상현, "윤리행위를 촉구하는 설교", 146.

제3장
성경인물설교를 위한 성경해석

앞장에서 우리는 구속사적 설교론과 성경인물설교의 관계에 대하여 살펴보았다. 이 장에서는 성경인물설교를 위한 성경해석 방법들을 살펴보려고 한다. 성경인물설교와 그리스도 중심적 성경해석은 어떻게 조화를 이룰 수 있는지, 또한 성경인물설교에서 주로 다루게 되는 내러티브 본문을 해석하는 방법은 무엇인지, 그리고 성경인물을 모형적으로 해석하는 것은 어디까지이며, 또한 어떻게 해야 하는지를 살펴보려고 한다. 더 나아가 그동안 성경인물설교에 흔히 사용되어 온 성경해석의 다양한 오류들을 살펴봄으로 바른 성경인물설교를 위한 성경해석의 방법에 대해 알아볼 것이다.

A. 성경인물설교와 그리스도 중심적 성경해석

설교자에게 있어서 가장 큰 관심은 그리스도를 전하는 것이어야 한다. 그것은 성경이 그리스도를 중심으로 기록되어 있기 때문이다. 구약은 그리스도의 구속 사건이 일어나기 전에 미리 그 사건을 보여 준 것이고, 신약은 그리스도의 구속 사건이 일어난 후에 그 사건

---

129) 채규현, "성경의 역사와 하나님의 관점", 「월간목회」 364 (2006년 12월): 144.

을 교회적 관점에서 어떻게 보아야 할지에 대하여 기록한 것이다.[129] 신, 구약은 모두 그리스도를 중심으로 기록된 것이므로 설교를 하는 사람은 그 중심 내용인 그리스도를 전하지 않고 설교를 바르게 했다고 할 수는 없는 것이다. 이런 점에서 클라우니의 다음과 같은 진술은 정당하다.

> 성경신학은 설교가 그 근본 메시지인 예수 그리스도에 중심을 모으도록 도움을 준다. 구원은 주께로부터 오며 복음의 메시지는 예수 그리스도 안에 있는 우리의 구원을 위한 하나님의 계획을 드러내는 신 중심의 메시지이다. 말씀(The Word)을 전파하고자 하는 사람은 그리스도를 증거해야 한다.[130]

황대연 목사도 그리스도는 설교의 근거가 되시고, 성경해석의 중심원리가 되시며, 설교 메시지의 핵심이 되신다는 점을 그의 논문에서 잘 지적했다.[131] 그러므로 이곳에서는 성경인물설교와 그리스도 중심적 성경해석의 관계에 대하여 살펴봄으로 성경인물설교의 바른 방향을 모색해 볼 것이다.

1. 그리스도 중심적 성경해석의 필요성

a. 예수님과 사도들의 증거

성경전체를 하나로 묶는 원리는 예수 그리스도시다. 예수 그리스도는 신약뿐 아니라 구약의 중심이 되신다. 이러한 사실은 무엇보다 성경 자체의 증거로 분명해진다. 먼저 우리가 성경에서 살펴야 할 것은

---

130) Edmund P. Clowney, 『설교와 성경신학』, 김정훈 역 (서울: 기독교교육연구원, 1982), 90.
131) 황대연, "성경인물설교에 관한 설교학적 연구", 69~72.

예수님의 증거다. 예수님은 구약이 당신 자신에 대한 기록임을 분명히 하셨다. 요한복음 5:46에서 예수님은 "모세를 믿었더라면 또 나를 믿었으리니 이는 그가 내게 대하여 기록하였음이라"고 선언하셨다. 모세가 기록한 것은 바로 구약성경의 율법서에 해당되는 말씀들인데, 그것이 바로 예수님에 대한 기록이라는 선언이다. 모세의 기록뿐만이 아니다. 예수님은 그 이후에 나오는 모든 선지서들 역시도 당신 자신에 대한 기록임을 교훈하셨다.

누가복음 24:27에는 예수님께서 부활하신 후 엠마오로 내려가던 제자들에게 나타나 해 주신 말씀이 기록되어 있다. 24:32에서 이 제자들은 예수님이 자신들에게 성경을 풀어 주셨다고 증언한다. 예수님이 그들에게 풀어 주신 성경은 구약임이 분명하다. 그런데 그 모든 성경을 풀어 주실 때에 예수께서 이들에게 깨우쳐 주시려 하셨던 내용의 핵심은 바로 구약이 예수님 자신에 대한 기록이라는 사실이었다. "이에 모세와 모든 선지자의 글로 시작하여 모든 성경에 쓴 바, 자기에 관한 것을 자세히 설명하시니라." 그러므로 예수님의 말씀을 무겁게 생각하는 사람들이라면 이러한 사실들을 통해 구약 성경은 예수 그리스도를 중심으로 한 기록이라고 이해함이 지극히 당연할 것이다.

그렇다면 신약의 기록은 어떨까? 신약은 두말할 필요도 없이 예수 그리스도를 중심으로 한 기록임을 알 수 있다. 무엇보다 복음서는 모두 예수 그리스도의 생애에 대한 기록들이다. 사도행전도 다를 바 없다. 사도행전에 등장하는 사도들의 설교에 대하여 채규현 목사는 이렇게 말했다.

> 사도행전에서 사도들의 설교를 보면 공통점이 많이 있다는 것을 발견한다. 그 설교들은 언제나 회개를 촉구하는 것으로 끝난다(행

2:38, 3:18, 10:43, 13:27, 17:2-3). 그리고 그들의 설교는 항상 하나님의 구원의 역사에 맞추어져 있다. 구약에서부터 시작된 하나님의 역사하심이 이제 예수님에게 와서 그 정점을 맞게 된다는 것이 이들의 설교이다.[132]

바울의 서신들도 동일하게 그리스도는 모든 구약의 약속을 완성하시는 분이심을 증거한다. 고린도후서 1:20에서 바울은 "하나님의 약속은 얼마든지 그리스도 안에서 예가 되니"라고 했다. 그가 언급한 하나님의 약속은 바로 구약의 내용이 될 것이다. 즉 구약의 모든 내용들이 그리스도 안에서 완성이 된다는 말씀이다. 결국 성경 전체의 교훈을 통해 우리는 신, 구약 모두가 예수 그리스도를 중심으로 한 기록임을 알 수 있게 된다. 채펠(Bryan Chapell)은 위와 같은 사실을 다음과 같이 진술한다.

> 그들은 모든 성경이 예수 한 분만 향하고 있다는 사실을 증거하였다. 그러므로 성경의 원(圓)은 예수를 중심점으로 한다. 십자가 이전에 있었던 율법과 선지자들, 그리고 그 이후에 있었던 사도들의 사역에서도 역시 예수님이 중심이었다. 선지자와 사도들, 그리고 구세주자신도 모든 성경은 궁극적으로 구속주에 초점을 맞추고 있다고 증거하였다. 그렇다면 그를 언급하지 않고서 어떻게 성경을 올바르게 해석할 수 있겠는가? 따라서 강해설교는 곧 그리스도 중심의 설교이다.[133]

채펠의 주장과 같이 예수님과 사도들의 사역을 통해서 우리가 명백하게 알 수 있는 것은 바로 성경의 그리스도 중심성이다. 그러므로 설교자는 반드시 성경을 해석함에 있어서 그리스도 중심적 해석을 하지 않으면 안 된다.

---

132) 채규현, "구약에서도 그리스도를 설교해야 한다", 「월간목회」 362 (2006년 10월): 143.
133) Bryan Chapell, 「그리스도 중심의 설교」, 김기제 옮김 (서울: 도서출판은성, 2007), 348.

b. 성경의 구속사적 구조의 증거

성경은 창조와 타락 그리고 구원이라는 구조로 이루어져 있다는 것이 구속사적 성경 이해의 중요한 핵심이다. 채펠은 성경의 궁극적인 목적이 인간의 타락한 측면을 영적으로 완숙한 상태로 회복시키는 것이라고 지적하면서, 타락한 세상에서 타락한 존재로 살아가는 사람들에게는 반드시 구속 사역이 필요하다고 했다. 그는 설교자들이 계시에 관한 것을 많이 이야기했어도 그것을 하나님의 구속 사역과 직접 연관시키지 못했다면 성경의 계시를 적절하게 설명했다고 할 수 없다면서, 모든 성경은 하나님의 구속 사역을 드러내려는 목적과 취지를 가지고 있다고 주장했다. 그는 "성경이 구원에 관한 계시로서 인간의 타락한 상황을 다루기 위해 영감 되었다는 사실을 설교자가 인식한다면, 그리스도 중심의 설교에서 절대적인 중심이 되는 구원이라는 요소를 밝혀 낼 수 있을 것"이라고 했다.[134]

디모데후서 3:16에서 "모든 성경은 하나님의 감동으로 된 것으로 교훈과 책망과 바르게 함과 의로 교육하기에 유익하니……이는 하나님의 사람으로 온전케 하려 함이라"고 진술한 것에서 우리는 모든 인생들이 불완전한 존재임을 알 수 있다. 인생이 온전하지 못하기에 온전하게 한다는 것임이 분명하기 때문이다. 타락한 인간은 스스로의 능력으로는 결코 구원을 받을 수 없는 존재가 되었다. 타락한 인생들이 그 상태로부터 벗어날 수 있는 길은 오직 그리스도의 십자가를 통해 구원을 받는 길밖에 없는 것이다. 류응렬 교수는 이렇게 진술하고 있다.

---

134) Chapell, 『그리스도 중심의 설교』, 336-46.

인류의 타락 상태에 초점을 둘 때 우리는 성경이 씌여졌던 당시의 사람들이 가졌던 인간 상황과 오늘날 우리가 가지는 인류의 한계와의 일치점을 발견한다. 그들이나 우리는 모두 구원받아야 할 대상들이며 온전한 삶을 촉구받는 불완전한 사람들이다. 성경의 모든 부분이 우리의 타락한 상태를 전제한다면 그 이유는 명확하다. 우리가 이 말씀으로 우리의 불완전한 모습을 깨닫고 우리를 온전케 하시는 그리스도의 사역을 바라보게 하기 위해서이다. 이런 해석학적 배경은 우리에게 모든 성경 본문이 구속적 목적을 가진다고 주장할 수 있는 근거를 제시한다. 성경을 해석하고 선포하는 설교자의 궁극적 목적은 하나님께서 그리스도 안에서 성령님을 통하여 이루신 구속적 메시지를 증거하는 일이다.[135]

타락한 인류의 구원은 오직 예수 그리스도 안에서 이루어지는 것이라고 한다면, 결국 모든 성경의 궁극적인 지향점이 한 분, 예수 그리스도가 되는 것은 지극히 당연한 일이다. 이러한 성경의 구속사적 구조 자체가 바로 예수 그리스도 중심적 성경해석을 요구하고 있음을 알아야 할 것이다.

2. 그리스도 중심적 성경해석에 근거한 설교방법

성경이 그리스도 중심적으로 해석되어야 한다면, 그것을 설교하는 사람들 역시 그리스도 중심적으로 설교해야 한다는 것을 의미한다. 그렇다면 과연 그리스도 중심적으로 설교한다는 것은 무엇을 의미하는 것인가? 이곳에서는 그리스도 중심적 설교란 "삼위일체 하나님 중심의 설교"임을 밝히고, "인물 중심의 성경해석과 설교"를 경계할 때, 그리스도 중심적 설교가 가능함을 밝히려고 한다.

---

135) 류응렬, "예수 그리스도 중심의 설교: 그 기초와 방법론", 「신학지남」 277 (2003년 겨울): 284.

a. 삼위일체 하나님 중심의 설교

만일 설교자가 그리스도 중심적인 설교를 마치 성경의 모든 본문을 설교할 때마다 예수 그리스도를 직접적으로 언급하는 설교로 생각한다면, 그것은 크게 오해한 것이다. 류응렬 교수는 "예수 그리스도 중심의 설교가 주는 오해 가운데 하나는 성경의 모든 본문을 예수 그리스도라는 단편적 안경으로 읽어"[136] 내는 것이라고 지적했다. 그레이다누스도 "그리스도 일원론적 설교(Christomonistic preaching), 곧 하나님과 분리 고립된 예수가 전파되는"[137] 설교의 위험성을 지적한 바 있었고, 정창균 교수도 이와 관련된 문제점을 다음과 같이 지적한 바 있었다.

> 우리는……'그리스도 중심성'의 해석 원리가 모든 본문에서 그리스도를 직접적으로 언급해야 한다는 것으로 오해해서 본문에서 나타나는 색깔, 분위기, 기타 외형적인 유사성을 실마리로 삼아 무시간적, 풍유적 비약으로 그리스도와 일치시키려는 시도는 경계해야 한다.[138]

정창균 교수는 여기서 그리스도 중심적 설교를 한다는 것을 모든 본문에서 그리스도를 직접적으로 언급해야 한다는 말로 오해할 때 설교자들이 저지르기 쉬운 성경해석의 문제점을 잘 지적해 주었다. 그의 지적은 설교자들이 이런 오해를 할 경우 본문 해석을 함에 있어서 풍유적 해석과 같은 잘못된 해석방법들을 쉽게 동원할 위험성이 있다는 것이다.

---

136) 류응렬, "예수 그리스도 중심의 설교: 그 기초와 방법론", 288.
137) Sidney Greidanus, "구약성경 본문에서도 그리스도를 설교해야 할 필요성",「구약신학논문선집」, 윤영탁 역편 (수원: 합동신학대학원출판부, 2012), 576.
138) 정창균,「고정관념을 넘어서는 설교」, 44.

그렇다면 그리스도 중심적 설교라는 것은 무엇인가? 류응렬 교수는 그것은 바로 하나님 중심의 설교요, 또한 성령님 중심의 설교라고 주장한다.[139] 그는 사람들이 안고 있는 문제가 그리스도 안에서 하나님만이 해결할 수 있는 인류의 한계 상황을 보여 준다면서, 죄인을 향한 하나님의 구속을 강조할 때, 설교자가 자연스럽게 그리스도로 말미암아 이루어지는 하나님의 구원을 선포할 수 있는 것이고, 하나님께서 당신의 구속 사역을 그리스도의 사역에 근거하여 성령님을 통해 이루셨다는 점에서 성령의 사역을 강조하는 것 역시 동일한 의미를 갖는다는 점을 지적했다.[140] 그러므로 구속사적으로 바르게 그리스도 중심적 설교를 하고자 하는 설교자라면 삼위 하나님의 사역을 중심으로 성경을 해석하고 설교하려고 해야 함이 마땅한 것이다.

b. 인물 중심적 성경해석과 설교 경계

설교자는 성경인물설교를 할 때 인물이 중심이 되고 하나님이 보이지 않는 성경해석과 설교를 하지 않도록 조심해야 한다. 삼위 하나님을 중심으로 하는 성경 해석과 설교에서 벗어나서, 인물 중심적인 성경해석과 설교를 하게 될 때에 드러나는 몇 가지 특징적인 설교의 흐름이 있다. 그것은 채펠이 지적한 바와 같이 설교자가 성경을 "~이 되라"든지, "~처럼 되라"든지, 혹은 "선한 사람이 되라", "영적 훈련을 실천하라"와 같은 인간적인 교훈을 주는 책으로 이해하여 설교하는 것이다. 채펠은 이런 식의 설교가 지닌 치명적인 문제점들을 지적했는데, 그것은 청중으로 하여금 인간의 전적인 부패성과 그런 인

139) 류응렬, "예수 그리스도 중심의 설교: 그 기초와 방법론", 288-89.
140) 류응렬, "예수 그리스도 중심의 설교: 그 기초와 방법론", 289.

간에 대한 하나님의 은혜를 망각하게 한다는 것과, 사람의 공로나 선행을 강조함으로 전적으로 그리스도를 의지해야 할 사람들로 하여금 자신을 의지하게 만들 수 있다는 사실 등이었다.[141] 이러한 채펠의 지적은 설교자들이 반드시 주목하고 경계해야 할 내용을 담고 있다고 생각된다. 설교자가 채펠이 지적한 것처럼 인물 중심적인 성경해석과 설교를 경계할 때 비로소 그리스도 중심적 성경해석과 설교를 올바르게 할 수 있게 될 것은 자명하다.

3. 그리스도 중심적 성경해석에 근거한 설교에서 중심 메시지 찾기

그리스도 중심적 성경해석을 하고 그것을 기초로 설교한다는 것이, 앞서 이미 지적한 바와 같이 단지 예수님의 이름을 설교에서 반드시 언급해야 한다는 의미는 아니다. 그리스도 중심적 설교는 그리스도의 제사장과 선지자 그리고 왕으로서의 3직 수행에 관한 것과 그리스도의 사역과 그 구원의 성취 그리고 그분의 모든 교훈과 가르침을 전체적으로 포함하는 것을 의미한다.[142]

그런데 설교자가 신약의 본문을 가지고 설교를 할 때는, 대부분의 신약 본문 자체가 그리스도의 삶과 교훈을 중점적으로 드러내 주고 있기 때문에 항상 그리스도 중심적인 메시지를 찾아 설교하는 것이 가능하다. 하지만 구약을 본문으로 설교를 할 때는 그리스도에 관한 언급이 직접적으로 나타나는 경우들이 많지 않기 때문에 그리스도 중심적인 메시지를 찾아내는 데 어려움을 겪을 수 있다. 이런 경우 설교자의 수고가 많이 있어야 한다.

---

141) Chapell, 『그리스도 중심의 설교』, 359-65.
142) 류응렬, "예수 그리스도 중심의 설교: 그 기초와 방법론", 297-98.

a. 본문이 직접 그리스도를 언급하고 있을 때

예를 들어, 예수님이 회당에 들어가셔서 성경을 읽으려고 서시자 사람들이 선지자 이사야의 글을 드린 기사가 누가복음에 나온다. 그 때 예수님은 이사야 61:1[143] 이하의 말씀들을 읽으신 후에 "이 글이 오늘 너희 귀에 응하였느니라"(눅 4:21)고 말씀하셨다.

이와 같이 신약에서 직접 구약을 인용함으로 그 구절이 그리스도 관한 것임을 교훈할 때에는 본문을 주해하여 매우 자연스럽게 그리스도와 연결 지을 수 있다. 이런 경우에는 비록 구약이라 할지라도 그리스도 중심적 설교를 하는데 큰 어려움은 없을 것이다.

b. 그리스도가 모형으로 드러나 있을 때

그리스도는 구약에 여러 모형(typos)으로 나타나셨다. 멜기세덱의 제사장 직분은 그리스도의 제사장 직분의 모형이다. 히브리 기자는 "네가 영원히 멜기세덱의 반차를 따르는 제사장이라"(히 5:6)는 말씀을 통해 멜기세덱과 그리스도의 관계를 연결 짓고 있다. 대제사장 아론은 그리스도의 대제사장 되심의 모형이 된다. 그리고 여러 희생 제물들은 그리스도의 십자가 희생의 모형이다.[144] 세례 요한은 예수님을 "세상 죄를 지고 가는 하나님의 어린양"에 비유하기도 했다. 이것들 외에도 성전이나 유월절, 모세, 물고기 뱃속에 들어갔던 요나가 사흘 만에 다시 살아나올 수 있었던 사건과 같은 것들이 모두

---

143) 류웅렬, "예수 그리스도 중심의 설교: 그 기초와 방법론", 297-98.
　　이사야 61:1 이하는 "주의 성령이 내게 임하셨으니 이는 가난한 자에게 복음을 전하게 하시려고 내게 기름을 부으시고 나를 보내사 포로 된 자에게 자유를 눈 먼 자에게 다시 보게 함을 전파하며 눌린 자를 자유롭게 하고 주의 은혜의 해를 전파하게 하려 함이라"는 내용이다.
144) 히브리서 9장 참조.

하나의 모형으로 다루어질 수 있는 것들이다.

이렇게 구약의 어떤 부분들은 그리스도를 모형으로 드러내 준다. 이런 부분들을 설교할 때 설교자는 모형(typos)과 원형(antitypos) 사이의 역사적 연관성과 신학적 연관성을 잘 파악해서 서로 자연스러운 연결을 짓도록 노력해야 한다. 구약에 나타난 이런 모형들은 어떻게 예수 그리스도에 대한 것들을 드러내 주고 있는지, 그리고 무엇을 예언적으로 보여 주고 있는지를 발견하여 그리스도 중심적 설교를 진행해야 할 것이다. 모형론적 방법에 대해서는 뒤에 다루어질 '성경인물설교와 모형론적 해석' 부분에서 좀 더 상세히 언급할 것이다.[145]

c. 그리스도의 구속 사역이 구체적으로 드러나 있지 않을 때

그런데 사실상 많은 구약의 내용들은 그리스도의 구속 사역을 구체적으로 드러내 주지 않는다. 이런 경우에는 어떻게 설교자가 그리스도 중심적인 설교를 진행할 수 있을까? 이런 본문들을 해석할 때는, 첫째로 어떤 본문은 장차 그리스도를 통해 이루어질 구속을 예언하는 메시지를 담고 있을 수 있고, 둘째로 어떤 본문은 하나님의 백성들로 하여금 그리스도의 구속 사역을 이해하도록 준비시키는 기능을 할 수 있고, 셋째로 어떤 본문은 그리스도의 사역을 필연적으로 요구하는 하나님의 속성에 관하여 말하고 있을 수 있고, 넷째로 어떤 본문은 예수 그리스도의 사역의 결과로만 주어지는 은혜에 대해 말하고 있는 것일 수 있음을 설교자가 먼저 인지할 필요가 있다.[146] 그때

---

145) 이 부분은 "성경인물설교와 모형론적 성경해석"이라는 별도의 섹션에서 다루기로 하자.
146) 류응렬, "예수 그리스도 중심의 설교: 그 기초와 방법론", 301-304. 이 부분은 브라이언 채펠의 『그리스도 중심적 설교』, 350-59에도 같은 내용들이 다루어져 있다.

비로소 그리스도의 구속 사역이 구체적으로 언급되어 있지 않은 구약 본문도 그리스도 중심적으로 설교할 수 있는 길이 열릴 것이다.

덧붙여서 설교자가 다음과 같은 점들을 참고하면 그리스도의 사역이 구체적으로 언급되지 않은 본문에서도 그리스도 중심적인 설교를 하는 데 좀 더 도움을 받을 수 있을 것이다.

1) 인간의 타락한 상태에 초점(FCF)[147] 맞추기

성경 본문이 모두 나름대로의 목적과 의도가 있다는 사실은 앞서 지적한 바 있다. 그것의 핵심은 불완전하게 타락한 인생들을 예수 그리스도의 구속의 은혜를 통해 구원하여 주시는 것이다. 그러므로 성경인물설교를 하는 설교자가 항상 인간의 타락한 상황에 초점을 맞추고 설교를 할 때, 성경의 근본적인 기록의 목적과 자신의 설교의 방향이 어울리는 설교를 할 수 있는 것이다. 채펠은 이렇게 설명한다.

> 성경 중에 단순히 옛날에 살았던 사람들을 위해서만 쓰여진 본문은 하나도 없다. 하나님은 오늘날 우리가 필요로 하는 "인내와 안위"를 주기 위해서 성경을 계획하셨다. FCF는 성경이 쓰여진 그 시대 사람들에게만 해당되는 상황이 아니다. 모든 인간이 처해 있는 공동의 상황이다. 그래서 현재의 성도들도 그 시대 사람들과 마찬가지로 은혜를 필요로 한다. 이렇게 FCF가 모든 성경 구절 속에 근본적으로 깔려 있기 때문에 훌륭한 설교를 하려면 성경 본문에 깔려 있는 이런 의도를 밝혀 내기 위해서 노력을 해야 한다…… 설교의 통일성을 지키기 위해서 설교자는 본문의 중심 의도를 한 가지만 정선해서 그것에 초점을 맞춰야 한다. FCF는 설교의 진정한 주제를 결정해 준다. 왜냐하면 그 구절이 쓰여진 진정한 목적이 FCF이기 때문이다.[148]

---

147) Fallen Condition Focus(타락한 상태에 초점 맞추기)를 줄인 것
148) Chapell, 『그리스도 중심의 설교』, 53-54.

인간의 타락한 상황에 초점을 맞추고 설교를 진행하는 설교자는 결국 타락한 인간에게 유일한 소망은 오직 예수 그리스도 한 분밖에 없다는 자연스러운 결론에 도달하게 된다. 류응렬 교수의 설명을 계속 살펴보자.

> 성경에 나오는 모든 영웅과 사건은 일차적으로 설교자에게 그 사건 자체를 다루도록 요구하지만 궁극적으로 그 사람과 사건을 통하여 일하시는 하나님을 찾도록 요구한다. 하나님에 대한 강조는 필연적으로 그리스도에게로 설교자를 이끌어 간다. 이는 모든 설교에서 그리스도를 반드시 언급하는 것 때문이 아니라 우리가 안고 있는 문제가 그리스도 안에서 하나님만이 해결할 수 있는 인류의 한계상황임을 보여 주기 때문이다. 죄인을 향한 하나님의 구속을 강조할 때 설교자는 자연스럽게 그리스도로 말미암아 이루어지는 하나님의 구원을 선포할 수 있다.[149]

타락한 인류는 자신의 힘으로는 도저히 구원받을 수 없는 한계상황에 처한 존재들이다. 이 문제는 오직 하나님만이 해결할 수 있으시고, 하나님은 바로 그 문제를 예수 그리스도의 십자가 사건을 통해 해결하신다. 그러므로 성경인물설교를 올바르게 하고자 한다면 반드시 그리스도 중심적 설교를 하지 않을 수 없을 것이고, 그것은 바로 성경을 해석하는 설교자의 마음에 FCF에 대한 의식이 있을 때 더 풍성해질 가능성이 있다고 생각된다. 결국 인간의 타락한 상황에 초점을 맞춘 설교를 할 때에 비로소 설교자는 성경인물설교 가운데 자연스럽게 그리스도 중심성을 드러낼 수 있다.

2) 설교의 목적 이해하기

149) 류응렬, "예수 그리스도 중심의 설교: 그 기초와 방법론", 289.

성경인물설교의 목적은 어떤 영웅에 대하여 이야기하거나, 그 인물의 삶이나 업적 혹은 실패나 좌절을 중심으로 교훈을 하는 데 있지 않다. 그레이다누스는 "성경인물을 중심으로 그들이 무엇을 했는지 혹은 무엇을 안 했는지를 빗대어 현대 성도들에게 신앙적 도덕적 모범을 제시하는……인물모방의 설교는 거의 하나님 자신의 계시 본질에 도달하기 어렵다"고 했다.[150] 설교자의 궁극적인 목적은, 하나님의 말씀 가운데 있는 구속의 복된 소식을 청중에게 전함으로, 타락 후 소망이 없게 된 그들의 삶에 소망을 주는 것이다. 그러므로 그 어떠한 인물도 성경이 말씀하는 구속의 핵심인 예수 그리스도를 대신할 수 없다.

그러므로 설교자가 성경인물설교를 행하는 데 있어서 항상 그리스도를 향하는 것은 지극히 당연한 일이다. 바로 예수 그리스도만이 구원의 길이요 진리요 생명이시기 때문이다. 혹시 모든 성경에서 예수 그리스도를 설교하는 것이 구약성경의 풍성한 다양성을 없애는 일로 생각하는 설교자가 있다면 골즈워디(Graeme Goldsworthy)의 말을 기억해야 할 것이다.

> 성경의 모든 부분에서 그리스도를 설교한다는 것은 구약 성경의 풍성한 다양성을 예수님을 피상적으로 대하는 얄팍한 경건이라는 편협한 틀에 집어넣어 천편일률적으로 짜내는 것과는 거리가 멀다. 성경의 모든 부분에서 그리스도를 설교한다는 것은 이 큰 다양성을 성취 자이신 그리스도의 끝없는 풍성함 속으로 확대한다는 의미다.[151]

설교자는 그리스도를 설교해야 할 본문의 중심으로 인식할 때 도리어 더 풍성한 설교를 할 수 있게 된다. 그리스도는 우리의 모든 명

---

150) 윤영탁 편역, 『구약신학 논문 선집』, 577.
151) Graeme Goldsworthy, 『성경신학적 설교 어떻게 할 것인가』, 김재영 옮김 (서울: 성서유니온, 2010), 204.

상의 주제가 되시며, 모든 성경의 핵심이 되시기 때문이다. 예수 그리스도는 하나님의 자기 계시의 절정이시다. 그러므로 골즈워디는 "예수님을 언급하지 않고서도 기독교적인 설교가 가능한가?"라는 도발적인 질문을 한 후에 단호히 "아니요"라고 답변했다. 그는 "예수 그리스도를 언급하지 않고서도 그 본문의 참된 뜻을 드러낼 성경 본문은 없다"고 주장했다.[152] 데버(Mark E. Dever)는 참된 목사의 첫 번째 덕목으로 십자가 중심의 설교를 하는지의 여부를 꼽았다.

> 그리스도의 십자가보다 우리가 더 자랑해야 할 것이 무엇이 더 있겠습니까? 그리스도의 십자가로 하나님은 자신의 사랑과 공의 자비와 거룩함을 만족시켰고, 자신을 의지하는 모든 사람을 구원하시면서 이 사실을 온 세상에 나타내셨습니다. 진정한 사역자는 자기 메시지의 중심에 십자가를 둡니다. 또한 십자가의 메시지를 전하는 것은 사역자로서 자기 사역의 중심입니다.[153]

설교자가 위와 같은 목적을 분명하게 이해할 때, 성경인물설교에서 자연스럽게 예수 그리스도가 드러날 수 있게 될 것이다.

3) 하나님께 반응해야 하는 청중의 윤리적 행위 촉구하기

우리는 예수님이 천국 백성들의 윤리적인 삶에 대해 산상보훈을 통해 직접 교훈하셨다는 사실을 기억할 필요가 있다. 그리스도 중심적 삶이 그리스도께 순종하는 삶이어야 한다면 마땅히 청중에게 산상보훈과 같은 강력한 천국 시민의 윤리의식을 선포하지 않을 수 없는 것이다.

---

152) Goldsworthy, 『성경신학적 설교 어떻게 할 것인가』, 187, 198.
153) Mark E. Dever 외 6인, 『십자가를 설교하라』, 이심주 옮김 (서울: 부흥과개혁사, 2009), 26, 35.

바울은 자신이 그리스도를 본받은 자 된 것같이 자신의 말을 듣는 청중 역시 자신을 본받는 자들이 되어야 한다고 교훈했다(고전 11:1). 그리스도의 십자가의 은혜를 깨달은 자들은 마땅히 십자가 중심적 삶이라는 윤리적 변화를 증거로 드러내는 것이 마땅하다. 바울은 성령을 좇는 삶을 사는 성도들을 향해 그들은 마땅히 육신을 좇아 사는 자들과는 다른 윤리적 삶을 살아야 한다는 사실을 지적한 바 있다(갈 5:19-24). 그러므로 그리스도 중심적 성경해석에 기초하여 성경인물설교가 바르게 진행된다면 마땅히 청중의 윤리적 변화를 촉구하는 내용이 함께 포함되어야 한다. 결국 설교자가 청중에게 그리스도에게 순종하여 윤리적 행위를 나타내야 한다고 선포하는 행위는 그 자체로 자연스럽게 그리스도 중심성을 드러내는 것이 된다.

4. 그리스도 중심적 성경해석에 근거한 설교에서 주의할 점

그리스도 중심적 설교를 할 때 주의 할 점들이 있는데, 첫째, 윤리적 촉구가 약해질 우려가 있다는 점, 둘째, 설교의 적용이 단조로워질 수 있다는 점, 셋째, 청중의 타락한 본성에 핑계거리를 제공할 수 있다는 점, 넷째, 성경의 '더 큰 은혜'(약 4:6)를 설명해 줄 수 없다는 점, 다섯째 수동적인 청중을 산출할 가능성이 있다는 점, 여섯째, 그리스도 중심의 메시지를 강조하느라 설교자 자신의 윤리적 삶을 가볍게 여기는 점, 일곱째, 바로 살라고 설교하는 설교자만 대하면 부정적인 반응을 보이는 이상한 신앙생활을 양산할 수 있다는 점들이다.[154]

---

154) 권성수, 『성령설교』 (서울: 국제제자훈련원, 2009), 119-22.

결국 그리스도 중심적 설교는 바로 구속사적 설교와 같은 것으로 볼 수 있다. 그런데 이러한 설교에서 자칫 윤리행위를 촉구하는 일이 약해질 위험성은 상존한다. 하나님의 은혜에 대한 성도들의 윤리적 반응은 매우 자연스러운 것이다. 그러나 모든 설교에서 그리스도의 구속의 은혜에 대한 것만을 단조롭게 강조할 뿐, 성도들의 하나님 나라의 백성다운 삶의 변화나 윤리적 성숙을 요구하지 않는다면, 신앙생활에 나태한 교인들을 양산하기 쉬울 것은 분명하다. 그러므로 그리스도 중심적 설교를 하고자 하는 설교자들은 항상 이 점을 주의하여야 할 것이다.

B. 성경인물설교와 내러티브 본문의 해석

성경인물을 설교할 때 내러티브 본문을 어떻게 해석해야 하는가의 문제는 매우 중요하다. 그 이유는 대다수의 성경인물들은 내러티브 본문에 등장하기 때문이다. 그래서 김운용 교수는 이야기식 설교 방식을 설명할 때, "성경에 인물을 중심으로 한 사건과 내러티브들이 많이 나오기 때문에 인물을 중심한 설교가 많이 행해진다"[155]라고 한 것이다. 정창균 교수는 성경 본문이 내러티브 형식으로 되어 있다는 사실은 해석에 매우 중요한 차이점을 가져온다는 사실에 주목했다. 그리고 성경 본문 형식과 내용 사이의 합일과 불가분리의 관계를 주목하는 설교자들이라면 마땅히 성경 본문의 내러티브 형식에 관심을 가져야 한다고 주장한다. 왜냐하면 성경은 이야기를 기초로 하고 있음이 명백하고, 심지어 성경에서 이야기 형식을 갖추고 있지 않는 본

---

155) 김운용, 『설교의 새로운 패러다임』(서울: 장로회신학대학교출판부, 2007), 274.

문들까지도 사실은 성경의 주요하고 큰 이야기들과 밀접하게 관계를 맺고 그 이야기들을 배경으로 삼고 기술된 것들이기 때문이다. 그는 성경은 하나님의 구속적 사역을 드러내 주는 것인데, 바로 이 하나님의 구속적 사역이 진행되어 온 역사는 이야기라는 형식을 통해 전달되고 있다고 지적했다.[156)]

즉 성경 이야기 속에 신학이 담기고 사상이 담긴 것이다. 한 성경 본문의 저자가 이런 이야기라는 형식 안에 신학적 세계관과 문학형식과 같은 것들을 담아 낸 것이라고 한다면, 설교자가 내러티브라는 형식을 이해하는 것은, 본문을 올바르게 해석하기 위해 필수적인 일이라고 할 수밖에 없다. 그러므로 이곳에서는 내러티브 본문을 어떻게 해석해야 하는가 하는 문제를 좀 더 상세히 그리고 집중적으로 살펴보려고 한다.

1. 이야기(Story)와 내러티브(Narrative)

내러티브 성경 본문이란 흔히 이야기체로 된 성경 본문을 의미하는 용어이다. 김운용 교수는 "이야기는 구약성경에서나 신약성경에서나 복음의 메시지 전달에 있어서 가장 중요한 장르가 되어있음을 알 수 있다"[157)]고 했고, 토마스 롱(Thomas G. Long)은 "이야기는 성서의 하부구조를 이루고 있으며 성서에서 이야기의 형식을 갖추지 않은 부분들까지도 성서의 맥을 잇고 있는 주요하고 큰 이야기들과 매우 긴밀하고 중요한 관계를 지니고 있다"[158)]고 했다. 이들의 말에

156) 정창균, "성경의 문학적 형식과 신학적 목적에 비추어본 설교의 내러티브 본질", 『한국교회의 신학인식과
157) 실천』(수원: 합동신학대학원출판부, 2006), 784~95 참조. 이 책은 유강 감영재 박사 은퇴 기념논총이다.
158) 김운용, 『설교의 새로운 패러다임』, 260.
    Thomas G. Long, 『성서의 문학유형과 설교』, 박영미 옮김 (서울: 대한기독교서회, 1995), 123~24.

서 알 수 있듯이 이야기체 성경 본문은 성경 전체에서 매우 중요한 위치를 차지하고 있는 것이 사실이다. 그런데 왜 그냥 이야기체 성경 본문이라고 하지 않고 내러티브라는 용어를 그대로 사용하는 것일까? 그것은 이야기라는 용어와 내러티브라는 용어 사이에 조금은 차이가 있기 때문이다. 로우리(Eugene L. Lowry)도 우리가 스토리란 말과 내러티브를 혼용해 쓰기도 하지만 실제로 내러티브란 말에는 다른 의미가 있다고 했다.[159]

이승진 교수는 그 차이에 대해 이야기는 단순한 에피소드의 나열이나 또는 내러티브의 내용을 가리킨다면, 내러티브는 좀 더 포괄적인 개념으로 그러한 이야기나 에피소드를 독특한 플롯의 뼈대 속에 배치시키고 또 특정한 배경을 전제로 진행되는 인물과 사건의 상호작용 과정에 초점을 맞춘 것이라고 설명한다.[160] 또한 이 달 교수는 내러티브를 스토리(story)와 디스코스(discourse)로 구분하고, 스토리가 이야기의 내용이라면 디스코스는 이야기가 서술되는 방식이라 설명하면서, 내러티브는 '담론된 이야기' 나 '수사학적 기법이 사용된 이야기' 라고 부를 수 있다고 했다.[161]

즉 성경 본문을 내러티브라 하는 것은 성경 본문이 단순한 에피소드들의 나열이 아니라는 의미다. 성경은 하나님의 뜻을 이루시기 위한 특별한 목적을 가진 책으로, 각각의 이야기들은 단순히 나열된 것이 아니라 나름대로의 목적을 이루어 내기 위한 특별한 구조(플롯)들을 갖춘 이야기들이라는 말이다. 그러므로 성경 본문을 단순히 이야기 본문이라 하지 않고 내러티브 본문이라고 하는 것이 성경 본문의 의미를 담아 내는 더 적절한 표현이라고 할 수 있다.

---

159) Eugene L. Lowry, 『설교자여, 준비된 스토리텔러가 돼라』, 이주엽 옮김 (서울: 요단출판사, 2011), 22.
160) 이승진, 『상황에 적실한 설교』, 149–50.
161) 이 달, "내러티브 본문의 인물해석과 설교", 66.

2. 성경 내러티브 본문의 독특성

우리 주변에는 수많은 이야기들이 있다. 이야기들은 매우 재미있어서 사람들의 마음을 잡아끈다. 사람들은 그런 이야기들로부터 많은 영향을 받으며 살고 있다. 그런데 그 많은 이야기들과 성경의 이야기는 어떤 면에서 결정적 차이들이 있는 것일까?

a. 역사성

먼저 성경의 내러티브는 역사성을 지니고 있다는 점에서 다르다. 일반 내러티브의 경우는 굳이 역사성이 강조되지 않아도 상관없으나, 성경 내러티브의 경우는 역사성이 부정될 때 상대주의나 주관주의에 함몰될 위험성이 있다. 예를 들어, 예수 그리스도의 부활 사건의 역사성이 부정될 때, 부활에 대한 모든 교리는 상대화 되고, 부활에 대한 모든 진술들은 개인적인 이해나 경험의 차원으로 치부될 수밖에 없게 된다는 것이다. 그리고 일단 상대주의나 주관주의에 빠지게 되면, 성경을 진리라고 말한다는 것이 실제로 어렵게 된다.[162]

이승진 교수는 "성경의 내러티브들은 재미있는 이야기이기는 하지만, 인기리에 상영되는 가공의 연속극이나 일어날 수 있는 논픽션이 아니라 하나님의 구속 역사상 실제로 발생한 사건들이다"라고 했다. 바로 성경 내러티브가 명백히 역사적 사건을 다루고 있는 이야기임을 주장한 것이다.[163] 맥그라스(Alister McGrath)의 경우도 성육신의 역사성을 강조하면서 "성육신의 원리를 시간을 초월한 관념이

---

162) 김병훈, "내러티브 신학과 성경의 역사적 사실성", 「헤르메네이아 투데이」 51 (2011년 봄): 93.
163) 이승진, 「상황에 적실한 설교」, 151.

나 개념들의 영역으로 퇴보" 시킬 위험성에 대해 지적했다. 그는 "십자가가 기독교 신앙을 세상의 실재와 연결해 주는 절대적으로 역사적인 사실로 남는다"[164]고 했다. 그러므로 우리는 성경의 내러티브를 단순히 하나의 설화로 생각해서는 안 된다. 반드시 역사적 사건으로 바라볼 수 있어야 한다. 이것이 성경 내러티브의 독특성을 따라 성경을 이해하는 것임을 명심해야 한다.

b. 신학적 목적성

성경 내러티브 본문의 특징으로 우리가 또 기억해야 할 것은 그 본문이 신학적 목적에 의해 기술되었다는 점이다. 라이펠트(Walter L. Liefeld)는 성경 내러티브 본문에 대해 언급할 때 "신학적 성격에 대한 인식 없이 단지 설명적인 목적으로만 쓰이는 경향"에 대해 경계하면서, 성경 내러티브 안에는 "상당한 신학이 잠재되어 있다"고 했다. 그는 요셉의 내러티브는 "하나님의 주권과 섭리에 대한 하나의 교훈을 제공"하는 것으로 분명한 신학적 목적이 있음을 지적했다.[165] 사실 성경 내러티브에서 가장 주목해야 할 주인공은 하나님이시다. 이 점에 대해 프렛(Richard L. Pratt, Jr)은 "구약 성경의 저자들은 단지 인간사만을 기술하지 않는다. 그들의 궁극적 목표는 하나님과 그의 뜻을 이스라엘에게 계시하는 것이다……하나님은 많은 본문에서 중심적 역할을 하며 그의 피조물과 포괄적으로 상호작용하며 사건들을 인도하신다"[166]고 한 바 있다. 그러므로 성경 내러티브의 또 다른 독특성을 한 마디로 요약한다면 그 자체가 "신학적 목적성"을 갖고 있다는 것이다. 이승진 교수는 다음과 같이 진술했다.

---

164) Alister McGrath, 『십자가로 돌아가라』, 정득실 역 (서울: 생명의 말씀사, 2010): 121.
165) Walter L. Liefeld, 『사도행전의 해석』, 김진옥 옮김 (수원: 합동신학대학원출판부, 2014): 63–64.
166) Richard L. Pratt, Jr., 『구약의 내러티브 해석』, 이승진, 김정호, 장도선 공역 (서울: CLC, 2007), 173.

성경의 내러티브들은……과거의 구속 역사상 발생했던 사건을 추억
하게 하는 재미로 구약성경에 실려 있는 것이 아니다. 그 이야기를
대하는 성도로 하여금 이를 계기로 과거 역사하셨던 그 하나님을 새
롭게 만나게 하며, 과거에 발생했던 구원의 사건이 오늘의 성도와 교
회의 삶에서 다시 구현되며 그래서 오늘의 구원을 완성해 가도록 하
는 결정적인 매개체 역할을 하고 있다.[167]

위의 설명은 참으로 성경 내러티브가 지닌 신학적 목적성을 잘 보
여 준다. 특히 이승진 교수가 성경 내러티브를 구속의 역사를 주관하
시는 하나님의 행하시는 일에 관한 이야기라고 지적한 대목은 주목
할 만하다. 이것은 다른 모든 내러티브들과 성경의 내러티브를 완전
히 구분해 주는 중요한 내용 중의 하나가 아닐 수 없다. 성경의 내러
티브는 하나님의 구속의 역사를 중심으로 하며, 그 구속의 역사가 진
행되는 과정 속에서, 실존하던 역사적 인물들이 하나님 앞에 보인 반
응들에 대한 이야기인 것이다. 그리고 그 구속의 역사를 진행하시는
하나님은 어제나 오늘이나 영원토록 동일하신 분으로 오늘을 살아가
는 현 시대의 사람들에게도 성경에 나타나신 것과 동일하신 하나님
으로 역사하시며, 그 구속의 일을 이루어 가신다는 사실이 성경의 내
러티브를 다른 모든 내러티브들과 구별해 준다. 여기서 우리는 성경
의 신학적 목적성이 다른 모든 내러티브들과 성경 내러티브를 완전
히 구분해 주는 척도가 된다는 사실을 분명히 깨달을 수 있다.

3. 성경내러티브 본문의 해석

내러티브 성경본문을 설교하고자 하는 설교자는 내러티브에 관한 일

---

167) 이승진,『상황에 적실한 설교』, 151.

반적인 지식만이 아니라 성경 내러티브의 독특성에 대한 해석학적 지식도 갖추어야 한다. 앞서 지적한 바와 같이 성경 내러티브에는 일반 내러티브와는 구분되는 독특성이 존재한다.

첫째 "독자들로 하여금 인물들이 나누는 대화를 듣게 하고 그들이 하는 행위를 보게 하며 마치 관객이 눈앞에 펼쳐지는 극적인 장면들을 바라보듯이 사건들의 진행 과정을 지켜보게 만든다"는 점에서 "극적"이며, 둘째 "직접적인 방식으로 인물들의 성격이나 사건의 의미를 밝히기보다 간접적인 방식으로 문학적인 수단들인 은유나 아이러니 등을 사용하여 독자들의 심미적인 감각에 호소하기를 좋아한다"는 점에서 "미묘"하며, 셋째 "군더더기가 없이 독자들이 내러티브 본문을 읽을 때에 어느 한 요소라도 소홀하게 여기거나 무심코 지나쳐서는 안 되며 아주 작은 부분에 이르기까지 세심한 주의를 기울이게 한다"는 점에서 "간결"하다는 것이 구약 내러티브의 특징이라 할 수 있다.[168]

이처럼 성경의 내러티브는 그 자체가 지닌 독특한 면모가 있기 때문에 성경 내러티브를 해석하고 설교하기 위해서는 다음과 같은 요소들이 반드시 필요하다.

a. 내러티브 본문에 대한 일반적인 이해

성경 내러티브 본문을 해석하려면 우선 내러티브 본문의 특징을 알아야 한다. 무엇보다 내러티브는 그것이 무엇에 대한 것인지에 대한 '내용'과, 그 내용을 전달하는 '형식'을 파악해야 한다.[169] 김운

---

168) 김진수, "구약 내러티브의 해석과 설교", 「신학정론」 30/2 (2012년 11월): 532-35.
169) 김운용, 「설교의 새로운 패러다임」, 262.

용 교수는 내러티브의 형식이 갖는 첫 번째 특징으로 '관점'(point of view)을 갖는다는 점을 지적했다. 여기서 관점이란 "이야기 전체를 일정한 방향으로 이끌어 가는 역할을"[170] 의미한다. 두 번째 특징은 이야기의 몸체와 같은 '플롯'(plot)을 가지고 있다는 점이다. 플롯은 이야기들의 연결고리인데, 이야기의 흐름 혹은 움직임으로 어떤 문제 상황에서 그것을 해결하는 방향으로 흘러가는 것을 일반적인 원칙으로 삼는다.[171] 세 번째 특징은 '움직임'(movement)이 있다는 것인데, 이것은 기승전결의 구조와 같이 끝을 향해 나아가는 일종의 이야기 전개과정이 있음을 가리킨다.[172] 내러티브 성경 본문의 해석은 "이야기를 전달하는 화자와 화자가 사용하는 담론의 문학 기교와 이야기의 각 요소를 분석해 내포저자(implied author)[173]의 의도를 알아내는 방법론"[174]에 결정적으로 의존한다. 예를 들어 우리가 "죄와 벌"이라는 제목의 소설을 읽을 때에 그 소설의 실제 저자인 도스토옙스키의 의도나 생각에 대하여 잘 알지 못할 수도 있다. 하지만 그 소설 속에서 우리는 자연스럽게 소설을 이끌어가고 있는 소설 속의 저자라고 생각되는 이를 만나게 되고, 그의 의중이나 생각을 알게 된다. 바로 그가 내포저자다. 이 내포저자의 의도나 생각을 찾아내는 것이 내러티브의 이해에서 매우 중요한 부분이 된다. 우리가 내러티브 성경 본문을 읽을 때에도 그 내러티브 안에 나타나는 인물들을 통

---

170) 김운용, 『설교의 새로운 패러다임』, 262.
171) 김운용, 『설교의 새로운 패러다임』, 263-64.
172) 김운용, 『설교의 새로운 패러다임』, 265.
173) 실제 저자가 아니라 독자가 작품을 읽으면서 갖게 되는 저자의 형상을 의미함.
174) 박유미, "내러티브 해석학 개요: 내러티브 해석법이란 무엇인가?", 「헤르메네아 투데이」, 51 (2011년 봄): 28-29. 내포저자에 대해 박유미는 "본문을 통해 독자가 재구축하는 존재"라고 하면서 "내러티브의 모든 설정과 등장인물과 화자를 만들고 특별한 방식으로 이야기를 이끌어가며 어떤 단어나 이미지로 어떤 일들이 등장인물에게 일어나게 하는 모든 일을 하는 존재"라고 설명한다. 즉 저자와 같이 모든 이야기를 이끌어 가지만 저자와 다른 점은 독자가 본문을 통해 생각하는 저자를 의미한다; 박유미, "내러티브 해석학 개요: 내러티브 해석법이란 무엇인가?", 31 참조.

해 독자들에게 형성되는 내포저자에 대한 이해가 매우 중요하다. "사도행전의 경우와 같이 저자에 대해서 겉으로 드러나는 아무런 정보가 없다 할지라도 우리는 암시된 저자(내포저자)가 예수 그리스도에 관하여 책을 한 권 썼다는 것을 알 수 있다."[175] 그러므로 내러티브 성경본문을 해석할 때 이런 특징들을 이해하지 못하다면 본문의 의미를 제대로 드러내기 힘들 수밖에 없다.

또한 사람들이 내러티브에 관심을 갖는 이유는 이야기 속에 사람들이 등장하기 때문이다.[176] 그러므로 내러티브에서 등장인물들 역시도 매우 중요한 의미를 갖는다. 이러한 등장인물들의 행위나 고유한 성격, 각각의 명칭과 대화 혹은 배경 등이 모두 내러티브 해석에 있어서 중요한 요소들이 된다.[177]

박철현 교수는 내러티브 성경 본문의 해석을 위해 "본문 구조, 나레이터, 플롯, 등장인물, 배경"의 순서를 따라 살펴본다면 충분할 것이라는 의견을 피력한 바 있다.[178] 이와 같은 내러티브의 특징들을 아는 것은 성경 본문을 연구하는 데에도 많은 도움이 된다. 무엇보다 설교자가 내러티브 본문을 읽을 때에 본문의 관점이나 플롯 혹은 움직임 등에 주목하면 단순하게 성경본문을 대하는 것과는 다른 새로운 세계를 눈에 접할 수 있을 것이다.

b. 성경의 메타 내러티브 안에서의 개별 내러티브의 이해

성경의 내러티브는 구속의 역사라는 큰 틀 안에서 주어진다. 그러므

---

175) Walter L. Liefeld, 『사도행전의 해석』, 70.
176) Steven D. Mathewson, 『청중을 사로잡는 구약의 내러티브설교』, 이승진 옮김 (서울: CLC, 2008), 91.
177) Mathewson, 『청중을 사로잡는 구약의 내러티브설교』, 91-109의 내용을 참조하라.
178) 박철현, "설교를 위한 구약 내러티브 본문 주해", 「헤르메네이아 투데이」 51 (2011년 봄): 101-102.

로 설교자는 구속의 역사라는 전체적인 틀 안에서 성경 본문의 내러티브를 이해하는 훈련을 해야만 바른 내러티브 성경해석을 할 수 있다. 이승진 교수는 이것을 "메타 내러티브와의 연관성 속에서 개별 내러티브들을 해석하라"[179]는 말로 표현하면서 개별 내러티브는 "하나님의 거대한 구원의 파노라마 속에서 어떤 단계에 해당되는가를 살펴보아야만 한다"[180]고 했다. 예를 들어, 설교자는 구약 내러티브 본문을 설교할 때 "전체적으로 하나의 통일되고 일관된 하나님 중심적, 구속사적 입장을 유지"[181]할 필요성이 있음을 인식해야 한다.

피(Gorden D. Fee)와 스튜어트(Douglas Stuart)는 내러티브를 세 가지(차원)로 나누는데, 최고 레벨은 흔히 메타 내러티브(metanarrative)라고 일컬어지는 것으로 자신의 창조를 통하여 이루시는 하나님의 전우주적 계획에 관한 것이며, 둘째 레벨은 자기 이름을 위하여 한 백성을 구원하시는 하나님의 이야기이다. 그리고 마지막 레벨은 그 두 개의 레벨들을 이루는 수백 가지의 개인적인 내러티브들이다. 이 일차적인 레벨의 내러티브들이 둘째, 셋째 레벨의 내러티브들과 어떻게 어울릴(fit into) 수 있는지를 묻는 일이 바로 내러티브를 연구하는 데 매우 중요한 질문들이다.[182]

4. 성경인물설교에 내러티브 본문 해석법의 적용

a. 메타 내러티브 안에서의 인물 위치에 따른 해석

---

179) 이승진, 『상황에 적실한 설교』, 157.
180) 이승진, 『상황에 적실한 설교』, 157.
181) 김창훈, "구약 내러티브 본문, 어떻게 설교할 것인가?", 「헤르메나아 투데이」, 51 (2011년 봄): 25.
182) Fee & Stuart, How to Read the Bible for All It's Worth, 91. 그레이다누스도 구약에 나오는 내러티브를 세 가지 차원으로 나누면서 최저수준을 개인 역사로 중간수준은 민족사로 그리고 최고수준은 구속사로 이해하는 것이라고 했다; 그레이다누스, 『구약의 그리스도』, 350 참조.

예를 들어, 룻기의 경우 표면적으로는 며느리가 시어머니를 잘 공경해서 마침내 축복을 받았다는 이야기를 전달하고 있는 것처럼 보인다. 그러나 구속사의 관점에서 살펴보면 룻기는 그렇게 단순한 이야기가 아니다. 룻기는 사사기의 일부로 사사시대의 정신을 따라 '자기 눈에 보기에 옳은 대로 행하는' 이스라엘의 안타까운 모습에도 불구하고 하나님께서 이스라엘을 구원하시기 위해 '구원자-왕(다윗)'을 예비하고 계셨다는 사실을 보여 준다. 이런 점에서 룻기 마지막 부분(룻 4:18-22)에 언급된 다윗 가문의 족보에 대한 언급은 매우 중요한 의미가 있다고 할 수 있다. 그리고 이 이야기는 종국에 구속자 되시는 예수 그리스도에게까지 연결되면서 우주 안에서 만물을 다스리시며, 택한 백성을 구원하시는 하나님의 우주적 사역을 엿보게 해 준다. 그러기에 반더발(C. Vanderwaal)은 룻에 대해 "믿음의 길에 끈질기게 붙어 있었던 모압 여인이 위대한 구속자(고엘)이신 예수 그리스도께서 도래하는 데 역할을 하는 영예를 부여받았다"[183]고 했던 것이다. 만일 설교자가 성경 전체의 구속사적 의미를 올바르게 파악하지 못하고 있다면, 룻기에서 이러한 내용들을 찾아내기란 결코 쉬운 일이 아니다. 그러므로 설교자는 반드시 메타 내러티브 안에서의 인물의 위치를 고려할 줄 알게 되기까지 부지런히 말씀을 이해하기를 힘써야 할 것이다.

b. 하나님의 주인공 되심

골즈워디는 "만약 우리가 내러티브를 인물들의 맥락에서 보아야 한

---

183) C. Vanderwaal, Search the Scriptures, vol. 2 (Ontario: Paideia press, 1978). 117.

다면 구속이라는 드라마의 가장 중심적인 인물은 하나님이라는 사실을 기억하자"[184]라고 했다. 설교자들은 골즈워디의 이 말을 마음에 두어야 한다. 왜냐하면 성경의 내러티브들은 성령의 감동으로 되어졌기에 그 말하는 이야기가 우리의 이야기라기보다 하나님에 관한 이야기임이 분명하기 때문이다.[185]

사실 성경인물설교의 성경 본문에 등장하는 인물들은 생생하고 매력적인 면들을 지니고 있기 때문에 설교자는 쉽게 이들의 삶과 행위 그리고 말과 태도 등등에 모든 관심을 기울이게 된다. 그리고 그 결과로 성경 본문을 인간적으로 접근한다든지, 도덕적으로 혹은 모범적으로 해석하는 실수를 범하게 되기 쉽다.

그러나 이미 앞서 여러 번 다루어진 바와 같이 성경의 주인공은 하나님이시다. 그리고 성경의 내러티브에서 항상 중요시해야 할 사실은 하나님이 그 이야기의 중심이시며, 배후가 되신다는 사실이다. 김창훈 교수는 이런 사실을 다음과 같이 설명하고 있다.

> 우리는 역사의 주인은 하나님이시고 하나님께서 목표를 가지시고 주도하셔서 역사를 이끌어 가심을 믿는다. 이런 사실에 동의한다면 내러티브 본문을 해석하기 위해 무엇보다도 중요한 것은 '하나님 중심적 해석'이다. 즉 내러티브 본문에 있는 사건과 인물에서 하나님의 의도와 계획, 목표를 파악하는 것이 가장 중요하며, 이 하나님의 의도와 맞추어 본문을 주해하고 설교를 작성해야 한다.[186]

예를 들어 요셉의 이야기는 단순히 형제들의 미움을 받고 노예로 팔려 간 요셉이 온갖 풍상을 견디고 이겨 낸 후, 마침내 애굽의 총

---

184) Goldsworthy, 『성경신학적 설교 어떻게 할 것인가』, 224-25.
185) Fee & Stuart, How to Read the Bible for All It's Worth, 90.
186) 김창훈, "구약 내러티브 본문, 어떻게 설교할 것인가?", 12.

리가 되었다는 요셉의 성공담을 말해 주려는 것이 아니다. 요셉의 이야기는 하나님께서 당신이 택하신 백성을 무서운 중동 지역의 7년간의 기근 가운데서 보호하셨다는 사실과, 당시 이스라엘은 지극히 적은 부족이었지만 이들 때문에 당대 온 중동 지역이 은혜를 입게 된 사실을 드러내 주심으로, 하나님께서 그 백성을 통해 온 세상 가운데서 주권적으로 역사하시는 만왕의 왕이시고 만주의 주가 되심을 드러내 주신 사건인 것이다.

다니엘의 삶도 마찬가지로 해석될 수 있다. 즉 다니엘서의 주인공은 우선 다니엘로 보인다. 그러나 사실 다니엘서는 포로로 잡혀 간 이스라엘 백성들을, 그들을 패망시킨 바벨론의 도성 한 가운데서 여전히 보호하고 계시며, 마침내는 바벨론의 왕 느부갓네살의 입술의 고백을 통해서 영광을 받으시는 하나님의 언약에 근거한 구원의 역사를 기록한 것이라고 할 수 있다. 이처럼 성경인물설교를 하려고 할 때, 설교자는 본문의 주인공이 사람이 아니라 하나님이시라는 사실에 먼저 주목해야만 바른 성경해석에 기초한 설교를 할 수 있게 될 것이다.

c. 청중의 변화를 위한 해석과 설교

성경인물들이 등장하는 내러티브 성경본문의 해석을 할 때에 설교자는 성경의 고유한 목적이 무엇인지 다시 한번 생각할 필요가 있다. 이미 앞서 언급한 바 있으나, 디모데후서 3:16-17을 통해 우리는 성경이 "교훈과 책망과 바르게 함과 의로 교육하기에 유익한" 책으로 "하나님의 사람으로 온전하게 하며 모든 선한 일을 행할 능력을 갖추게 하려"는 목적이 있다는 사실을 알고 있다. 즉 성경은 청중의 변화를 그 목표로 삼고 있다는 것이다.

그러므로 성경인물설교를 할 때 설교자가 접하는 내러티브 성경 본문도 동일한 목적을 갖고 있다고 생각해야 할 것이다. 즉 설교자는 성경 본문을 오늘날의 청중이 하나님의 사람으로 온전해지도록 하기 위해, 또한 선한 일을 행할 능력을 갖추도록 하기 위해 해석해야만 한다는 것이다.

이런 면에서 성경의 인물들이 하나님의 행하시는 구속의 은혜를 받고 나타내는 반응들이 매우 중요한 연구의 대상이 되지 않을 수 없다. 이미 앞서 여러 차례 지적한 것과 같이 구속사에서 하나님이 행하시는 구원의 역사에 반응하는 성경인물들의 윤리적 행동들은 구속사의 한 부분을 구성하는 매우 중요한 것들이다. 성경인물들이 하나님의 구속의 은혜에 대해 보이는 다양한 반응들을 통해 설교자들은 이 시대 청중의 필요가 무엇인지 찾아내고 그것을 전해 줌으로 하나님의 뜻에 합당한 변화를 일으키는 일에 최선을 다해야 하는 것이다. 이승진 교수는 성경 내러티브 본문들이 자주 오늘날의 성도들에게 필요한 윤리적 혹은 도덕적 교훈들을 구체적으로 드러내 주지 않는다는 사실에 주목하면서 이런 본문들을 다루는 방법에 대하여 매우 적절한 조언을 했다.

> 첫 번째 방법은 설교의 적용점을 단순히 윤리와 도덕, 또는 실천에 관한 구체적인 규범이나 실천 지침을 포함해야 한다는 좁은 범주로 이해할 것이 아니라 행동의 변화를 겨냥하는 적용 지침을 포함하여 관점의 전환이나 성품의 전환에 관한 메시지나 이미지도 설교의 적용으로 폭넓게 이해하는 것이다……두 번째 방법은 역사 속에서의 하나님의 구원에 관한 내러티브 이야기가 성경 안에 갇혀 있는 이야기가 아니라 설교를 통해서 회중의 삶속에 또는 공동체 속에 구현됨

으로 그 신앙공동체나 교회만의 독특한 정체성의 내러티브를 형성하
는 자양분이 될 수 있도록 유도하는 것이다.[187]

결국 설교자들은 내러티브 성경 본문을 해석함에 있어서, 하나님
에게 반응하는 성경인물들의 윤리적 행위를 해석하고, 청중에게 그
런 행위를 본받아 살게 해야 할 의무가 있다는 것이다. 그리고 내러
티브 성경 본문에 윤리적, 도덕적 교훈이 드러나 있지 않을 때에라
도, 관점의 전환이나 성품의 전환과 같은 메시지를 선포할 수 있으
며, 하나님의 구원에 관한 내러티브가 회중의 삶과 공동체 속에 구
현되어 그 신앙공동체나 교회만의 독특한 정체성을 형성하게 만드는
일을 유도해 주어야 한다는 것이다.

C. 성경인물설교와 모형론적 해석

구약성경의 인물이 그리스도의 모형이 된다는 사실은 매우 명백하
다. 하나님께서는 선지자 에스겔을 통해 이렇게 예언하셨다. "내가
한 목자를 그들 위에 세워 먹이게 하리니 그는 내 종 다윗이라. 그
가 그들을 먹이고 그들의 목자가 될지라. 나 여호와는 그들의 하나
님이 되고 내 종 다윗은 그들 중에 왕이 되리라. 나 여호와의 말이니
라"(겔 34:23-24). 선지자 에스겔이 여기서 언급하고 있는 다윗은
에스겔 시대에는 이미 옛날 사람이었다. 그렇다면 그가 예언한 다윗
은 누구인가? 바로 다윗의 후손으로 이 땅에 오신 예수 그리스도를
의미하는 것이다. 즉 예수님이 이 땅에 올 다윗이라는 말이다. 바꾸
어 말하자면 다윗은 구약에서 예수님을 보여 주는 인물이라 할 수 있

---

187) 이승진,「상황에 적실한 설교」, 167-68.

으며, 이런 점에서 다윗은 예수님의 모형이된다. 이처럼 구약성경에 등장하는 인물이 예수님의 모형으로 사용된 일들은 종종 있었다. 모형론은 바로 이런 모형에 대한 연구를 의미한다. 이 단락에서는 모형론의 정의와 모형론적 성경해석에서 주의할 점을 살펴보고, 모형론적 해석의 방법들은 무엇인지를 살펴보고자 한다.

1. 모형론(Typology)의 정의

모형론은 "하나님의 구속 역사의 점진성과 통일성 안에서, 하나님의 계시로서의 구약과 신약 역시 상호 일관성을 지니고 있다는 입장에 기초하는데, 구약에 나타나는 그림이나 전조 또는 예시가 신약에서 그 본래의 의미를 드러낸다는 관점에서 성경을 해석하는 방법이다."[188] 스텍(John H. Stek)은 그의 논문 "성서모형론의 어제와 오늘" (*Biblical Typology Yesterday and Today*)[189]에서 영국 신학자인 페어베른(Patrick Fairbairn)의 모형론을 소개하고 있다. 페어베른은 "구약과 신약은 하나의 통일체이며 이러한 통일성은 구약과 신약의 실재들 사이에서 나타난 유비의 패턴 속에서 잘 드러난다"고 생각했다.[190] 페어베른은 "마치 건축가가 고객의 의도에 따라 건물에 대한 분명한 비전을 가지고 모델과 스케치를 하는 것처럼 구속사의 주님도 '이후에' 나타날 원형을 가진 것들을 '이전의' 시대에 이미 예정해 놓으셨다"[191]고 한다. 그는 "유사성이 '모형-원형'의 관계의 핵심이기에 반드시 필요하다"[192]고 주장했다. 페어베른의 논지의 핵

---

188) 정장복 외, 『설교학 사전』, 160.
189) John H. Stek, "성서모형론의 어제와 오늘", 류호준 역, 「기독신학저널」 1 (1998년 가을): 339-64.
190) Stek, "성서모형론의 어제와 오늘", 340.
191) Stek, "성서모형론의 어제와 오늘", 342.
192) Stek, "성서모형론의 어제와 오늘", 343.

심은 "모형은 하나님의 예정에 의하여 신약의 실체에 대응하여, '동일한 진리들, 동일한 원리들, 동일한 관계들'을 구체화하고 나타내었던 역사적 실체(인물, 사건, 혹은 제도들)"라는 것이다.[193] 스텍은 페어베른이 모형이란 "때가 찼을 때 하나님께서 그의 백성들에게 주시기 위해 예비하신 선한 것들을 미리 교회에 선포하는 예언"적 의미가 있는 것으로 생각했다고 한다.[194] 그리고 모형을 예언의 하나로 취급하는 것에 있어서 램(Benard L. Ramm)도 그 견해를 같이 하고 있다.[195] 램은 모형적 성경해석의 타당성을 다음과 같은 세 가지 사실들을 들어 주장했다.

첫째로, 구약이 신약을 지지하고 있는 일반적인 관계가 바로 모형적 성경해석의 기초라는 것이다. 그는 구약에 있는 예언적 요소가 신구약을 이어주는 진실 되고 생동하는 연결선을 이룬다고 주장했다.

둘째로, 우리 주님이 친히 구약을 사용하신 사실이 모형적 성경해석의 기초라는 것이다. 주님은 모세로부터 시작해서 모든 성경을 들추어 자신에 관해 제자들에게 가르쳐 주셨는데(눅 24:25-44), 바로 이것은 구약에서 그리스도를 발견하도록 초청하는 것과 같다는 것이다. 예수님은 요한복음 5:39-44에서도 성경이 예수님에 대하여 증거하는 여부를 알기 위해 성경을 상고하라고 교훈하기도 하셨으니 이 모든 것이 모형적 성경해석의 기초가 된다는 것이다.

셋째로, 구약의 성격과 관련된 신약의 어휘들이 모형적 성경해석의 기초가 된다는 것이다. 히포데이그마(ὑποδείγμα)나 투포스(τύπος) 혹은 투피코스(τυπίκῶς) 그리고 스키아(σκιά), 파라볼레(παπαβολή)

---

193) Stek, "성서모형론의 어제와 오늘", 343.
194) Stek, "성서모형론의 어제와 오늘", 345.
195) Benard L. Ramm, *Protestant Biblical Interpretation*, 권혁봉 역,『성경해석학』(서울: 생명의 말씀사, 1985), 254.

에이콘(εἰκών), 안티투포스(αντίτυτύπος)와 같은 용어들은 구약의 모형적 성격을 드러내 주고 있다는 주장이다.[196]

모형론적 성경해석을 위해서는 다음과 같은 원칙들을 잘 지킬 필요가 있다.

첫째로, 모형론은 역사적이라는 점이다. 모형론은 단어들에 관심을 두지 않는다. 역사적 사실들에 관심을 둔다. 즉 역사적 사건이나 인물이나 제도가 모형론의 주요 관심사가 된다. 모형론에서는 철학적인 면이 아니라 역사적인 면에서 인물을 말할 수 있어야 한다.

둘째로, 모형론은 모형과 실체 사이에 상응하는 면이 분명히 있어야 한다. 모형론은 세부적인 사건이 병행되는가의 문제가 아니라 기본적인 원칙과 구조의 일치가 나타나는가에 관심을 가져야 한다는 것이다.[197]

이런 점에 있어서 그레이다누스 역시 같은 주장을 하고 있다. 그는 모형론적 해석의 규칙을 다음과 같은 6가지로 요약해서 주장한다.

(1) "항상 문예–역사적 해석을 전제"해야 한다. 이것은 본래 저자의 메시지를 파악하는 것이다. (2) 모형을 "자기 백성을 구속하시는 하나님의 활동과 관련된 본문의 중심 메시지에서 찾아야" 한다. (3) "구약 시대에서 인물이나 제도나 사건의 상징적 의미를 결정해야" 한다. (4) "구약의 모형과 신약의 대형 사이의 대조점을 기록해

---

196) Ramm, 『성경해석학』, 254–56. 개역개정성경에 의하면 히포데이그마는 요 13:15와 히 4:11등에 '본'으로, 투포스는 히 8:5와 행 7:44 등에 '모형'으로, 투피코스는 고전10:11에 '본보기'로, 스카아는 히 8:5와 골 2:17에 '그림자'로, 파라볼레는 마 24:32와 막 13:28등에 "비유"로, 에이콘은 롬 8:29와 골 3:10에 "~의 형상"으로, 안티투포스는 히 9:24에 "그림자"로 번역이 되어 있다. 이런 용어들이 직접 구약 모형론의 단초가 된다는 것이다.
197) 박상열, "성경적 설교로서 인물설교연구" (총신대학 목회신학전문대학원 박사논문, 2011), 153–54.

야" 한다. (5) 구약의 상징이나 모형에서 그리스도께로 옮겨갈 때 그 의미를 다른 의미로 바꾸어서는 안 된다. (6) "단순히 그리스도에게로 모형론적인 계열을 그리는" 일을 하지 말고 그리스도 자체를 설교해야 한다.[198] 여기서 우리는 그레이다누스도 모형론적 해석에 있어서 역사적인 면과 상응적인 면을 강조하고 있음을 알 수 있다.

2. 모형론적 성경해석에서 주의할 점

모형론적 성경해석은 성경의 통일성이라는 관점에서 보면 분명히 필요한 것이다. 신성종 목사는 "구약과 신약의 통일성은 모형론 해석에 의해서 더욱 분명하게 설명될 수 있으며, 성경의 통일성과 모형론 해석은 서로를 지지해 주면서 서로를 의존하고 있다"[199]고 주장한다. 그럼에도 불구하고 모형론적 성경해석에는 여러 가지 주의해야할 점이 있다. 무엇보다 먼저 주의할 것은 모형론적 성경해석과 알레고리적 성경해석을 구분하지 못하는 것이다. 정창균 교수는 "성경에서 계시의 수단으로 동원되는 모형과 대형 사이를 연관 짓는 근거에 대해서는 계시의 역사성을 고려하고 있는 성경 자체의 지지를 확보해야 하며, 비역사적인 관점에서 해석자의 주관대로 상호유사성을 확보하려고 할 때에는 무책임한 알레고리적 해석으로 전락할 우려가 있다"[200]고 지적한 바 있다. 즉 모형론적 해석에 있어서 알레고리화가 문제가 될 수 있다는 것이다.

램은 역사상에서 알레고리와 모형론을 하나의 해석 방법으로 보

---

198) Sidney Greidanus, 『구약의 그리스도, 어떻게 설교할 것인가』, 김진섭·류호영·류호준 역 (서울: 이레서원, 2010), 376–79.
199) 신성종, "모형론적 성경해석에 대하여", 『빛과 소금』 (1985년 8월): 47.
200) 정장복 외, 『설교학사전』, 161.

는 견해도 있었고, 상이한 두 개의 해석 방법으로 보는 견해도 있었
다는 사실을 지적하면서, 그 자신은 알레고리와 모형론이 서로 분리
해야 할 만큼 특수한 성경적 차이점이 있다는 입장을 취했다.[201] 그
는 알레고리적 해석은 "어떤 한 문헌에다 생소하고도 특이하며 혹은
숨겨져 있는 어떤 요소를 가미시켜서 보다 깊고 참된 의미를 던져 주
는 본문의 내용이 있는 것처럼 문헌을 해석하는 것"이며 "모형론적
해석은 신약과 구약이 근본적인 신학적 통일성을 지니고 있다는 사
실에 기초해서 구약에 있는 그림과 전조 또는 예시를 신약에 있는 요
소로 대치해서 구약을 해석하는" 것이라고 했다.[202]

　　그레이다누스도 모형론과 알레고리는 분명히 차이가 있다고 지적
했다. 그는 특별히 역사상에서 성경의 알레고리적 해석을 주로 해 왔
던 알렉산드리아 학파에 반(反)하여 문자적 해석의 중요성을 강조한
안디옥 학파가 모형론적 해석을 지지했던 사실을 지적하면서 다음과
같이 모형론과 알레고리의 차이를 설명했다.[203]

> 모형론은 알레고리 해석과는 상당히 다른데, 알레고리적 해석은 해
> 석자가 해석하고 싶은 대로 무엇이든지 어떤 본문으로 하여금 말하
> 게 할 수 있기 때문이다. 모형론은 대조적으로 성경에 드러난 대로
> 구속사에서 하나님의 행위들의 축을 따라 구체적인 유비들을 발견하
> 는 것으로 제한된다.[204]

　　모형론적 성경해석과 알레고리적 성경해석은 이처럼 분명한 차이
가 있지만 그럼에도 불구하고 모형론적 성경해석을 하는 가운데 자
칫 알레고리 해석으로 나아갈 위험성은 상존한다. 그러므로 모형론

---

201) Ramm, 『성경해석학』, 261-62.
202) Ramm, 『성경해석학』, 262-63.
203) Greidanus, 『구약의 그리스도, 어떻게 설교할 것인가』, 365.
204) Greidanus, 『구약의 그리스도, 어떻게 설교할 것인가』, 365-66.

적 성경해석을 하고자 할 때에는 반드시 알레고리적 성경해석이 아닌지를 점검해야 한다. 즉 신구약의 역사적이고 상응적인 맥락이 충분히 고려되었는지, 아니면 자신의 상상이나 철학에서부터 숨겨진 의미들을 끄집어 낸 것인지를 구분해야 하는 것이다.

또한 모형(type)과 원형(antitype) 사이를 단순하게 연결하는 행위도 경계해야 한다. 구약의 인물과 성육신하신 그리스도 사이를 직접적으로 연결 짓는 것이 바로 모형과 원형을 단순하게 연결하는 것이다. 이런 해석의 문제점은 하나님의 구속사에서 점진적으로 발전하는 구속사의 계시에 대한 통찰이 전적으로 무시된다는 점이다.[205]

모형론적 성경해석을 마치 성경해석의 유일한 방법으로 여기는 것도 경계해야 한다. 앞서 살펴본 바와 같이 모형론 해석은 구약 해석에서 매우 타당한 것임이 분명하지만 그것이 성경해석의 유일한 방법인 양 생각해서 지나치게 모든 구약의 해석에 사용하게 될 때에는 도리어 모형론 본래의 의미에서 크게 벗어날 위험성이 있음을 주목해야 할 것이다.[206]

3. 모형론적 성경해석의 방법들

모형론적 성경해석에는 몇 가지 중요한 방법이 있다. 우선 모형과 원형 사이를 대칭적으로 해석하는 방법이다. 우리는 첫 사람 아담과 둘째 아담이신 예수님 사이의 관계를 모형론적으로 해석할 수 있다. 예수님은 아담과 같이 인류를 대표하는 위치에 계신다. 하지만 아담과 같이 범죄하는 일의 대표가 아니라 도리어 의를 행하심으로 구원하

---

205) 황대연, "성경인물설교에 관한 설교학적 연구", 96. 이 부분은 시드니 그레이다누스의 견해를 옮긴 것으로 보인다.
206) 박상열, "성경적 설교로서 인물설교연구", 159.

시는 대표자가 되신다. 여기서 아담과 예수님은 모형과 원형의 관계로서 대칭적인 위치에 서 있음을 알 수 있다(롬 5:12-21 참조).

이와 달리 모형과 원형 사이가 예시적인 경우도 있다. 하나님께서 노아를 홍수 심판에서 구원하신 것은 예수님을 통한 구속을 보여 주시는 하나의 예시가 된다(벧전 3:20-21 참조).

또 다른 예가 있는데, 바로 모형과 원형 사이가 상응적인 관계를 보여 주는 것이다. 히브리 기자는 예수님의 제사장 직분을 멜기세덱의 반차로부터 기인한 것으로 언급하면서 아론의 제사장 직분과 멜기세덱의 제사장 직분을 비교하고 있다. 여기서 멜기세덱의 반차를 통한 제사장인 예수님과 아론의 계보를 따른 레위지파 제사장 사이의 상응적 관계가 나타난다(히 8:5, 9:23-24, 10:1 참조).

이처럼 모형론을 다루는 방법은 다양하다. 모형론적으로 성경을 해석하고자 하는 설교자는 이런 성경의 모형에 대한 견해를 잘 파악해서 모형들을 해석할 줄 알아야 할 것이다.

4. 모형의 종류

성경에 등장하는 모형은 여러 종류가 있다. 그 모형들은 인물과 제도, 직분과 사건, 행위, 사물 등의 6가지 종류로 나누어 볼 수 있다. 여기서는 이런 모형의 종류들에 대해 살펴보자. 다음에 제시된 6가지 모형은 버나드 램의 성경해석학의 구분을 참고한 것이다.[207]

a. 인물
아담은 인류의 조상으로 그리스도의 모형이다(롬 5:14 "오실 자의

---

207) Ramm, 『성경해석학』, 272-73.

모형"). 아브라함은 믿는 모든 사람의 조상이며 모형이다. 엘리야는
세례 요한의 표상(마 11:4, 17:12, 막 9:13)이고 다윗은 위대한 왕
의 모형이다.

b. 제도
제사제도는 십자가의 모형이며, 약속의 땅은 구원과 안식의 모형이
다. 유월절은 그리스도 안에 있는 우리의 구속을 예표한다.

c. 직분
선지자로서의 모세의 사역은 참선지자 되시는 그리스도의 모형이
고, 대제사장 아론은 참대제사장 되시는 예수님의 모형이 된다.

d. 사건
바울은 이스라엘이 광야를 유랑할 때 생긴 일들을 우리의 유익을 위
한 모형들이라고 했다(고전 10:6, 11).

e. 행위
구리뱀을 든 것은 그리스도의 십자가의 모형으로서의 역할을 했다
(요 3:14-16). 대제사장의 사역은 그리스도의 사역의 모형이 된다.

f. 사물
성막은 성육신하신 예수님의 모형이며, 임마누엘의 표상이다. 향은
기도의 모형이요 성막의 휘장은 하나님께 접근하는 원리를 표시하고
있다.

5. 성경인물설교와 모형론적 성경해석

앞서 지적한 바와 같이 모형에는 "인물"들이 포함이 된다. 특별히 구약의 많은 인물들이 그리스도나 이스라엘의 모형으로 언급 되었다. 모세는 예수님의 오심을 예언하면서 "나와 같은 선지자"(신 18:15)라고 표현했다. 여기서 모세는 예수님의 선지직을 예표 하는 인물이 된다. 마찬가지로 다윗 역시도 예수님의 왕직을 예표적으로 보여 주는 인물이다. 예수님은 구약에 예언된 대로 이스라엘을 구원하기 위해 오실 다윗이셨다. 예레미야 선지자를 통해 주께서는 이스라엘에게 "너희는 내가 너희를 위하여 일으킬 너희 왕 다윗을 섬기리라"(렘 30:9)고 했다. 그리고 또한 에스겔 선지자를 통해서도 동일한 예언의 말씀을 들려 주셨다(겔 34:23-25). 이처럼 명백하게 예수님의 모형으로 제시된 인물들이 있는 반면에 뚜렷이 예수님의 모형으로 제시된 적이 없는 인물들도 있다. 구약인물설교를 하는 사람에게 있어서 자신이 택한 인물을 그리스도의 모형으로 설교할 수 있는지 여부를 결정하는 것은 매우 중요한 일이다.

구약에 등장하는 인물이 그리스도의 모형인지의 여부는 어디까지 허용할 수 있는 것일까? 우선 마쉬(Marsh) 감독과 같이 매우 엄격하게 모형을 제한하는 경우가 있다. 그는 성경의 비평주의와 해석에 관한 강의에서 "모형은 신약이 특별히 모형이라고 꼬집어서 지적하는 경우에만 모형이라"고 주장했다.[208] 이런 주장은 모형론적 해석에서 공상적이고 상상적인 면을 많이 단절시켰다는 점에서 공헌을 했다고 할 수 있을 것이다.

---

208) Ramm, 『성경해석학』, 258에서 재인용.

하지만 그라시우스(Salomon Glassius)는 그의 '성경언어론'이라는 책에서 중도적인 주장을 내놓았다. 그는 모형을 본래적 모형과 추론적 모형, 두 가지로 구분했다. 본래적 모형은 신약에서 특별히 모형이라고 선포한 모형이고, 추론적 모형은 신약에서 특별히 모형이라고 지시하지는 않았지만 모형에 관한 신약의 자료들의 성격에 의해 모형으로서의 존재가치를 정당시할 수 있는 모형을 의미한다.[209] 그는 이 두 가지 모형이 다 성경적 해석에 사용될 수 있다고 주장한다. 이렇게 주장하는 이들은 신약이 구태여 모형이라고 선포하지 않은 모형도 모형임에는 틀림이 없다고 한다.[210]

사실 이런 중도적인 입장이 구약 성경을 훨씬 더 풍성하게 이해할 수 있게 해 준다고 할 수 있다. 즉 모세처럼 직접적으로 그리스도의 모형으로 언급된 인물 이외에도 모든 참된 선지자들 안에서 예수님의 선지직의 의미를 모형으로 찾아볼 수 있고, 아론이 아닌 다른 제사장들의 삶에서도 동일한 제사장의 모형적 의미를 찾아볼 수 있다고 생각할 때, 훨씬 더 풍성하게 성경을 해석할 수 있는 것이다.

요셉의 경우를 살펴보자. 요셉은 구체적으로 예수님의 모형이라고 지적해 주는 말씀이 없다. 그렇다면 요셉은 절대로 예수님의 모형이 될 수 없는 것일까? 이 문제에 대해 마쉬 감독과 같이 엄격한 견해를 주장하는 이들이 있다. 예를 들어 박희천 목사의 경우가 그렇다. 그는 요셉의 삶이 예수님의 삶과 매우 비슷하다 할지라도 신약성경에 명백하게 그를 예수님의 모형으로 지적하지 않고 있다면 모형으로 해석하는 것은 적절하지 못하다고 주장한다.[211] 그는 그리스도의 모형을 매우 좁은 범위로 생각하고 있다.

209) Ramm, 『성경해석학』, 258-59.
210) Ramm, 『성경해석학』, 259-60.
211) 박희천, 『성경에서 방금 나온 설교』(서울: 요단출판사, 2007), 180-81.

그러나 사실은 그리스도 중심적으로 구속사를 연구하는 학자들 가운데 여러 사람이 요셉을 예수님의 모형으로 해석한다. 클라우니 (Edmund P. Clowney)는 명백하게 요셉의 삶이 예수님의 삶을 예표적으로 보여 주고 있다고 주장했다.[212] 그는 하나님께서 아브라함과 이삭과 야곱에게 그들의 씨를 통해 이방 땅에 복을 주시겠노라고 약속하셨고 바로 그 약속은 궁극적으로 예수님에 와서 실현될 것이지만, 예표적으로는 요셉의 삶에서 성취되었다고 주장한다.[213] 결국 요셉의 삶은 하나님이 그리스도 안에서 행하실 일에 대한 일종의 예언적 성격을 지닌 것으로, 역사 속에서 분명하게 발생한 것이며, 하나님의 특별하신 예언과 성취의 과정을 통해 드러난 것임을 알 수 있게 된다. 이러한 사실에서 우리는 요셉의 삶이 모형론의 원리에 매우 적합함을 알 수 있다.

반더발 역시 요셉을 그리스도의 모형으로 보았다. 그는 요셉의 삶에서 세세한 부분들까지 그리스도와 연관시키는 것은 알레고리적인 해석으로 잘못된 것이지만, 의인이 당한 억울한 고난과 그리스도께서 당하신 억울한 수난 사이에는 분명히 모형적인 연관성이 있다는 사실을 지적했다.[214] 주석가인 메튜 헨리(Matthew Henry)도 애굽 왕 바로가 요셉을 애굽의 총리로 삼은 사건에 대해 설명하면서 그것은 "세상의 구원주이신 그리스도의 존귀를 상징하는 것"[215]이라고 주장한 바 있다.

이처럼 우리는 비록 성경에 분명하게 예수님의 모형이라고 지시하고 있지는 않지만, 예수님의 모형으로 해석할 수 있는 인물들이 분

212) Edmund P. Clowney, 『구약에 나타난 그리스도』 (서울: 네비게이토, 1988), 93.
213) Clowney, 『구약에 나타난 그리스도』, 89.
214) C. Vanderwaal, Search the Scripture, vol. 1, (Ontario: Paideia press, 1978), 97.
215) Matthew Henry, 『성서주석시리즈 창세기(하)』, 정혁조 역 (서울: 기독교문사, 1979), 359.

명히 존재한다는 사실을 인지할 필요가 있다. 물론 어떤 인물을, 어떤 경우에 그리스도의 모형으로 해석해야 하는가의 문제는 좀 더 상세한 논의가 필요할 것이다. 성경의 인물들을 그리스도의 모형으로 사용하기 전에는 항상 상황을 자세히 평가해 볼 줄 알아야 한다. 그것은 '한번 모형이 항상 모형'이라고 기대할 수는 없기 때문이다. 그레이다누스는 다음과 같이 그리스도의 모형을 구별할 것을 제안한다.

> 이스라엘의 이러한 지도자들은 하나님께서 그들을 통해 구속 사역을 하실 수 있도록 하는 범위에서만 모형이 된다. 모세가 애굽인을 죽일 때는 그리스도의 모형이 아니다……아론이 금송아지를 만들 때는 그리스도의 모형이 아니다. 제사장 홉니와 비느하스가 여호와의 제물을 경멸할 때는 그리스도의 모형이 아니다.[216]

성경의 인물이 그리스도의 모형이 되는 때는 이처럼 구속 사역과 관련되어 있을 때로 제한되어야 한다. 그럼에도 불구하고 분명한 것은 페어베른의 지적과 같이 요셉이나 삼손 혹은 여호수아와 같은 주요한 인물들은 빼놓고 멜기세덱이나 요나와 같이 구약 역사에서 덜 중요해 보이는 인물들은 모형이라고 해야만 할 이유는 없어 보인다.[217] 그러므로 우리는 하나님 나라의 통치를 위해 하나님께서 기름 부어 세우신 모세나 여호수아나 사사들이나 왕들과 같은 인물들을 그리스도의 모형으로 볼 수 있어야 한다. 그리고 여러 제사장들이나 선지자들 또한 그리스도의 모형으로 해석할 수 있어야 한다.[218]

---

216) Greidanus, 『구약의 그리스도, 어떻게 설교할 것인가』, 381.
217) Greidanus, 『구약의 그리스도, 어떻게 설교할 것인가』, 371-72에서 재인용.
218) Greidanus, 『구약의 그리스도, 어떻게 설교할 것인가』, 380.

D. 성경인물설교에 나타나는 성경해석의 오류들

이곳에서는 성경인물설교를 하고자 하는 설교자가 저지르기 쉬운 성경해석의 여러 오류들에 대해 살펴보자.

1. 알레고리적 해석

성경인물설교에서 흔히 찾아볼 수 있는 성경해석의 오류 가운데 하나는 바로 알레고리 해석이라고 할 수 있을 것이다. 알레고리 해석이 무엇인지에 대해서는 앞서 모형론적 성경해석과 알레고리 성경해석의 차이점을 다루는 곳에서 이미 설명한 바 있었다. 하지만 다시 한 번 정리해 본다면, 알레고리 성경해석은 "어느 텍스트를 그 텍스트가 겉으로 분명하게 말하고 있는 내용 이상의 것을 의미하는 것으로 취급하는 해석"[219]이다. 좀 더 구체적으로 말해서 성경 본문을 해석함에 있어서 본문의 문자적인 의미를 버리고 오직 상징적인 의미만을 찾아 해석하는 행위를 의미하는 것이다. 그레이다누스는 "텍스트가 육적 현세적 현실을 언급하고 있는데……저자의 의도를 왜곡하여 영적 사실로 만들어 버리는"[220]것이 바로 알레고리 성경해석임을 지적했다.

하지만 여기서 우리는 알레고리적 텍스트와, 알레고리 해석은 구분해야 한다.[221] 본문 자체가 두 가지 이상의 뜻을 가지도록 의도된 것이 바로 알레고리적 텍스트라 할 수 있다. 이런 본

---

219) Kevin J. Vanhoozer, 『이 텍스트에 의미가 있는가?』 (서울: IVP, 2010), 179.
220) Sidney Greidanus, "구약성경본문 설교에서 적용문제", 윤영탁 역편, 『구약신학논문선집』 (수원: 합신대학원출판부, 2012), 596.
221) Vanhoozer, 『이 텍스트에 의미가 있는가?』, 179.

문은 당연히 그 본문이 가진 모든 뜻들을 찾아 해석함이 마땅할 것이다.

예를 들어, 아브라함이 본 부인인 사라와 여종인 하갈에게서 이삭과 이스마엘을 낳은 사건에 대해 "이것은 비유니 이 여자들은 두 언약이라 하나는 시내 산으로부터 종을 낳은 자니 곧 하갈이라. 이 하갈은 아라비아에 있는 시내 산으로서 지금 있는 예루살렘과 같은 곳이니 그가 그 자녀들과 더불어 종노릇하고 오직 위에 있는 예루살렘은 자유자니 곧 우리 어머니라"(갈 4:24-26)고 한 말씀이 있다. 이 말씀을 통해 우리는 아브라함의 이야기에는 단순히 겉으로 드러난 그의 가족사만이 아니라 그 속에 또 다른 특별한 의미가 들어 있음을 알게 되는 것이다. 바로 이런 본문이 알레고리적 텍스트라 할 수 있다.

하지만 알레고리 해석이라는 것은 어느 텍스트이든지 그 안에 다른 의미가 함께 공존한다고 생각하는 해석 방식을 의미하는 것이다. 앞에서 지적한 바 있었지만 성경의 인물들에 대한 알레고리 해석은 매우 오랜 전통을 가지고 있다. 초대 교부들로부터 우리는 그 유래를 찾아볼 수 있다. 그리고 오늘날도 여전히 인물을 알레고리적으로 해석하는 일들을 쉽게 찾아볼 수 있다.

토마스(W. Ian Thomas)는 에스더서를 강해하면서 각 인물들을 알레고리적으로 해석했다. 그는 하만을 하나님의 구속 사역을 방해하는 사탄과 육신을 상징하는 인물로, 모르드개는 양육하여 주는 성령으로, 왕후 에스더는 인간의 영으로, 그리고 아하수에로 왕은 하나님을 상징하는 것으로 해석했다.[222]

---

222) W. Ian Thomas, 「에스더서」, 권달천 역 (서울: 생명의 말씀사, 1984), 40-51, 73-84.

이런 해석의 문제점은 도무지 그 근거를 찾기 힘들다는 점에 있다. 도대체 무엇을 근거로 감히 아하수에로 같은 인물이 하나님을 상징할 수 있는지 알 수가 없는 것이다. 그저 그가 왕이고 모든 일을 마음대로 행할 수 있는 자이며 에스더를 구해 낸 인물이기에 그렇다고 한다면, 그런 방식으로 이스라엘에게 선을 행한 임금은 누구나 하나님을 상징하는 인물이라고 말할 수 있는 것인가? 결국 이런 해석 방법은 지나치게 주관적이라서 그 해석의 객관성을 전혀 확보할 수 없다는 것이 문제가 된다. 정창균 교수는 알레고리 해석을 하게 되면 결국 상징화한다는 이유로 "무슨 말이든지 갖다 붙일 수 있게 된다"[223]는 점을 지적했다. 이것은 그 내용의 진실성을 전혀 확인할 길이 없다는 말과 다르지 않은 것이다.

사실상 에스더서에서 중요한 문제는 그 인물들이 신약에서 어떤 인물을 모형적으로 보여 주는가에 있지 않다. 에스더서는 표면적으로 하나님이 행하시는 일들을 자세히 언급하고 있지는 않다. 하지만 내면적으로는 포로 생활 중인 이스라엘을 해치려는 하만의 악한 계획 속에서 하나님이 그들을 보호하여 주셨다는 사실을 드러냄으로, 여전히 역사의 주관자가 되시고 만유의 통치자가 되시는 하나님을 증거하는 것이 본질적인 목적이라 할 수 있다. 이러한 중심적인 내용을 무시한 채 단지 그 인물들이 누구를 상징하는지에 매달리다 보면, 본문의 시대적인 상황이나 신약과의 역사적인 간격을 모두 무시한 자기만의 상상력으로 만들어진 이상한 해석들이 양산되기 쉬운 것이다.

오늘날 이단들은 주로 영해(알레고리)를 한다고 하면서 성경을 자

---

223) 정창균, "성경적 성경인물설교를 위한 설교학적 고찰과 제안", 34.

기 멋대로 해석하는데, 놀라운 사실은 일반 성도들이 이런 이단들의 성경해석을 구분하지 못하고 그대로 받아들이는 경우들이 많다는 것이다. 그런데 그렇게 된 가장 큰 이유 중 하나는 설교자들이 그동안 강단에서 아무런 문제의식 없이 영해의 방식들을 사용해 옴으로써, 성도들이 그것에 익숙해졌다는 사실에서 찾을 수 있을 것이다. 그러므로 알레고리 해석에 근거한 성경인물설교는 경계해야 마땅하다.

2. 심리적 해석

성경인물을 해석하는 설교자가 범하기 쉬운 또 하나의 성경해석의 오류는 지나친 심리적 해석이라고 할 수 있다. 김도훈 교수에 의하면 과거에는 심리학적인 성경해석이 아주 나쁜 것으로 인식되었었지만, 오늘날은 "성서학 내에서 상당한 지위를 누리고 있고", 심지어 그 방법의 지지자들에 의해 성경해석의 하나의 대안으로 여겨지는 상황에까지 이르게 되었다.[224] 그래서인지 오늘날 우리는 주변에서 어렵지 않게 성경인물연구에 심리학적인 성경해석을 적용하는 학자들을 찾아볼 수 있다.

이관직 교수는 성경의 여러 인물들을 심리학적인 성경해석 방법을 통해 분석한 "성경인물과 심리분석"이란 책을 발간했다. 이 책에서 그는 성경의 여러 인물들에 대해 심리학적인 분석을 선보이고 있다. 그가 이 책에서 다루고 있는 인물들은 모두 19명이다. 그는 이 성경의 인물들이 안고 있는 심리적인 문제들을, 오늘날의 심리학적 방법을 통해 분석하고 그것을 토대로 그들에 대한 해석을 시도했다.

---

224) 김도훈, "심리학적 성서해석의 등장 이유", 「크리스챤 투데이」, 2004. 3. 20.

이 책의 목차에 나타난 제목만으로도 우리는 그가 성경인물들을 어떻게 생각하고 있는지 이해할 수 있다. 그는 롯을 부모를 일찍 여의고 가진 것도 모두 빼앗겨 본, 한 많은 삶의 경험으로 인해 성인아이와 자폐적 성격을 가지게 된 문제 인물로, 하갈은 나이 많은 주인 여자인 사라에 대한 엘렉트라 콤플렉스를 가지고 있던 씨받이 여인으로, 르우벤은 역기능 가정에서 자라면서 성인아이의 문제점을 지니게 된 사람으로, 입다는 서자 콤플렉스를 가지고 있던 인물로, 수가성의 여인은 관계 중독에 빠진 사람으로 보고 있다.[225]

이런 심리학적 성경해석은 심리학을 해석학의 한 방법론으로 인식하게 됨으로부터 가능해졌다. 오규훈 교수는 "심리학적 해석의 과정을 거치는 것은 바로 인간이 가질 수 있는 숨겨진 의도와 동기들을 다양하게 생각해 보고 이를 통해서 하나님의 의도와 섭리를 더 깊이 이해할 수 있게 해 주는 유용한 방법"[226]이라고 주장한다. 물론 심리학적 성경해석이 청중에 대한 이해의 폭을 넓히고 그들의 오늘의 상황을 깊이 있게 살피게 만들어 주는 유용한 측면이 있음은 분명하다. 하지만 심리학적 성경해석은 조심하지 않으면 매우 위험한 요소들이 그 속에 담겨져 있다. 이승진 교수는 성경인물들에 대한 심리적인 해석의 위험성에 대해 "성경 본문이 명확하게 언급하지 않는 내용에 대한 자의적 해석의 가능성"과, "공동체적인 실행을 지향하는 성경 본문의 특성과 정반대로 개인주의적인 관점에서 본문을 곡해할 가능성", 그리고 성경 본문의 인물을 현대 소설의 인물과 같은 방식으로 이해함으로 해석의 초점이 성경의 의도와 달라질 수 있는 점 등이라고 지적했다.[227]

---

225) 이관직,「성경인물과 심리분석」(서울: 생명의 말씀사, 2008), 12-13.
226) 오규훈, "성경해석학으로서의 심리학과 해석의 예",「장신논단」27 (2006): 273.
227) 이승진, "상담설교를 위한 심리학적성경해석의 가능성과 한계",「헤르메네이아 투데이」43 (2008년 여름): 84.

이러한 심리학적 성경해석의 여러 위험성들로 인해 철저히 심리학적 해석방법을 반대하는 이들도 있는 것이 사실이다. 벌클레이(Ed Bulkley)는 성경을 훼손하지 않고 심리학과 성경을 통합시킬 방법은 전혀 없다고 주장하면서 "심리학 자체가 이미 인본주의에 뿌리를 두고 있으며 인간과 하나님에 대한 잘못된 관점에서 시작하고 있기 때문"[228]에 심리학과 성경은 공존할 수 없다고 한다. 이런 주장들은 심리학적인 인간문제 해결이 아니라 성령의 능력으로 새사람이 되는 것이 진정한 인간 문제 해결의 길이라는 사실을 지적해 준다는 점에서 대단히 큰 의미가 있다.

하지만 그렇기 때문에 심리학적 본문 접근의 방식은 전혀 사용할 수 없다는 입장도 전적인 동의를 얻을 수 없다. 심리학적 성경해석 방법에는 분명히 문제가 있다. 하지만 오우성 교수가 제시하는 것처럼 먼저 문법적 역사적 신학적인 측면에서의 성경해석을 하고 난 후에 그 메시지를 근거로 신앙인들이 보이는 다양한 심리 현상들을 좀 더 깊이 분석하고 검증하는 일들은 얼마든지 가능하지 않을까?[229] 그러므로 심리학적 성경해석 방법을 사용해서 성경인물설교를 하고자 하는 이들은 무엇보다 먼저 자신의 해석이 자의적인 것은 아닌지를 살펴보고 심리학적 방법론이 신학적이고 성경적인 성경인물해석의 방법론을 거스르지 않고 있는지를 점검해 보아야 한다. 심리학적인 해석에만 매달리다가는 자칫 성경적 입장을 벗어나기 쉽다는 사실을 잊지 말고 항상 기독교적 기본진리에 충실하기를 먼저 힘써야 할 것이다.[230]

---

228) Ed Bulkley, 『왜 크리스천은 심리학을 신뢰할 수 없는가?』, 차명호 옮김 (서울: 미션월드, 2006), 250.
229) 오우성 『성서와 심리학의 대화』(서울: 대한기독교서회, 2007), 222-23.
230) 황규명, "신학과 심리학의 통합에 대한 성경적 접근", 「총신대논총」 24 (2004): 410.

3. 모범적, 윤리적 해석

성경인물설교를 할 때 자주 저지르게 되는 잘못된 해석 방법 중 또 하나는 성경인물을 하나의 윤리 도덕적 모범으로 제시한다는 점이다. 실례를 들어 보자.

아래는 대형 감리교회 가운데 하나인 금란교회 김홍도 목사의 요셉에 관한 요약 설교문이다.[231]

제목 : 모범적 효자 요셉
본문 : 창세기 50:1-9

부모를 잘 공경하고 효도하라는 것은 어떤 인간의 철학이나 사상이 아니라 영원히 변치 않는 하나님의 명령입니다. 성경에 모범적인 효자 한 사람을 찾아볼 수 있는데 바로 창세기에 나타난 야곱의 아들 요셉입니다. 오늘 어버이 주일에 요셉의 효행을 생각하면서 은혜를 받고자 합니다.

1. 부모의 마음을 즐겁게 해 드렸습니다.

야곱이 12아들 중에 요셉을 제일 예뻐하고 사랑해서 채색옷을 특별히 지어 입혔습니다. 요셉이 이런 특별한 사랑을 받은 것은 그만큼 부모의 마음을 즐겁게 해 드렸고 마음에 들게 행동했다는 증거가 아니겠습니까?

2. 부모에게 순종했습니다.

어린 소년 요셉이 형들에게 점심을 갖다 주면서 잘 있는가 보고 오라

231) 김홍도,『불기둥』, 16권 (서울: 불기둥사, 1989), 110-15.

고 할 때 살기등등한 형들의 마음을 모를 리 없었겠으나 그 머나먼 길을 찾아갔습니다……그야말로 죽기까지 순종한 효자입니다.

3. 물질로 봉양했습니다.

창 47:12에 "그 아비와 형제들과 아비의 온 집에 그 식구를 따라 식물을 주어 공궤 하니라"고 한 말씀대로 굶어 돌아가시게 된 부모님을 모셔다가 잘 봉양했고, 뿐만 아니라 부모님이 낳으신 자식들, 자기를 죽이려고 했던 형들과 그 자식들을 잘 살게 해 주었습니다. 요사이 자식들처럼 "왜 자식들을 이렇게 많이 낳아서 우리를 고생시키느냐?"고 하지 않고 잘 봉양했습니다.

4. 부모님께 영예를 돌렸습니다.

종살이 감옥살이 별별 고생 다하면서 성공하고 축복받아 애굽의 총리대신이 되어 부친을 잘 모셨으니 얼마나 부모님께 영예를 돌리고 기쁨을 드렸습니까?

5. 형제 사랑으로 효도했습니다.

자기를 죽이려던 형들이지만, 그 형들과 형들의 자식들까지 사랑으로 돌보고 키웠습니다.

이상의 설교문을 통해 우리는 설교자가 요셉을 통해 부모에게 효도하라는 윤리적 교훈을 주려고 하고 있음을 쉽게 파악할 수 있다.

설교자는 요셉을 효도의 한 모델로 세우고 그를 본받을 것을 강조했다. 그러나 이 설교에는 여러 문제점들이 발견된다. 위의 설교는 어버이 주일에 행하여진 것이다. 그러다 보니 본문 자체를 강해하기보다 절기에 전해야 하는 말을 전하는 데 설교자가 집중한 것으로 보인다. 무엇보다 이 설교문에서는 철저히 본문이 무시되고 있다. 본문은 야곱의 장례식 장면이다. 요셉이 아버지 야곱의 장례식을 정성을 다해 치르고 있음은 분명하다. 그런데 문제는 이러한 장례식의 아름다운 모습을 드러내는 것이 본문의 목적은 아니라는 사실이다. 하나님이 그들과 언약하신 바를 생각하며 가나안을 사모하며 살아가는 신앙인 야곱과 요셉의 삶이 더 중심이 되어야 하는 것이다. 하지만 이 설교자는 이러한 본문의 의도는 완전히 무시하고 오직 절기에 맞는 이야기를 하기 위해 본문을 사용하고 있는 것이다.

또한 이 설교문은 설교자가 본문 해석에서 구속사의 흐름을 전혀 고려하지 않고 있음을 보여 준다. 요셉은 모세의 십계명 이전 사람이다. 그런데 그의 삶을 모세의 율법을 통해 평가하고 있다. 이러한 점들은 설교자가 본문을 해석할 때, 구속사에서의 시간적인 흐름의 문제를 전혀 고려하지 않았음을 보여 주는 것이다.

뿐만 아니라 자의적인 해석도 자주 보인다. 요셉이 과연 자신의 아버지가 형제들을 많이 데려왔다고 "무엇 하러 자식들을 이렇게 많이 낳아서 우리를 고생시키느냐?"고 조금이라도 생각을 했었을까? 이런 해석들은 당시의 시대적 상황을 거의 고려하지 않은 자의적인 해석으로 보인다. 이처럼 모범적, 윤리적 해석은 구속사적인 흐름과 성경 본문의 중심 내용을 놓치고 자의적인 해석에 빠질 위험성을 안고 있다는 사실을 기억해야 할 것이다.

4. 시간적 간격을 무시한 조급한 동일시

성경인물이 살던 성경의 시대와 지금 설교를 듣고 있는 청중이 살아가는 오늘날은 엄청난 격차가 있다. 설교자는 설교 전에 반드시 이런 문제를 파악하지 않으면 안 된다. 성경인물이 살던 시대와 오늘날은 역사적, 문화적, 관습적, 지리적인 면에서 그리고 제도나 삶의 여건들의 측면에서 오늘날과는 너무나도 달랐다. 그러므로 성경인물들이 자신들의 시대에 보인 삶의 반응이 오늘날 청중이 보일 반응과 결코 동일할 수 없는 것이다.

그러므로 설교자는 반드시 본문의 첫 수신자인 그때 그곳의 청중과 오늘 이곳의 청중 사이의 문화적, 공간적, 시간적 간격을 고려할 줄 알아야 한다. 만일 이러한 사실을 무시한 채 조급하게 성경 시대의 그들과 오늘의 청중들을 동일시하게 되면 자칫 본문의 의미와 의도를 왜곡하는 결과를 초래할 수 있음을 경계해야 할 것이다.[232] 그레이다누스는 "구속사에서는 점진 곧 단절이 반드시 고려되어야 한다"고 하면서 다음과 같이 주장했다.

> 본문을 처음 전달받은 교회와 오늘날 전달받아야 하는 교회를 동일시해서는 안 된다. 더욱이 본문에 언급된 개인들과 오늘날의 청중들을 모범적으로 동일시해서는 더더욱 안 된다……오늘날의 교회들은 성경 본문을 처음으로 전달받은 교회들과 동일하지 않다는 것이다……설교자는 과거의 선포들을 20세기의 특정한 회중들에게 적실하게 전달해야만 하는 것이다.[233]

하지만 우리가 여기서 꼭 생각하고 넘어가야 할 부분이 있다. 그것은 성경인물과 오늘날의 청중 사이에 존재하는 역사적, 시간적 간격을 무시하고 조급하게 동일시하는 해석을 하지 말아야 한다는 것이, 곧 성경인물들의 삶의 어떠한 내용들도 오늘의 청중에게 사용될

---

232) 정창균, "성경인물 설교의 당위성과 한계성", 184.
233) Greidanus, 『구속사적 설교의 원리』, 266.

수 없다는 것을 의미하지는 않는다는 사실이다. 우리가 성경인물들을 살피는 이유 중의 하나는 분명히 그들의 삶을 통해 이 시대를 살아가는 우리가 얻어야 할 귀한 교훈들이 그들의 삶속에 담겨져 있기 때문이다. 다렐 보크(Darrell L. Bock)는 성경 시대와 현대가 똑같지 않다고 지적하면서도, 그것이 "고대와 현대 사이에 공통된 기초가 있을 수 있다는 가능성을 부인하는 것"은 아니며, "그때나 지금이나 사람들은 인생의 성쇠를 경험하며", 우리 모두는 결국 같은 인간이니 우리도 성경인물들과 동일시하려고 시도하는 것이 당연하다는 사실을 지적했다.[234]

그런데 문제는 그 교훈이 성경의 시대와 오늘 우리 시대 사이의 간격을 뛰어넘어 항상 적용될 수 있는 교훈인가에 달려 있는 것이다. 우리는 역사적, 시간적 간격을 무시하고 성경의 인물과 오늘의 청중을 조급하게 동일시하는 방식으로 설교를 해서는 안 된다. 하지만 역사를 뛰어넘어 그 시대와 우리 시대에 항상 적용되는 초상황적인 중요한 교훈을 중심으로 반드시 설교를 해야 한다. 설교자는 성경인물의 삶에서 시대를 넘어 적용되는 원리가 무엇인지를 찾아내는 일이 중요하다는 사실을 기억할 필요가 있다.

정창균 교수는 다윗과 밧세바 사건을 예로 들면서 시대를 넘어 적용될 말씀의 교훈을 찾아내는 방법을 제시한 바 있다. 그는 다윗이 밧세바와 간음하고 괴로워하는 일이 이 시대 모든 청중에게 해당되는 사건이 될 수는 없지만, 죄로 인하여 아파하고 괴로워하면서 회개하는 모습은 영원한 교훈이 되는 원리로 오늘날의 청중에게도 얼마든지 적용이 될 수 있다고 설명한다. 그는 그 시대와 오늘날의 청중 모두에게 적용될 교훈을 "초상황적 요구"라는 말로 설명하면서, 이

---

234) Craig A. Blaising & Darrell L. Bock, 『하나님 나라와 언약』, 곽철호 옮김 (서울: CLC, 2005), 112.
235) 정창균, 『고정관념을 넘어서는 설교』, 20 참조.

시대 청중은 바로 이 초상황적 요구인 회개에의 촉구를 성경의 인물과 함께 공유할 수 있다고 주장했다.[235]

그레이다누스는 구속사적 간격은 성경 시대의 인물의 삶과 우리 시대 청중 사이에 절대적인 차이를 만들어 놓았다는 점을 지적하면서, 설교자는 단순히 성경인물을 하나의 모범으로 본받아야 한다는 식의 설교를 해서는 안 되고, 도리어 과거의 인물과 확연히 구분이 되는 오늘 이 시대 청중의 구속사적 위치와 변화된 신분에 대한 이해를 바탕으로 설교를 해야 한다고 주장했다. 그는 가나 혼인 잔치에 관한 설교를 예로 들면서 설교자들이 '우리도 예수님을 우리 집에 초대해야 한다' 든지 혹은 '예수님이 물을 포도주로 바꾸어 주신다' 는 등의 해석을 하는 것은 구속사적인 간격을 고려하지 못한 것이라고 지적했다. 왜냐하면 당시 예수님을 초대한 사람들은 예수님이 하나님의 아들이시고 구속자시라는 사실에 대한 이해를 전혀 갖지 못한 상황에서 단지 목수이신 예수님을 초대한 것이었지만, 우리는 그럴 수 없다는 것이고, 우리가 사는 이 시대에 누리는 구속의 은혜가 그 때보다 훨씬 더 큰 것이기 때문이라는 것이다.[236] 그러므로 설교자는 이러한 간격들을 잘 이해한 상황에서 인물을 다룰 수 있어야 바른 설교가 가능해질 수 있다는 사실을 잊지 말아야 할 것이다.

PART II

기존의 삼손설교들에 대한 분석과 평가

PART I 에서 우리는 기존의 성경인물설교에 대한 일반적인 논의들에 대하여 살펴보았다. 이 연구들을 통해 우리는 기존의 성경인물설교들이 가지고 있는 문제점들을 좀 더 상세히 알 수 있었고, 무엇이 성경인물을 다루는 바른 방법이고 무엇이 잘못된 방법인지에 대해 어느 정도의 구분을 할 수 있게 되었다.

이번 파트에서는 앞서 연구한 내용들을 근거로 바람직한 성경적 성경인물설교의 틀이 무엇인지를 밝힌 후, 좀 더 구체적으로 삼손이라는 한 인물을 대상으로 행하여진 기존의 설교들을 중심으로, 과연 그 내용들이 성경적 성경인물설교의 틀에 합당한지 그 여부를 분석,

평가해 보려고 한다. 삼손을 성경인물설교 연구의 대상으로 삼은 이유는 우선 서론에서 이미 언급한 바와 같이 삼손에 대한 개인적인 관심이 있었기 때문이고, 더 나아가 삼손에 대한 해석과 설교들이 설교자들에 따라 극과 극으로 달라지는 경우들이 많다는 사실을 알게 되었기 때문이다. 필자가 살펴본 바에 의하면 어떤 설교자들은 삼손을 매우 긍정적인 인물로 해석하는 반면에, 어떤 설교자들은 매우 부정적으로 해석하고 있었다. 그러므로 삼손을 연구해 보면 과연 어떤 것이 성경적 성경인물설교의 바른 방법에 따른 해석인지를 찾아 낼 수 있을 것이라는 생각이 든다.

제1장
삼손설교에 대한 분석과 평가의 관점

삼손설교의 분석과 평가라고 하면 단순히 삼손에 관한 설교들을 살피는 것으로 생각하기 쉽다. 하지만 필자는 이곳에서 단순히 삼손이라는 한 인물에 대한 설교들을 분석하고 평가하는 것에 그치지 않고 더 나아가, 구약의 인물설교 전체에 기준으로 적용될 만한 분석과 평가의 관점은 무엇이 되어야 하는지를 살필 것이다. 이런 기준을 제시하는 것이 가능하다고 생각하는 이유는, 앞서 지적한 바와 같이, 성경의 인물들도 성경 전체의 내러티브 안에 포함되므로 그들 전체를 같은 기준으로 이해할 수 있을 것이기 때문이다.

A. 해석학적 관점에서의 분석과 평가

1. 구속사적, 그리스도 중심적 해석 여부

성경인물설교를 분석, 평가하기 위해 가장 먼저 고려해야 할 점은 과연 이 본문의 인물에 대한 해석이 구속사를 충분히 고려한 것인가 하는 것이다. 성경의 인물들은 모두 하나님의 구속의 역사에 긍정적으로나 부정적으로 반응한 사람들이다. 그러므로 성경 인물은 반드시 구속의 역사와의 연관성 속에서 다루어져야 마땅하다 할 수 있다. 그레이다누스는 "구속사는 역사적 본문의 기초"[237]
라고 했다. 즉 구속사가 역사적 본문의 밑바탕을 이루고 있다는 것
이다.

성경의 인물들은 바로 이 역사적 본문 속에 주로 등장한다. 그러
므로 성경인물을 다루는 설교자는 반드시 그 역사적 본문을 다루어
가는 과정에서 구속사를 고려해야만 하는 것이다. 정창균 교수는 하
나님의 구속사의 중심이며 최종적 성취는 바로 그리스도이시므로 구
속사는 그리스도의 역사를 의미한다고 주장하면서, "개혁주의 성경
신학의 본문 접근의 근본 원리는 구속사적 접근이며, 이것은 곧 그리
스도 중심적 해석의 원리를 의미한다"고 했다.[238]

그러므로 우리가 성경인물설교를 분석, 평가하기 위해 반드시 고
려해야 할 점은 설교자가 본문을 과연 그리스도 중심적으로 해석하
였는가 하는 것이다. 이미 앞서 지적한 바와 같이 그리스도 중심적이
라 함은 예수에 대해서만 말하는 설교를 의미하지는 않는다. 그레이
다누스는 "역사적 본문은 하나님의 행동을 선포한다. 하나님의 행동
에 대한 선포를 듣는 것은 그리스도의 행동에 대한 선포를 듣는 것이
다"[239] 라고 했다. 즉 그리스도 중심적 설교는 바로 삼위일체 하나님
을 중심으로 하는 설교를 의미한다.

그레이다누스는 그리스도 중심적 성경해석을 위해 a. 점진적 구
속사의 길, b. 약속-성취의 길, c. 모형론의 길, d. 유추의 길, e.
통시적 주제의 길, f. 신약 관련 구절 사용의 길, g. 대조의 길이라는
7가지 방법론을 소개한 바 있다.[240]

237) Sidney Greidanus, 『구속사적 설교의 원리』, 권수경 역 (서울: SFC, 2011), 247.
238) 정창균, 『고정관념을 넘어서는 설교』(서울: 합동신학대학원출판부, 2003), 43.
239) Greidanus, 『구속사적 설교의 원리』, 260.S
240) idney Greidanus, 『구약의 그리스도 어떻게 설교할 것인가?』, 김진섭·류호영·류호준 역 (서울: 이레서원,
2010), 335-97. 그레이다누스가 주장하는 바를 좀 더 설명하자면 a. 점진적 구속사의 길이란 설교자들이
구속의 역사가 "꾸준히 진행하고, 예수 그리스도의 삶과 죽으심 그리고 부활에서 그 정점에 이르고, 궁
극적으로는 새 창조에 도달한다" 는 사실을 알고, 이러한 구속사의 흐름 안에서 설교하는 것을 의미한다.

한 인물을 설교하는 데 이 모든 방법이 다 사용되어야 하는 것은 아니지만 적어도 그리스도 중심적으로 본문을 해석하는 설교자라면 이런 면들을 면밀히 고려해 보는 것이 당연할 것이다.

그러므로 우리가 성경인물설교를 분석, 평가할 때에도 그리스도 중심적인 이런 해석의 방법들이 잘 사용되고 있는지를 살피는 것이 매우 중요한 판단의 요소가 될 수 있는 것이다.

2. 하나님에 대한 반응으로서의 인물의 행위 해석 여부

a. 윤리적 행위를 촉구하는 설교가 모범설교나 윤리설교와 다른 점

성경인물설교에서 인물들을 하나의 윤리나 도덕의 모범으로 세우고 그들의 삶을 본받자고 하는 식의 모범설교는 결코 정당한 것이 아니라는 사실을 앞에서 누누이 지적한 바 있었다. 모범설교나 윤리설교는 인물이 주인공으로 등장하고 그 인물로부터 교훈을 찾아내서 오늘을 살아가는 사람들에게 그를 본받아야 한다는 식으로 말씀을 전하는 것이다.

---

240) 즉 다윗과 골리앗 이야기는 단지 골리앗과 싸워 이긴 어린 다윗에 대한 이야기로 다루어져서는 안 되고, 더 나가 이 싸움은 여호와께서 자기 백성의 대적을 쳐부수신다는 의미와 연결되고, 그러한 싸움이 결국은 사단을 쳐부수실 예수 그리스도에게 적용이 될 수 있음을 설교하는 방식이다; b. 약속-성취의 길이란 구약의 약속들이 그리스도 안에서 성취되었다는 사실에 기초한 설교 방법이다; c. 모형론의 길이란 구약과 신약의 관계를 모형과 대형(원형)의 관계로 해석하고 설교하는 방식이다; d. 유추의 길이란 구약의 이스라엘과 신약의 교회 사이의 연속성은 그리스도 안에서만 성취되는 것이므로, 설교자들이 구약을 설교할 때 그리스도의 중추적인 위치를 중심으로 유추를 사용하여 설교하는 방법이다. 예를 들어 설교자가 하나님께서 이스라엘을 구름을 통해 인도하시고 보호하신 것처럼 그리스도를 통해 세상 끝 날 때까지 자신의 교회를 인도하시고 보호하신다고 유추하는 것이다; e. 통시적 주제의 길이란 구속사를 관통하는 주제들을 그리스도에게까지 연결되도록 하는 방식의 설교이다. 예를 들어 벧엘에서 야곱과 함께 하신 하나님은 출애굽 동안 구름 기둥과 불 기둥으로 그 백성과 함께하셨고, 결국 예수 그리스도 안에서 자기 백성에게 임재하신다(임마누엘)는 것에까지 그 주제가 연결이 될 수 있다는 것이다; f. 신약 관련 구절 사용의 길이란 신약의 저자들이 종종 자신들의 메시지를 지지하기 위해 구약 구절들을 사용했는데 설교자들이 바로 이런 구절들을 통해 구약에 관한 설교를 그리스도와 연결하는 방식이다; g. 대조의 길이란 그리스도는 구약의 메시지와 신약의 메시지 사이의 큰 대조를 만들어 내시는 주체이시라는 사실에 기초한 방식이다. 즉 구약에는 제사가 있으나 신약에는 없다. 그 이유는 그리스도가 희생제물이 되셨기 때문이다. 즉 대조의 길은 그리스도가 구약 문제들에 대한 해답이 되심을 알고 설교하는 것이다.

그러나 윤리적 행위를 촉구하는 설교는 이것들과는 구분되어야 한다. 이 설교는 주인공이 하나님이시다. 성경인물들은 하나님이 행하시는 구속의 일에 반응하는 존재들일 뿐이다. 바로 이런 하나님의 구속에 반응하는 과정 속에서 성경인물들이 보이는 윤리적 반응들은 앞에서도 이미 지적한 바와 같이 마땅히 이 시대의 성도들에게도 동일하게 강조될 수 있는 것들이다. 필자가 이곳에서 사용하는 윤리행위를 해야 한다는 말은 바로 이런 차원에서의 의미이다.

b. 설교자가 전해야 할 하나님에 대한 반응으로서의 인물의 윤리적 행위

설교자가 하나님의 구속사에 반응하는 성경인물들의 윤리적인 행위들을 적극적으로 교훈하지 못한다면 심각한 문제가 발생한다. 성경인물설교가 다른 설교들과 구분이 되는 점은, 인물들이 중심에 등장한다는 점이다. 물론 그 인물들이 설교의 주인공은 아니다. 이 사실은 이미 여러 번 지적했다. 설교의 주인공은 PART I 에서 다룬 것처럼 하나님이 되셔야만 한다. 그러나 이로 인해 설교에서 사람들을 전혀 등장시키지도 언급하지도 않는다면, 그것은 도리어 실제 역사를 도외시하는 문제점을 낳게 될 것이다. 하나님이 주인공이시지만 그분이 진행하시는 구속의 역사에 반응하고 실제의 삶을 살아간 성경의 인물들의 삶은 구속에 대한 인간들의 윤리적 응답이라는 점에서 매우 중요한 것이다.

모범적, 윤리적인 해석과 윤리적 반응을 촉구하는 해석의 차이를 실례를 들어 좀 더 상세하게 살펴보자. 출애굽기 32장에는 목이 뻣뻣한 이스라엘 백성에게 진노하셔서 그들을 진멸하고 모세와 함께 새로 큰 나라를 세우시겠다는 하나님의 선언이 나타난다. 이런 말씀을 들은 모세는 황망 중에 하나님을 향하여 즉시 간구를 드린다. 그의 간구는 의외로 배반한 백성들을 향한 진노를 그치시고 그들을 진멸하시겠다는 결정을 실행하지 말아 달라는 것이었다. 그리고 놀랍게도 모세의 기도를 들으신 하나님께서는 곧바로 뜻을 돌이키셨고, 화를 그 백성에게 내리지 않으시겠다고 약속하셨다(출 32:9-14).

이 본문의 내용을 가지고 "모세는 배신자도 용서하는 넓은 도량과 민족에 대한 애족심을 가진 사람이어서 그렇게 행동했다고 해석을 하고, 그러한 해석을 근거로 우리도 모세와 같이 넓은 도량을 갖자! 애국 애족하는 삶을 살자!"라는 식의 설교를 한다면 이것은 바로 모세라는 인물을 중심에 세운 모범적 해석이 된다.

그렇다면 윤리적 반응을 촉구하는 해석은 어떤 해석인가? 이곳에 나타난 모세의 간구를 자세히 살펴보면 아주 중요한 두 가지 사실이 드러난다. 우선은 모세의 기도가 철저히 하나님이 전(前)에 자기 조상들에게 주신 약속에 기초했다는 점이다. 모세는 하나님께서 자기 조상 때부터 가나안을 주시겠노라고 약속하셨으니, 신실하신 하나님께서 이스라엘을 멸망시키시겠다고 하신 말씀은 거두어 주시는 것이 마땅하다는 간구를 드렸던 것이다. 즉 그는 하나님이 약속을 하시고, 지키시는 신실하신 구원의 하나님이시라는 사실을 알고 이런 기도를 드린 것이다.

둘째로, 그의 기도는 철저히 하나님의 영광을 드러내기 위한 것이었다는 점이다. 그는 하나님이 이스라엘을 어떻게 인도하여 내셨는지를 먼저 추억한다. 하나님은 이스라엘 백성을 사랑하여 강한 손과 펴신 팔로 인도하신 전능자시라는 것이다. 그러나 하나님이 이스라엘 백성을 광야에서 진멸해 버리신다면 애굽을 비롯한 이방인들은 하나님을 사랑의 하나님이 아니라 거짓의 신이라고 비웃을 것이라고 모세는 판단했던 것이다. 하나님께서 이렇게 이방인들의 입에서 조롱과 멸시를 당하는 일을 차마 볼 수 없다는 것이 바로 기도하는 모세의 반응인 것이다. 즉 단지 모세의 도량이 넓었거나 그가 가지고 있던 애국 애족하는 마음이 너무나 커서 그런 기도를 드린 것이 아니라는 것이다. 모세는 먼저 언약을 주시고 또한 신실하게 언약을 지키시는 하나님을 알았던 것이다.

바로 그런 하나님 앞에서 모세가 보인 이런 윤리적 반응을 촉구하는 설교는 반드시 필요하며 강조되지 않으면 안 될 중요한 설교의 한 축이다. 그레이다누스는 이 문제에 대하여 다음과 같이 언급했다.

> 교회를 향해 선포되는 케리그마는 사람의 모범적 행동이나 행위일 수 없다. 그것은 오직 하나님의 행동일 수밖에 없다. 이 말이 우리가 역사적 본문에서 만나는 사람들을 무시해도 좋다는 뜻은 아니다. 그 반대로 오직 이 사람들을 통해서만 하나님의 행동은 구체적인 역사적 행동으로 드러나는 것이다. 그렇지만 하나님 중심적 관점이 강조하는 것은 이 사람들이 자기 자신의 목적을 위해서가 아니라 하나님께서 자기들을 위하여, 자기들 안에서, 또 자기들을 통하여 일하신다는 것을 보여 주기 위한 목적으로 성경 이야기에 실리게 되었다는 사실이다. [241]

그레이다누스의 말에서도 우리는 성경인물설교에서 사람이 무시되어서는 안 된다는 사실을 분명히 알 수 있다. 사실상 하나님의 구속은 성경에 등장하는 바로 그 사람들을 위한 것으로 드러난다. 그러므로 그 구속의 대상인 성경인물들이 보이는 구속의 은혜에 대한 반응들은 대단히 중요하며 그 반응들은 동일한 구속의 은혜를 경험하는 이 시대의 청중에게도 귀한 모델이 될 수 있는 것임이 분명하다. 그러므로 설교자는 이런 부분들을 발견하여 오늘날의 청중에게 교훈할 필요가 있다.

---

241) Greidanus, 「구속사적 설교의 원리」, 250.

3. 내러티브 본문에 대한 정당한 해석 여부

내러티브 본문은 그 해석에 있어서 주의해야 할 점들이 있음을 앞서 살펴보았다. 성경인물설교를 할 때 주로 다루어야 하는 본문은 내러티브 본문이기에 그 특성을 이해하지 못하면 바른 성경해석을 하기 어렵다.

그러므로 우리가 성경인물설교를 분석, 평가할 때 반드시 고려해야 할 또 하나의 사실은 바로 내러티브 본문에 대한 바른 이해에 기초한 해석인가 하는 것이다. 즉 플롯에 대한 이해는 있는가, 등장인물에 대한 해석은 바르게 되었는가, 성경전체 내러티브 안에서 본문의 내러티브를 해석하고 있는가, 등등이 성경인물설교를 분석, 평가하는 데 중요한 기준이 될 수 있을 것이다. 다시 말하면 내러티브 본문에 대한 해석이 해석학적 관점에서 그리고 본문이 갖고 있는 신학적 목적이라는 관점에서 해석되고 있는가 하는 문제이다.

B. 설교학적 관점에서의 분석과 평가의 기준

1. 효과적인 본문 제시 여부

카터(Terry G. Carter)와 듀발(J. Scott Duvall), 헤이즈(J. Daniel Hays)에 의하면, 성경적 설교라는 것은 무엇보다 성경 본문에 기반을 두고 있는 설교를 의미한다. 그들은 성경적 설교야말로 이 시대에 가장 긴급하게 요구되는 것이며, 이 시대의 회중이 진정으로 갈망하는 바도 참진리의 말씀을 전해 주는 성경적 설교를 듣는 것이라고 주장한다. 그리고 설교자들은 성경에서 바르게 하나님의 뜻을 발견하고 그것을 기초로 설교를 작성하고 전달할 필요가 있다고 한다. 이들은 성경적 설교는 성경의 권위를 온전히 인정하면서 메시지를 전하는 것이기에, 성경 본문이 설교의 기초가 되고 성경 본문의 원래의 의미가 설교를 통해 그대로 전달되게 하는 것이라고 했다.[242]

성경적 인물설교에 있어서도 본문 자체가 정확히 그리고 효과적으로 제시되고 있는지가 매우 중요하다는 사실을 기억할 필요가 있다. 사실 많은 설교들에서 우리는 본문을 단순히 설교자에게 필요한 자료 정도로 취급하면서 설교자 자신이 하고 싶은 이야기를 마음대로 하는 모습들을 쉽게 찾아볼 수 있다. 이런 설교들은 성경적 설교와는 거리가 멀다고 할 수 있을 것이다. 우리는 성경적 인물설교도 그 인물들을 언급하고 있는 성경 본문에 대한 자세한 연구가 기초가 되어야 한다는 사실을 항상 기억해야 한다. 그러므로 이 파트에서 필자는 설교자들이 본문을 어떻게 다루고 있는지를 면밀히 살피고자한다. 설교자가 본문 자체에 깊은 관심을 가지고 연구하고 그 본문의 내용을 전하고 있는 것이야 말로 그 설교 내용 권위를 결정하는 가장 중요한 요소 가운데 하나가 될 것이기 때문이다. 설교자의 권위는 개인의 권위가 아니라 하나님의 말씀이 부여하는 권위가 되어야 마땅하다. "성경의 내용과 주해적인 정확성을 무시한 설교는 결코 성경적 설교가 될 수 없음"[243]을 모든 설교자들이 잊어서는 안 될 것이다.

2. 전기적 설교 여부

성경인물설교에서 주의해야 할 중요한 사실 가운데 하나는 성경이

---

242) Terry G. Carter, J. Scott Duvall, J. Daniel Hays, 『성경설교』, 김창훈 옮김 (서울: 성서유니온, 2009), 15-21.
243) 박완철, 『개혁주의 설교의 원리』(수원: 합동신학대학출판부, 2007), 23.

하나님의 자기 계시의 산물이라는 사실을 잊은 채, 한 인물의 전기를 다룬 것처럼 취급하는 것이다. 그레이다누스는 이런 전기적 설교는 필연적으로 인간중심적인 설교, 또한 성경은 있으나 마나 한 것으로 만들어 버리는 설교가 될 위험성이 많다고 지적한 바 있다.[244]

예를 들어, 우리가 삼손에 대한 설교를 한다고 할 때, 삼손 개인의 삶이 다루어지는 것은 어쩔 수 없는 일이다. 하지만 그의 삶을 다루는 것이 설교의 본질적인 목적일 수는 없다. 삼손의 삶에 들어오셔서 친히 그의 삶을 주관하시고 그의 삶을 보호하시고 그의 삶을 통해 이스라엘을 향한 당신의 사랑을 드러내시고 그들에게 자유를 주시는 하나님의 일이 설교의 중심이 되어야 하는 것이다. 그리고 난 후에야 그런 하나님의 역사하심에 반응하는 삼손의 모습이 다루어져야 할 것이다. 인간의 전기가 중심이 되고 하나님은 뒷전에 밀려 보이지 않는 설교라면 세상의 다른 훌륭한 인물들을 대상으로 설교하는 것과 무엇이 다를 것인가를 생각해 보아야 할 것이다. 그런데 여기서 오해하지 말아야 할 중요한 사실이 한 가지 있다. 그것은 전기적 설교를 해서는 안 된다는 것을 마치 설교에서 본문에 등장하는 인물의 삶에 대한 상세한 언급을 해서는 안 된다는 식으로 잘못 이해하지 말라는 것이다.

그렇다면 전기적으로 다루는 것은 무엇이며 구속사적으로 다루는 것은 무엇인지 아브라함이 이삭을 바친 창세기 22장 본문을 가지고 예를 들어 보자. 이 본문으로 설교를 하면서, 설교자가 아브라함이 독자 이삭을 아낌없이 드린 것처럼 우리도 자신의 가장 귀한 것을 아낌없이 드리는 삶을 살자고 설교를 한다면 설교의 초점이 철저히 사람의 행위에 맞추어진 인물전기적 설교가 될 것이다.

244) Greidanus, 『구속사적 설교의 원리』, 82-87.

그러나 동일하게 아브라함이 이삭을 바친 사건을 설명할 때에, 아브라함이 100세에 나은 독자 이삭을 모리아 산에서 제물로 드릴 수 있었던 것은 먼저 하나님께서 그의 삶에 보여 주신 약속 성취의 사건들(예를 들자면 자신은 100세가 되었고 아내인 사라는 이미 경수가 끊어져 인간적으로는 도무지 아이를 낳을 수 없는 중에 이삭을 낳게 해 주신 것)에 대한 반응으로 나타난 행위였다는 점을 강조한다면, 이것은 하나님의 행하시는 일에 대한 아브라함의 신앙적 반응을 묘사하는 것이 된다.

3. 시간적 간격을 무시한 조급한 동일시 여부

시간적 간격을 무시한 조급한 동일시의 방법을 사용하는 설교란 성경인물과 오늘의 청중 사이의 큰 간격을 무시하고 곧바로 등식부호를 사용하여 성경인물의 삶을 오늘 이 시대 청중의 삶에 그대로 적용해 버리는 방식의 설교를 의미한다.[245]

성경인물과 오늘의 청중 사이는 큰 역사적 간격이 있으므로 설교자는 이 간격을 어떻게 메우고 양자 사이를 연결할까를 고민하지 않을 수 없다. 그 고민의 결과로 몇몇 요인들 사이에 평행선을 그려서 연결하는 방법이 등장하기 쉬운데, 그렇게 등장한 방법들 중에는 등장인물의 심리를 분석해서 오늘날의 청중에게 적용하는 것이나, 설교자가 원하는 몇 가지 내용만을 가지고 소위 알레고리화하는 방식, 그리고 설교자의 주관에 따라 인물의 모범적인 부분들이 선택되고 설교되는 방식, 혹은 외적으로는 모형론적 해석의 형식을 취하고 있

---

245) Greidanus, 『구속사적 설교의 원리』, 88-91.

지만 실제로는 알레고리를 행하여, 성경인물의 삶을 예수님에 관한 것으로 직접적으로 설교하는 방식과 같은 것들이 있다.[246]

그러나 실상 성경의 인물들에 대하여 과연 완전한 심리적 그림을 그린다는 것이 가능할까? 본문을 알레고리화할 때 그 내용의 객관성이나 정당성을 어떻게 보증할 수 있는가? 인물의 모범적인 부분들이 선택되고 설교될 때에 그 설교의 내용은 분명히 본문에서 나온 것이라 보증할 수 있는가? 앞서 예를 들었던 것과 같이 '요셉의 효'라는 것이 본문의 참된 내용은 될 수 없다. 또한 모세 율법을 율법 이전 시대 사람인 이스라엘 조상들의 삶을 제한하는 것으로 해석할 수 있는가? 조급한 모형적 동일시로 인하여 메시야적 자기 계시의 발전 과정을 과연 설명할 수 있는가?

시간적 간격을 무시한 조급한 동일시의 방법을 사용한 설교의 경우 이런 수많은 문제들이 나타날 수밖에 없다. 그러므로 우리가 성경인물설교를 분석하고 평가할 때에는 이런 문제점이 나타나고 있지는 않은지 자세히 살펴야 할 것이다.

4. 적실성 있는 적용의 여부

설교는 단순히 해석하는 것에 머무는 것이 아니라 청중에게 전달되어야 한다. 성경인물설교를 우리가 연구하는 이유 가운데 하나도 이런 설교 방식이 청중에게 다가가기가 매우 유용하기 때문임을 앞서 지적한 바 있다.

도리아니(Daniel M. Doriani)는 "교사의 가장 큰 죄가 이단을

---

246) Greidanus, 『구속사적 설교의 원리』, 92–106.

가르치는 것이라면 두 번째로 큰 죄는 성경 진리를 지루하게 들리게 만드는 것이다"[247]라고 했다. 그러므로 설교자는 설교가 지루하게 들리지 않도록 힘써야 한다. 그리고 그 방법은 바로 청중의 상황에 적실한 설교를 하는 데 있음이 자명하다. 설교자는 항상 오늘의 청중을 변화시켜야 한다는 목표를 잊어서는 안 된다.

그런데 여기서 반드시 짚고 넘어가야 할 문제가 있다. 그것은 '설교의 적실성' 여부에 너무 집착해서 '설교의 적합성'을 떠나서는 안 된다는 사실이다. 여기서 '설교의 적실성'이라는 것은 현실의 청중들에게 얼마나 적합한 메시지인가 하는 것에 관한 것이고, '설교의 적합성'이란 그 메시지가 얼마나 성경적인가 하는 것에 관한 것이라고 보면 될 것이다. 실제로 많은 설교자들이 청중에게 들리는 설교를 한다는 명목하에 성경을 적합하게 설교하는 일을 중요하게 여기지 않고 자기 마음대로 설교하는 누를 범할 수 있다. 앞으로 살펴보겠지만 이 시대의 많은 유명 설교자들의 설교들 가운데서도 적실성에 있어서는 탁월한 면모를 보이지만, 본문을 다루는 것의 적합성을 담보받지 못하는 설교들이 많음이 사실이다. 청중에게 감동만 있다면 뭐든지 설교해도 좋은 것은 아니다. 설교자는 그 감동이 성경 본문에 근거한 것인지 살피는 일을 우선해야 한다.

---

247) Daniel M. Doriani, 『적용』, 정옥배 옮김 (서울: 한국성서유니온, 2009), 164.

제2장
삼손설교에 대한 분석과 평가

PART Ⅱ의 제1장에서 필자는 삼손설교를 해석학과 설교학적으로 분석 평가하기 위해 필요한 중요한 관점(틀)에 대해 언급했다. 우선 해석학적인 면에서는 "구속사적, 그리스도 중심적 해석 여부" "하나님에 대한 반응으로서의 인물의 행위 해석 여부" "내러티브 본문에 대한 적절한 해석 여부"에 대해, 그리고 설교학적인 면에서는 "정확한 본문 제시 여부" "전기적 설교 여부" "시간적 간격을 무시한 조급한 동일시 여부" "적절성 있는 적용의 여부"에 대해 살펴보아야 한다는 점을 지적했다.

이번 장에서는 기존의 설교자들의 삼손이란 인물에 대한 설교들을 직접 살펴 가면서 앞서 제시한 관점(틀)들을 가지고 분석, 평가해 보려고 한다. 이 작업은 기존 설교자들의 설교의 장단점을 알 수 있게 해 주고, 거기서부터 우리가 새로 나아가야 할 성경인물설교의 방향이 무엇인지를 찾을 수 있게 해 줄 것이라는 점에서 매우 중요하다.

필자는 여기서 먼저 서구의 유명한 설교자들의 삼손설교를 분석, 평가해 보고 그 장단점이 무엇인지 파악한 후, 한국교회 대표 설교자들의 삼손설교는 어떠한지를 분석 평가 비교해 보려고 한다. 필자가 대상으로 삼은 설교자들은 서구 설교자로는 스펄전(Charles H. Spurgeon)과 크리스웰(W. A. Criswell), 그리고 빌리 그레이엄 (Billy Graham) 목사이고, 국내 설교자들은 각 교단 별로 국내에서 저명하게 알려져 있고, 삼손에 대해 설교한 이들로 옥한흠, 이동원, 김학중, 조용기, 이중표 목사이다.

A. 해외 유명 설교자들의 삼손설교

1. 스펄전의 삼손설교

스펄전은 흔히 설교의 황태자라고 불릴 정도로 기독교 역사에서 뛰어난 설교자 중 한 사람이다. 그는 16세의 어린 나이에 설교자의 삶을 시작해서 일평생 수많은 설교들을 남겼다. 특별히 스펄전은 여러 인물들에 대한 설교들을 후대에 남겨 주었는데, 오늘날까지도 수많은 설교학도들에게 참고가 될 만한 귀한 설교들이다.

그는 삼손에 대한 설교도 몇 편 남겼는데, 그가 사사기 13:8-9을 본문으로 설교한 아래의 설교문은 무엇보다 설교 자체를 시각적 이미지로 만들어 청중이 생생하게 설교를 보고 느낄 수 있게 한 것으로 유명하다. 그러므로 이 설교는 그 자체로도 설교사에서 지닌 의미가 매우 큰 것이다.

하지만 우리는 이곳에서 그의 이러한 설교적 공헌들보다 그의 인물설교가 우리가 앞서 제시한 성경인물설교의 원리에 합당하게 작성되었는지에 대해서만 살펴보려고 한다. 즉 스펄전이 이 설교에서 삼손이라는 인물에 대해 해석하고 설교한 것들이 과연 앞에서 제시한 성경인물설교의 바른 방식을 따라 이루어졌는가 하는 점을 살피려는 것이다. 설교 전문이 몹시 길기 때문에, 이곳에서는 요약해서[248] 살펴보고자 한다.

제목: 꿀이 가득한 손
본문: 사사기 13:8-9

이 이스라엘의 영웅은 죽은 사자를 배경으로 넓은 길에 서서 꿀이 뚝뚝 떨어지는 꿀 덩어리를 손에 들고 그것을 자기 부모에게 내밀므로 멋진 장면을 연출했습니다. 여기에 우리 주님 되시는 분에 대한 하나의 유형이 있습니다. 그분은 우리와 그분께로 달려드는 사자를 파멸시키셨습니다. 이제 그분은 손에 달콤함과 위로를 가득 들고 자신의 교회 가운데 서 계십니다. 그리고 그것들을 자신이 "내 형제요 자매요 모친"(마 12:50)이라고 칭하신 사람들에게 내밀고 계십니다······ 그분은 우리가 그 음식을 먹어 인생이 달콤해지고, 기쁨으로 가득하게 되기를 바라시는 것입니다.

그런데······신실한 모든 그리스도인들은 자신들이 그 이름을 지니고 다니는 그리스도를 얼마간 닮았는데 우리 역시 그분의 형상을 닮게 될 것입니다. 삼손은 세상에 있는 모든 그리스도인들의 상징으로도 유용하게 쓰일 수 있을 것입니다.

I. 신자의 삶에는 투쟁이 있습니다.

그리스도인이 되는 것은 군사로 지원하는 것입니다······.군사들은 전쟁을 통하여 만들어집니다······만일 삼손처럼 이스라엘을 위한 영웅이 되고자 한다면 일찍부터 고난과 모험에 익숙해져야 할 것입니다.

1. 이런 투쟁들은 종종 매우 무시무시한 것들이 될 수 있습니다.
   사자 새끼는 어린 사자가 아닙니다. 쇠약하지 않은 가장 강한 사자를 의미합니다.

---

248) 요약 방법은 문장을 그대로 살리기도 하지만 적절하게 의미가 통하도록 하는 방식을 사용했다.

2. 그것들은 우리의 대비가 가장 되어 있지 않을 때 다가옵니다.
   삼손은 사자에 대해 전혀 생각하지 못한 채 딤나의 포도원을 걷고
   있었습니다.

3. 승리는 하나님의 영에 의하여 얻어졌다는 것입니다.
   삼손은 여호와의 신에 크게 감동되어 손에 아무 것도 없어도 그
   사자를 염소 새끼를 찢음 같이 찢었습니다.

II. 신자의 삶에는 달콤함이 있습니다.

1. 신자의 삶에는 단 것들이 있습니다.
   꿀처럼 달콤한 성도의 기쁨과 행복보다 더한 것은 없습니다.

2. 우리의 기쁨들은 종종 과거에 우리가 투쟁했던 장소들 가운데
   있습니다.
   1) 우리의 죄는 무서운 사자입니다. 하지만 죽은 사자입니다.
      왜냐하면 죄가 많은 곳에 은혜가 더욱 넘쳤기 때문입니다.
   2) 우리의 욕망은 죽은 사자입니다. 하나님의 의지에 반대되는
      욕망을 제어했을 때 우리 안에는 달콤한 만족이 넘치게 됩니다.

III. 신자의 삶은 신자를 인도하여 다른 사람들에게 이 단 것들을
전하도록 만듭니다.

1. 우리는 복음을 지체 없이 전파해야 합니다.

2. 그 일을 처음에는 자기에게 가장 가까운 사람들에게 하고자 할 것
   입니다.

3. 신자는 자기가 할 수 있는 최선의 방법으로 이 일을 하고자 할 것
   입니다.
   삼손은 꿀을 뜰 수 있는 것이 아무것도 없었지만 자신의 손으로
   그 꿀을 떠서 부모님에게 드렸습니다.

4. 삼손은 이 일을 겸비한 태도로 했습니다.

　삼손은 사자 한 마리를 죽이고도 그것에 대하여 한 마디 말이 없었습니다. 자기를 영화롭게 하는 말을 발설하지 않도록 하십시오. 우리는 그리스도를 내세워야 할 것입니다.[249]

　스펄전의 설교는 주로 매우 짧은 본문을 선택하여 집중적으로 그 의미를 추적하는 본문설교의 형태를 취하는 경우가 많다는 사실을 앞서 설교의 형태에서 이미 지적한 바 있다. 위의 본문을 가지고 삼손에 관한 설교를 할 때에도 이런 스펄전 식의 설교 방식이 거의 동일하게 적용되고 있다. 그는 매우 짧은 구절을 본문으로 잡고 그 구절들에 대하여 깊이 있는 묵상을 하며 그 의미들을 드러내려고 했다.

　이제부터 성경인물설교에 대한 해석학적, 설교학적 관점(틀)을 가지고 그의 설교를 분석, 평가해 보자.

a. 해석학적 분석과 평가

　류응렬 교수는 "인물설교는 주어진 본문만을 해석한다고 반드시 바람직한 해석이라고 말하기 어렵다"[250]는 점을 지적한 바 있다. 스펄전의 본문에 대한 철저한 분석과 해석은 특별히 돋보인다. 설교자들이 별로 주목하지 않았을 사자의 몸에서 꿀을 떠서 그 부모에게 바친 사실에 대하여 이토록 자세하게 풀어 청중에게 전달할 수 있었다는 것은 그가 평상시에 얼마나 말씀에 대한 깊은 묵상을 하고 있었는지를 잘 보여 준다. 하지만 그의 설교 가운데에서 우리가 성경인물설교를 할 때 주의해야 할 점들이 몇 가지 발견된다.

---

249) Charles H. Spurgeon, 『스펄전설교전집―여호수아 사사기 룻기』, 보문번역위원회 역 (대구: 보문출판사, 1999), 477-507.
250) 류응렬, "Charles H. Spurgeon의 인물설교연구", 『설교한국』 3/1 (2011년 봄): 53.

1) 구속사적 그리스도 중심적 해석인가?

우선 스펄전의 삼손에 대한 해석은 철저히 그리스도 중심적이라는 면에서 본받을 만하다. 류응렬 교수는 스펄전의 설교는 "모든 본문에서 그리스도에게로 나아가는 그리스도 중심적 설교라"[251]고 지적한 바 있다. 하지만 여기에 문제가 조금 있어 보인다. 그것은 그의 해석이 모형론적이라기보다는 알레고리적인 것으로 보인다는 점이다. 사사인 삼손의 삶을 그리스도의 유형으로 본 것은 문제가 없어 보이지만 그의 삶의 세세한 부분들을 다 그리스도와 연결시킨 것은 무리한 동일시와 다를 바 없는 것들이다. 또한 류응렬 교수는 스펄전의 알레고리 해석에 대하여 "바람직한 성경해석 혹은 설교학적 장치로 일반화될 수는 없을 것이고 되어서도 안 될 것이다"[252]라고 했다.

2) 하나님에 대한 반응으로서 인물의 행위를 해석했는가?

스펄전의 삼손설교에는 삼손의 특별한 행위를 강조하는 모범적인 면이 드러난다. 하지만 이러한 모범적인 묘사들은 사실 삼손이 먼저 맛본 꿀에 대한 반응으로 나타난 것으로 되어 있다. 앞서 지적한 바와 같이 하나님의 구속의 은혜에 반응하는 인간의 윤리행위에 대한 강조는 당연한 것이다. 그러므로 이곳에서 꿀을 맛본 자들이 그것을 다른 사람들에게도 맛보게 하기 위해 전해 주는 것이 필요하다는 것은 구속의 은혜를 체험한 자들이 보여야 마땅한 윤리적 반응에 대한 것이라 볼 수 있을 것이다.

그러나 여기서도 우리가 주의해야 할 점은 있다. 그것은 구속사적

---

251) 류응렬, "Charles H. Spurgeon의 인물설교연구", 62.
252) 류응렬, "Charles H. Spurgeon의 인물설교연구", 60.

해석이 먼저 바탕이 된 상황에서 윤리적 반응을 보이는 모습이 드러나야 하는데 여기서는 그것보다 삼손의 행위가 갖는 영웅적인 면모를 강조하는 것에 중심을 두고 말씀을 진행하고 있기 때문에 바람직한 해석의 모습을 보여 주고 있다는 생각이 들지 않는다는 점이다.

3) 내러티브를 정당하게 해석했는가?

스펄전의 설교는 내러티브 해석의 관점에서도 문제점이 드러난다. 내러티브의 관점에서 보면 스펄전과 같은 본문 선택 방식은 권장할 만한 것이 못된다. 내러티브는 이야기 전체의 흐름이 중요한데, 스펄전의 경우 본문의 위치를 확인할 만한 주변 구절들을 본문으로 삼지 않음으로 인해 전체적인 의미가 드러날 수 없게 만든 약점이 있어 보인다.

b. 설교학적 분석과 평가

1) 정확한 본문 제시 여부

스펄전의 설교에서 이 시대 설교자들이 본받아야 할 중요한 요소 중에 하나가 본문을 귀히 여긴다는 점이다. 그는 철저히 본문에서 모든 것을 찾아낸다. 그리고 본문의 내용을 자신이 전하고자 하는 목표에 따라 온전히 재구성한다. 이러한 스펄전 설교의 구성은 우리 모두에게 귀감이 된다고 할 수 있다.

2) 전기적 설교 여부

설교의 내용은 일부 전기적인 면이 보이기도 하지만 전반적으로 본문을 철저히 해석해서 내용을 깊이 파악한 후 그리스도에게 접목하고자 한 설교로 파악이 된다. 이런 면은 단순히 사람의 전기만을 다루기 쉬운 설교의 약점을 어느 정도 극복하고 있는 것으로 보인다. 그래도 여전히 삼손의 영웅적인 면이나 인간적인 장점들을 시종일관 강조하는 듯이 보이는 면은 아쉽다.

3) 시간적 간격을 무시한 조급한 동일시 여부

스펄전이 삼손을 공격한 사자의 내러티브에서 나름대로 뽑아낸 초상황적인 메시지는 바로 영적 전쟁에 관한 것이었다. 하지만 일단 그리스도인들이 공격을 당하기만 하면 무조건 영적 전쟁으로 취급하는 것은 바람직하지 않다. 사자의 등장은 여러 가지 의미로 해석이 될 수 있을 것이다. 단순하게 영적 전쟁의 문제로 알레고리화해 버려서는 안 될 문제들이 있다는 말이다. 이 문제에 대해서는 다음 장에서 좀 더 자세히 살펴보자.

4) 적실성 있는 적용의 여부

스펄전의 설교는 청중에게 적실한 설교임을 한눈에 알 수 있다. 아마 스펄전의 설교를 듣고 있던 모든 청중은 꿀을 들고 부모에게 드리는 삼손의 모습을 선명하게 떠올릴 수 있었을 것이다. 그리고 삼손의 그런 행동은 곧바로 죄와 사단의 권세를 깨뜨리고 이기신 주님의 은혜를 떠오르게 하고, 주의 백성들이 누리는 구원의 감격이 얼마나 큰지를 알 수 있게 해 주었을 것이다. 그리고 그 모든 기쁨을 가지고 세상에 나아가 복음의 증거자가 되어야 한다는 사실에 깊은 감동을 받았을 것이다. 이 시대의 설교자들이 다 본받아야 할 부분으로 보인다.

2. 크리스웰(W. A. Criswell)[253]의 삼손설교

크리스웰 목사는 50년 가까이 한 교회를 담임하며 설교 사역을 한 것으로 유명하다. 그가 남긴 설교가 5천여 편에 이른다고 한다. 그는 54권의 책을 출판했고, 8개의 대학에서 명예박사 학위를 받은 명망 높은 목회자이다.[254] 그는 인물설교도 여러 편 남겼는데, 그 가운데 삼손에 관한 것을 요약하여 살펴보려고 한다.

제목: 투사 삼손(Samson Agonistes)[255]
본문: 사사기 13-16장

마노아라는 사람의 가정에서 삼손이 태어났습니다. 삼손은 날 때부터 나실인으로 구별이 되어 머리에 삭도를 대지 말아야 했고, 술이나 시체를 가까이 해서도 안 되는 삶을 살아야 했습니다.

나실인은 이 세상에서 하나님의 백성이 하나님께 자신을 구별하여 드리는 하나의 모형이었습니다. 교회를 의미하는 에클레시아라는 단어도 구별된 자라는 의미를 가지고 있습니다. 하나님께서 이 세상에서 구별된 백성들을 소유하시는 동안, 하나님은 심판의 손을 멈추고 계십니다. 그러나 하나님의 구별하신 백성들이 자신들을 세상과 동일시할 때에는 항상 심판이 떨어지게 됩니다.

하나님의 백성들은 세상 사람들과 혼인하는 것을 조심해야 합니다. 혼인은 오직 주 안에서 해야 합니다. 기독교인은 불신자와 혼인하면 안 됩니다. 삼손은 일종의 에클레시아였습니다. 삼손의 고통은 그가

---

253) 크리스웰 목사(1909-2002)는 달라스 제일침례교회의 담임으로 1944년부터 1993년까지 재직하면서 많은 감동적인 설교를 남겼다. 그의 설교 가운데 삼손에 관한 것이다. 그는 크리스웰 대학의 설립자요 초대 총장을 역임하기도 했다.

254) http://www.wacriswell.com/about-dr-wa-criswell/

255) 이 설교는 크리스웰 목사가 1960년 4월 24일에 행한 것이다. 그는 자신이 존 밀튼의 '투사 삼손'이라는 제목의 서사시에서 이 제목을 택하게 되었다고 밝히면서 설교를 시작했다. http://www.wacriswell.org/printTranscript.cfm/SID/423.cfm.

기도하는 사람들과 부모의 권고 그리고 하나님의 백성들을 떠나 그의 친구와 아내와 사회생활을 찾기 위해 세상으로 나아갔다는 사실에 놓여 있습니다.

두 번씩이나 삼손의 탄생은 하늘로부터 고지가 되었습니다. 삼손의 이름은 '태양'이라는 의미입니다. 아이가 자라났고, 때가 되자 주의 영이 그를 움직이기 시작하셨습니다. 구약 시대에 하나님의 영은 간헐적으로 임재하셨습니다. 그러나 오늘날 성령은 늘 우리와 함께하십니다.

삼손의 힘은 어디 있었습니까? 내 생각에 삼손은 보통 사람의 크기였을 것입니다. 블레셋 사람들은 그의 힘이 어디서 나오는지 이해를 하지 못했습니다. 삼손은 보통사람이었습니다. 하지만 하나님의 영이 그에게 임하시므로 세상이 이제까지 볼 수 없었던 힘이 그의 안에 있게 된 것입니다.

14장에서 삼손은 딤나에 내려가서 한 블레셋 여인을 보고 그녀가 자신을 즐겁게 한다고 말했습니다. 그 여자가 그리스도인인지 구원받았는지 헌신되었는지 경건한지 아무런 상관없습니다. 오직 "나는 그녀의 행동이 좋습니다. 그녀가 나를 매우 기쁘게 합니다"라는 것만 문제였습니다.

삼손의 딤나의 아내 이야기는 블레셋 사람들이 그녀와 그 아비의 집을 불사르는 것으로 끝이 났습니다. 그리고 그 이야기를 들은 삼손은 나귀 턱뼈로 블레셋 사람 일천 명을 살해했습니다.

이제 더 나아가 봅시다. 이 모든 일들이 지난 후에 삼손은 소렉 골짜기의 들릴라라 이름 하는 여자를 사랑하게 됩니다. 삼손이 들릴라를 사랑한 것은 아무 문제도 없습니다. 그렇다면 들릴라의 문제가 무엇이었을까요? 들릴라는 돈을 받고 자신을 팔았습니다. "내게 돈을 주세요"하는 것이 바로 들릴라의 문제였습니다. 들릴라는 삼손을 유혹했습니다. 삼손은 그녀에게 자신의 힘의 비밀을 말해 버리고 말았습니다.

들릴라가 블레셋의 사람들이 삼손을 잡으러 왔다고 하자, 삼손은 이전처럼 나가서 하나님의 적들을 도말하리라 하며 일어났습니다. 그러나 그는 여호와께서 이미 자신을 떠나신 줄을 알지 못했습니다.

결국 블레셋 사람들이 그를 사로잡았습니다. 블레셋 사람들은 그의 눈을 빼 버리고 놋줄로 묶고, 감옥에서 맷돌을 돌리게 했습니다. 그가 굴욕을 당하는 동안 블레셋의 방백들이 함께 모여서 자신들의 신 다곤을 위한 큰 휴일을 제정하자고 말했습니다. 자신들의 신, 다곤이 유대인의 신인 여호와보다 더 강하다는 것을 과시하기 위함이었습니다.

블레셋의 방백들과 수천의 블레셋 사람들이 원형경기장이 모였습니다. 그들은 위협하고 울부짖고 소리치면서 "하나님을 대신한 삼손을 끌어내서 우리의 신인 다곤 앞에서 재주를 부리게 하자"라고 했습니다.

삼손은 하나님이 그들에게 조롱당하는 소리를 들었습니다. 그들의 조롱이 끝난 후에 삼손은 자기 손을 잡아 주는 소년에게 원형경기장을 받치고 있는 두 기둥 사이로 데려다 달라고 요청했습니다. 소년이 삼손을 데려다 주었고 장님인 삼손이 그 기둥을 느낄 수 있도록 해 주었습니다. 삼손은 "하나님 이번 한 번만 나를 기억하소서"라고 기도한 후에 "블레셋 인들과 함께 죽으리라"고 외치면서 힘을 다해 앞으로 몸을 굽혔습니다.

여러분은 삼손이 왜 히브리서 11:32에 믿음의 영웅들 중에 헤아려졌는지 아십니까?

믿음으로 그렇게 된 것입니다.

눈멀고 비참하고 고통으로 마음이 찢어지는 상황에서 그는 자신의 팔로 그 기둥들을 잡고 하나님을 믿었습니다.

삼손은 믿음으로 말미암아 의롭다 하심을 받았습니다.

그의 회개와 슬픔과 굴욕 중에 하나님은 그의 기도를 들으셨고 믿음의 영웅들 가운데 그의 이름을 올려 주셨습니다.

a. 해석학적 분석과 평가

바울은 고린도 교회에 보낸 편지에서 "내가 너희 중에서 예수 그리스도와 그의 십자가에 못 박히신 것 외에는 아무것도 알지 아니하기로 작정하였음이라"(고전 2:2)고 했고, 갈라디아 교회에 보낸 편지에서는 "내게는 우리 주 예수 그리스도의 십자가 외에 결코 자랑할 것이 없다"(갈 6:14)고 고백하기도 했다. 바울은 하나님께서 자신을 부르신 이유가 그 아들(예수 그리스도)을 이방에 전하기 위해서라고 분명하게 밝힌 바 있었다(갈 1:16). 바울을 설교자 중의 하나로 본 베일리(Raymond Bailey)는 바울은 예수님처럼 설교하지 않았다고 지적하면서, 도리어 바울은 "죽으셨다가 다시 사시어 지금 살아 계신 예수 그리스도를 설교했다"[256]고 했다. 이런 점에서 이 시대의 설교자들 역시도 항상 그리스도 중심적인 설교를 힘써야 한다.

앞서 제시한 크리스웰의 설교문을 통해 우리는 그가 윤리, 도덕적인 면에서 쉽게 적용할 수 있는 내용들을 제시하고 있음을 쉽게 파악할 수 있다. 그렇다면 크리스웰의 설교를 앞서 제시한 분석의 관점(틀)에서 살펴본다면 어떨까?

1) 구속사적, 그리스도 중심적 해석인가?

크리스웰의 설교에서 본문에 대한 그리스도 중심적인 해석의 면모가 잘 드러나지 않는 것은 조금 아쉽다. 이미 앞서 지적한 바와 같이 성경인물설교에서 우리는 반드시 그리스도 중심적인 설교를 하기에 힘을 써야 한다. 이런 면이 사라지면 자연스럽게 인간의 행위를 강조하는 설교를 할 수 밖에 없는 것이다.

---

256) Raymond Bailey, 『설교자 바울』, 이명희 옮김 (대전: 침례신학대학교출판부, 1996), 73.

2) 하나님에 대한 반응으로서 인물의 행위를 해석했는가?

크리스웰이 삼손설교에서 청중에게 강한 윤리적 도전을 하고 있기는 하다. 그의 윤리적 도전은 주로 삼손의 타락한 행위와 반대되는 삶을 살아야 한다는 형태로 등장한다. 문제는 그가 제기하는 윤리적 삶은 구속사적인 면보다는 모범적인 면이 강하다는 사실에 있다. 예를 들어 보자. 그는 삼손이 딤나 여인과 결혼한 사실에 대하여 삼손이 그 여자의 신앙이 어떠한지는 전혀 고려하지 않고 오직 자기를 즐겁게 한다는 사실에만 주목했다는 사실을 지적했다. 크리스웰은 이 사실에서 그리스도인들은 이성을 사귐에 있어서 자신의 육신적 즐거움만 생각해서는 안 되고 상대방의 신앙까지 고려해야 한다는 사실을 지적한 것이다.

하지만 실상 성경이 말씀하는 바는 이와는 차이가 있다. 성경은 딤나 여인과의 혼인은 삼손이 틈을 타서 블레셋 사람을 치기 위함이었고 그 일이 하나님께로부터 나온 것이라 말씀하고 있다.[257]

이런 점에서 크리스웰의 설교는 먼저 구속사적 해석이 있고 난 후에 윤리적 도전이 있어야 하지 않았을까 하는 것이 매우 아쉬운 점이다.

3) 내러티브를 정당하게 해석했는가?

크리스웰의 삼손설교는 삼손의 이야기를 따라가면서 나름대로 중요하다고 생각되는 부분들을 중점적으로 부각시켜 전달하는 일종의 나열식 방법을 취하고 있다. 크리스웰은 이 설교에서 우선 나실인에 대하여 다루었고, 이어서 하나님의 영의 임재의 신구약의 차이점과 하나님의 영이 임하심으로 말미암아 삼손이 갖게 된 특별한 힘에 대해

---

257) 이 해석에는 일부 논란이 있을 수 있다. 좀 더 자세한 내용은 제4장의 삼손설교의 실제 중 "삼손 본문 해석에서 제기되는 문제들" 부분에서 논하였다.

다루었으며, 딤나 여인과의 결혼 과정에서 부모의 말을 거역한 사건과 이어서 들릴라와 사귀는 과정 그리고 마지막에 믿음으로 하나님과 그 백성을 조롱하고 자신을 모욕한 블레셋 사람들과 함께 죽는 모습을 특별히 부각시켜 다루었다.

본문으로 사용된 사사기 13-16장은 삼손의 삶의 전반을 다루고 있는 장이다. 이 장들은 이스라엘이 타락한 상황에서 블레셋 사람들의 노예가 되었을 때에 하나님이 사사 삼손을 일으키시고 그를 통해 블레셋 사람들의 노예가 된 이스라엘에게 다시 자유를 주신 사건을 담고 있다. 그러므로 이 장들에서 주요하게 다루어야 할 내용들은 하나님께서 타락한 이스라엘에게 행하신 일들은 무엇이며 삼손을 통해 그들에게 행하신 구원의 놀라운 일들이 무엇인지에 대한 것이어야 할 것이다.

그런데 크리스웰의 삼손설교에는 이런 큰 역사적 사건들은 거의 다루어지지 않고 있다. 그가 삼손 이야기의 흐름을 따라 설교를 구성한 것은 내러티브의 흐름을 따라갔다는 점에서 좋은 평가를 내릴 수 있겠지만, 그가 주요한 문제로 다룬 것들이 삼손 내러티브의 중심이 될 만한 이야기들인가에 대해서는 전혀 공감이 되지를 않는다는 문제점이 있다.

b. 설교학적 분석과 평가

1) 정확한 본문 제시 여부

크리스웰이 성경 본문에 대해 자세히 설명하고자 하는 열심히 있었다는 사실은 매우 중요한 부분이다. 그런데 지나치게 긴 본문을 택함으로 본문이 지닌 깊은 의미들을 전혀 드러낼 수 없지 않았는가 하는 점은 문제라고 생각된다. 지나치게 긴 본문을 설명하다 보면 피상적이고 단순하며 간략한 설명이 될 수밖에 없기 때문에 본문의 자세한 내용을 충분히 다루는 것이 불가능할 것이다.

2) 전기적 설교 여부

이 설교문에서 크리스웰은 삼손을 주인공으로 세우고 그의 삶을 통해 자기 시대의 청중에게 어떻게 살아야 옳은가를 제시해 주려고 노력하고 있었음을 알게 된다. 특별히 신자는 어떤 사람과 결혼해야 하는지 그리고 어떻게 하나님을 섬겨야 하는지 등에 대하여 삼손을 반면교사로 삼아 교훈하고자 애를 썼다. 이런 점에서 우리는 그가 삼손을 전기적으로 다루고 있음을 알 수 있다. 앞서 여러 번 지적했지만 성경인물설교에서 주의해야 할 점 중의 하나가 바로 전기적 설교이다. 참된 설교는 결코 어떤 인물의 전기를 다루는 것이 아니다. 이 설교가 지나치게 삼손의 삶을 그의 일대기를 해설하듯이 전기적으로 다루고, 그 속에서 역사하시는 하나님을 다루지 못한 것은 문제가 있다.

3) 시간적 간격을 무시한 조급한 동일시 여부

삼손 시대와 오늘날의 청중 사이의 간격을 고려하지 않는 면도 자주 엿보인다. 과연 오늘날도 삼손 시대와 같이 이방인과의 결혼은 불가한 것일까? 이런 점들은 예수님이 오신 이후 일어난 변화들에 대해 고려해 볼 때 문제가 된다. 그리고 자신이 중요하게 생각하는 몇 가지 요인들만을 뽑아서 이 시대 청중에게 적용하려고 하는 모습들도 자주 눈에 뜨이는데, 이 모든 것이 문제로 여겨진다.

4) 적실성 있는 적용의 여부

크리스웰의 설교는 당대 일반 성도들의 귀에 매우 잘 들리는 훌륭한 설교였으리라고 생각된다. 즉 상황에 적실한 설교로 보인다는 말이다. 그러나 아쉽게도 그의 설교는 적합성이 있는 설교였다고 보기는 어려울 것 같다. 비록 그의 설교가 당대 청중에게 윤리적 반응을 일으키는 내용을 담고 있었다 해도, 그것은 단순한 모범적 윤리적 차원의 적용으로 말미암은 것이지 하나님의 구속으로 인해 이루어진 특별한 관계의 차원에서 드러나는 변화의 촉구로 보이지 않는다는 문제를 안고 있다.

3. 빌리 그레이엄(Billy Graham)의 삼손설교

빌리 그레이엄은 지난 세기 최고의 전도자 가운데 한 사람이다. 그는 매우 쉬운 설교로 수많은 사람들을 그리스도께 돌아와 헌신하도록 했다. 그의 설교는 그의 사역상 전도설교가 대부분이다. 그는 삼손이란 인물을 통해서도 전도설교를 한 적이 있었다. 그의 삼손에 대한 설교를 요약해서 살펴보자.

> 제목: 하나님의 비행 청소년(God's Delinquent) [258]
> 본문: 사사기 16장

> 삼손은 당대의 가장 위대한 인물이었지만 나는 그를 하나님의 비행 청소년이라고 부릅니다. 왜냐하면 그것이 바로 그의 모습이었기 때문입니다.

---

[258] 이 설교는 빌리 그레이엄 목사가 40대에 샬롯의 한 10대 청소년들을 위한 집회에서 전한 것으로 1958년 10월 7일 자 Charlotte Observer라는 신문의 4-A 면에 보도된 것이다. 빌리 그레이엄은 이 바로 전날에 14,500명 앞에서 설교를 했고 815명의 결신자를 찾았다고 한다. http://www2.wheaton. edu/bgc/archives/docs/bg-charlotte/1007-1.htm.

오늘날 우리 신문들은 10대들의 폭력과 범죄에 대한 이야기로 가득 채워져 있습니다. 사람들이 이런 10대들의 폭력과 범죄의 이유들을 분석하고 이해하려고 노력하고 있지만, 원인보다는 현상만 다루고 있다는 생각이 듭니다. 위험한 환경들과 너무 많은 여가시간 그리고 충분하지 못한 부모의 돌봄, 유혹적인 그림이나 만화들과 같은 것들이 10대들의 비행을 부추기고 있는 것이 사실입니다. 그러나 이 모든 것들은 단지 겉으로 드러난 현상일 뿐입니다. 삼손을 보십시오. 하나님은 삼손에게 모세 다음으로 큰 기회를 주셨지만 그는 비참하게 실패했습니다.

폭력은 도시 전체에서 자행되고 있습니다. 폭력의 문제는 혜택을 받지 못한 아이들에게나 상류층의 혜택을 받고 자라는 아이들에게나 동일하게 일어나고 있습니다.

삼손은 그의 삶을 풍요롭게 해 줄 모든 것을 가지고 있었습니다.

우선 그는 핸섬했습니다.

두 번째로 그는 사자를 찢어 죽일 정도로 강했습니다.

세 번째로 그에게는 경건한 부모님이 계셨습니다.

하지만 삼손은 몇 가지 문제들을 안고 있었습니다.

먼저 그는 낭만적인 문제점들을 가지고 있었습니다.

그는 너무 많은 여자들과 사랑에 빠졌습니다.

삼손에게는 부모와의 문제도 있었습니다. 삼손은 부모의 말을 무시했습니다.

삼손은 너무나 많은 여가의 문제를 가지고 있었습니다.

삼손은 한 주에 7일을 파티를 하면서 보냈습니다.

삼손의 네 번째 문제는 그가 죄에 감염이 되어 있는 죄인이라는 점이었습니다.

여러분의 삶을 그리스도에게 드리십시오. 그것이 바로 여러분의 부모님에게 드릴 수 있는 가장 큰 선물이 될 것입니다. 삼손의 철학은 "즐겨! 너는 젊어! 먹고 마시고 결혼하고 좋은 시간을 갖는 거야!"라는 것이었습니다. 그는 육체로 심었고 육체로부터 썩어질 것을 거두었습니다. 하지만 하나님은 삼손을 사랑하셨습니다. 하나님은 여러분에게도 좋으신 분이십니다. 하나님은 오래 참으시면서 20년간이나 삼손에게 복을 주셨습니다. 하나님은 누구도 멸망하지 않고 회개에 이르기를 원하십니다. 여러분의 지난 모든 날 동안 하나님은 여러분을 인도하고 계셨습니다.

삼손은 오랫동안 너무 멀리 가 버리고 말았습니다. 들릴라와 사랑에 빠진 것입니다. 삼손은 들릴라에게 자신의 힘의 비밀을 가르쳐 주고 맙니다. 결국 삼손은 블레셋 사람들에게 잡힙니다. 그는 이제 하나님을 떠나 낭비한 날들을 계산할 자리에 도달했습니다. 블레셋 사람들이 삼손을 말뚝에 묶고 그의 눈을 뺐습니다. 그리고 웃고 침 뱉고 조롱거리로 삼았습니다.

여러분 중에도 사단이 눈멀게 한 사람들이 있습니다. 여러분의 눈이 열렸다면 삶을 그리스도께 드리기 위해 앞으로 나오시기 바랍니다. 여러분 중의 얼마는 귀머거리가 되었습니다. 이 밤 그리스도께서 여러분을 만져 주시길 원합니다.

삼손은 눈이 먼 채 연자 맷돌을 돌려야 했습니다. 사단은 여러분이 매일 똑같은 지루한 삶을 살게 합니다. 여러분의 삶을 그리스도에게 드리십시오. 주님께서 여러분의 삶을 풍성하게 채우실 것입니다.

삼손은 또한 묶여 있었습니다. 여러분 중 수백 명도 삼손처럼 죄악된 습관에 묶여 있습니다. 그러나 그리스도께서 여러분이 알지 못한 자유를 주실 것입니다. 여러분은 돈과 마귀와 타락과 질투와 술과 수 천 가지 일의 종입니다. 사단이 조종하는 대로 여러분은 움직입니다. 그러나 예수님은 모든 사슬을 끊으십니다.

많은 사람들이 넓은 문, 넓은 길로 갑니다. 나는 오늘 여러분이 그 자리에서 돌이켜서 그리스도께 여러분의 삶을 드리기 원합니다. 삼손은 하나님께 용서를 빌었습니다. 하나님은 그의 죄를 용서하셨지만, 그의 눈먼 상처는 그대로 두셨습니다. 눈먼 삼손은 다곤 신전 기둥으로 가서 그것을 넘어뜨림으로 이스라엘에게 가장 큰 승리를 가져다주었습니다. 그리고 그렇게 힘을 사용하는 중에 그는 죽었습니다. 그의 죄에 대하여 생명을 값으로 지불한 것입니다.

a. 해석학적 분석과 평가

알렌(David L. Allen)이 "설교자의 목적은 모든 기술적 탁월함과 능력을 통하여 본문이 드러나도록 하는 것이다"[259]라고 한 것은 설교의 본질을 잘 지적한 말이라고 생각이 된다. 설교자는 자신의 생각이나 뜻을 전하는 자가 아니라 성경 본문이 전하고자 하는 바를 전하는 자가 되어야 한다.

　설교자에게는 성경이 전하는 내용과 상관없이 자신이 전하고자 하는 내용을 성경의 본문을 사용해서 전할 위험성이 있다. 자신의 목적이 성경 본문의 목적보다 우선할 때에 설교자는 자주 이런 함정에 빠지게 된다.

　빌리 그레이엄 탁월한 전도자이다. 그가 설교하는 거의 모든 목적은 주로 사람들을 그리스도께로 인도하는 데 있었다. 이런 그의 설교의 특징이 본문을 다룸에 있어서 어떤 문제점을 일으키는지 살펴보자.

1) 구속사적, 그리스도 중심적 해석인가?

그레이엄의 삼손설교는 보통의 설교들과는 달리 철저하게 전도를 목적으로 구성이 되었다. 그러다 보니 본문 자체에 대한 심도 깊은 연구나 구속사적인 인물로서의 위치와 같은 것들은 거의 다루어지지

---

259) Daniel Akin·David Allen·Ned Mattews, 『하나님의 명령—본문중심으로 설교하라』, 김대혁 옮김 (서울: 베다니출판사, 2011), 14.

못하고 있다. 이러한 점은 이 설교가 지닌 큰 약점이라고 할 수 있을 것이다. 그러나 본문을 해석함에 있어서 그리스도 중심적인 방법을 사용하고 있지는 못하지만, 그의 설교 전반이 그리스도를 향하고 있다는 점만은 높이 사야 할 것이다.

2) 하나님에 대한 반응으로서 인물의 행위를 해석했는가?

그레이엄이 설교 중에 계속해서 청중을 그리스도에게로 인도하려고 하는 점은 매우 긍정적인 면이다. 그는 죄악된 인생들에게 오직 유일한 소망은 그리스도밖에 없다는 사실을 분명하게 전달하면서 청중에게 강력한 윤리적 결단을 요구하고 있다. 그러나 문제는 이러한 윤리적 결단에의 요구가 구속사적 성경해석의 결과로 나타난 것이 아니라, 삼손의 삶을 단순하게 윤리적, 모범적으로 이해함에서 나온 것이라는 사실에 있다.

3) 내러티브를 정당하게 해석했는가?

그레이엄은 나름대로 내러티브적인 요소를 최대한 살려 말씀을 전하려고 한 것으로 보인다. 하지만 본문을 해석하고 다루는 데 있어서 신중하지 못한 면들이 자주 보인다. 제목에서 이미 드러내고 있는 것처럼 그는 삼손과 들릴라와의 문제가 발생한 시기를 10대 청소년기로 보고 있다. 하지만 본문을 좀 더 자세히 살펴본다면 삼손이 블레셋 여인과 혼인을 하겠다고 한 때가 벌써 10대는 넘었을 것이고, 그 후로 20년간을 사사로 지내던 중, 생의 마지막 부분에 들릴라와 문제가 발생한 것으로 보아야 한다(삿 14:1과 15:20 참조). 그러므로 삼손을 10대 청소년으로 직접 해석한 것은 바른 것으로 보이지 않는다. 그러한 해석은 오직 사사기 15:20을 삼손의 전 인생으로 해석할 때에만 가능한 것이다.

b. 설교학적 분석과 평가

1) 정확한 본문 제시 여부
그레이엄은 본문을 매우 생동감 있게 재구성해서 전달하는 능력이 있다. 그는 자신이 전도하고자 하는 대상들에게 합당하도록 본문을 구성해서 매우 적절하게 전달한다. 하지만 본문 자체에 대한 좀 더 상세하고 정확한 분석에는 크게 관심이 없어 보인다.

그레이엄의 설교는 목적 자체가 당시 10대 청소년들에게 복음을 전하는 것에 집중되어 있음으로 인해 성경 자체의 이야기에 귀를 기울이기보다 자신의 목적에 성경을 맞추어 나가게 된 것으로 보인다. 이런 점은 설교자들이 항상 주의해야 할 문제들 가운데 하나다.

2) 전기적 설교 여부
그레이엄의 설교는 아쉽지만 전기적 설교로 흐르고 있다. 그가 전하는 설교의 내용은 철저히 약점 많은 삼손의 삶을 반면교사로 삼아 윤리적으로 바른 삶을 살아야 한다고 설득하는 형식이다. 그러나 설교는 단지 인물의 전기를 기술하는 것이 아니라 하나님에 관한 것이어야 한다. 이 점에서 이 설교를 인물설교의 모델로 삼아서는 안 될 것이다.

3) 시간적 간격을 무시한 조급한 동일시 여부
그레이엄은 이 설교에서 구약 삼손 시대와 오늘의 청중들이 살고 있는 시대 사이에 존재하는 역사적-문화적 간격을 거의 고려하지 않고 있다. 예를 들어, 삼손 때에 7일 동안 결혼식 잔치가 열렸다는 것과, 이 시대 청소년들에게 지나치게 많은 여가가 주어진다는 것이 같은 차원으로 해석될 수 있는 것들일까? 농경사회와 도시사회의 생활양식의 차이와 결혼식이라는 특별한 의식과 그냥 일반적인 여가가 많은 것과는 구별이 되어야 마땅할 것이다. 하지만 그레이엄은 이러한 차이점을 무시하고 삼손 시대의 삶을 이 시대에 그대로 적용하는 잘못을 범하고 있다.

4) 적실한 적용의 여부
그레이엄은 당시 타락해 가는 10대들을 위해 설교했다. 그들을 전도하기 위해 안타까운 마음으로 말씀을 전했을 그의 마음이 느껴지는 설교이다. 이런 면은 상황을 잘 고려한 적실성 있는 설교라고 생각된다. 하지만 앞서 지적한 바와 같이 설교의 적합성에 대해서는 의문을 제기하지 않을 수 없다. 적합한 성경 내용과 함께 이런 적실한 설교들이 전해진다면 이 시대에도 여전히 놀라운 부흥은 가능할 것이다.

B. 한국교회 설교자들의 삼손설교

이제부터는 한국교회 안에서 찾아볼 수 있는 삼손설교에 대하여 생각해 보자. 필자는 이곳에서 삼손이란 인물을 대상으로 설교를 한 각 교단(장로교, 침례교, 감리교, 순복음, 기장 등)의 대표적 설교자들의 설교를 한 편씩 살펴보려고 한다.

1. 옥한흠 목사의 삼손설교

제목: 삼손 밑 빠진 독에 물을 붓다.[260)]
본문: 사사기 16:15-22

삼손은 아무리 영광스러운 인물이라도 시험을 이기지 못하면 비참해
진다는 진리를 가르쳐 줍니다. 삼손은 나실인으로 구별되었기에 머
리에 삭도를 대거나, 포도주와 독주를 마시거나, 시체를 가까이 해
서는 안 되었습니다. 삼손은 이 문제들에 대해 끊임없이 사단의 시험
을 받았습니다.

　신자에게도 하나님의 자녀가 되었기 때문에 해서는 안 될 일들이
있습니다. 거룩하고 성결한 삶을 살도록 되어 있는 그리스도인들의
삶을 무너뜨리기 위해 계속 시험들이 다가옵니다.

　삼손에게는 하나님이 주신 초자연적인 힘이 있었지만, 이 힘을 약
화시키려는 시험이 계속해서 그를 괴롭혔습니다. 우리에게도 하나
님께서 성령을 주셨고 누구든지 성령을 받으면 능력을 얻는다고 했
습니다. 그런데 이 능력을 약화시키기 위한 시험이 얼마나 많은지 모
릅니다.

마귀는 신자를 질투한다.

마귀가 하나님의 백성을 시험하는 이유는 질투하고 미워하기 때문입
니다. 마귀는 삼손을 미워하고 질투했습니다. 삼손에게는 탁월한 면
이 있었기 때문에 끝까지 그를 따라다니며 시험했습니다. 마귀의 시
험에 하나님의 자녀가 무릎을 꿇는다면 이것만큼 비참한 것이 없습
니다.

---

260) 옥한흠, 『시험이 없는 신앙생활은 없다』(서울: 국제제자훈련원, 2003), 157-63 참조. 이 설교는 설교 원고
　　그대로를 축약 형식으로 옮긴 것이 아니라 설교에서 전달하고자 하는 의미를 중심적으로 요약한 것임을
　　밝힌다.

밑 빠진 독을 고쳐라.

삼손이 마귀의 시험에 넘어졌을 때, 그는 사정없이 삭발을 당했습니다. 그는 사로잡혀서 두 눈이 뽑혔고, 어두운 감옥에서 맷돌을 돌리는 비참한 신세가 되었습니다.

이 시대를 사는 하나님의 자녀가 마귀의 시험에 무릎 꿇으면 하나님의 자녀답게 살지 못하는 비극이 따라옵니다. 신자의 비극은 하나님께로부터 받은 은혜가 적은 데 이유가 있지 않습니다. 시험에 걸려 넘어지기 때문에 하나님으로부터 받은 은혜를 지키지 못하는 것입니다.

자기를 보지 말고 적을 보라.

시험을 당할 때 흔히 빠지기 쉬운 함정은 "아무래도 나에게는 소망이 없는 것 같아"라면서 좌절해 버리는 것입니다. 이처럼 자신감을 잃게 하는 것이 마귀가 잘 사용하는 계교입니다. 마귀의 정체를 파악한 다음 어떻게 대적할지 연구하십시오. 연구 방법은 하나님의 말씀을 읽고 기도하는 것입니다.

강한 자가 넘어진다.

마귀가 계속 공격해 올 때 약하다고 생각되는 부분이 있으면 피해야 합니다. 유혹 당하기 쉬운 곳에는 가거나 보지 말아야 합니다. 삼손은 이렇게 하지 못했습니다. 자신의 힘을 과신한 교만이 삼손을 얼마나 어리석게 만들었는지 모릅니다. 교만한 자는 마귀가 가장 꺾기 쉬운 대상입니다.

삼손의 생애에는 기도가 없었다.

기도는 시험 당하는 자들을 돕기 위해 기다리고 계시는 주님 앞으로 나아가는 것입니다. 그런데 이 기도를 하지 않는 것은 교만을 나타내는 것이나 다름없습니다. 삼손은 기도하지 않아서 마귀에게 넘겨졌습니다.

우리가 기도하면 하나님은 우리의 발이 시험의 그물에 걸리지 않게 도와주십니다. 약한 부분을 알고도 기도하지 않기 때문에 그 게으름과 교만을 뚫고 마귀가 들어오는 것입니다. 부지런히 성경을 읽으십시오. 그리고 당신의 약한 부분을 주님이 대신 지켜 주시도록 기도에 힘쓰십시오. 그러면 마귀가 아무리 우는 사자와 같이 덤벼도 당신을 쓰러뜨릴 수 없습니다.

a. 해석학적 분석과 평가

1) 구속사적, 그리스도 중심적 해석인가?

이 설교는 주로 모범적인 해석 방식을 따라 작성이 되었다. 그는 삼손이 들릴라의 유혹을 받은 것과 성도들이 사단의 시험을 받는 것을 대비시키면서 영적 전쟁을 잘 감당해야 한다는 내용으로 본문을 정리한 후, 그 영적 전쟁을 잘 감당하는 길은 기도에 있다고 했다. 삼손의 실패는 기도하지 않았기 때문이라는 그의 주장이 이 점을 드러내 준다. 이상으로 살펴볼 때 옥한흠 목사의 설교는 삼손을 사단의 유혹에 넘어져 타락한 자로 규정하고, 그의 행위를 닮지 말아야 한다는 사실을 교훈한 것으로 보인다.

그러나 본문을 해석하기 위해서는 무엇보다 먼저 구속사적이고 그리스도 중심적인 측면에서 본문이 어떻게 이해되어야 하는지를 살펴야 한다. 설교자는 윤리적이고 모범적인 방식으로 본문을 보고자 하는 생각을 벗어나야 한다. 삼손이 이러저러한 잘못을 했기 때문에 그런 형벌을 받는다는 식의 생각을 먼저 해서는 본문의 핵심적인 내용을 찾기가 쉽지 않다. 우선 설교자는 하나님이 역사 속에서 행하시는 일들에 먼저 주목해야 한다.

그렇다면 본문에서 하나님의 행하시는 일들은 어떻게 드러나고 있을까? 그것은 삼손이 머리카락이 잘리고 하나님이 삼손을 떠나신 이후에 벌어진 사건을 통해 알 수 있다. 하나님이 함께하지 않으실 때에 삼손은 아무런 힘도 가질 수 없었다. 즉 하나님은 삼손의 힘의 근원이셨다는 말씀이다. 이것이 본문에서 가장 중요한 핵심 포인트 가운데 하나가 되어야 한다.

2) 하나님에 대한 반응으로서 인물의 행위를 해석했는가?

앞서 언급한 바와 같이 옥한흠 목사는 이 설교에서 삼손의 모든 실패의 원인은 기도를 하지 않은 것 때문이라고 정리하고 있다. 이것은 인생의 화와 복을 단순히 인간적인 행위에 달린 것으로만 보는 견해를 따른 것으로 여겨진다. 그리고 삼손이 기도하지 않았다는 해석은 그 자체에도 조금 문제가 있다. 분명히 삼손 내러티브에는 이 사건 이전에 삼손의 기도가 발견된다. 삼손은 라맛 레히에서 "목이 말라 여호와께 부르짖어" 간구한 적이 있었다. 삼손이 기도했다는 기록이 자주 나타나지 않는다는 지적은 옳다. 하지만 당대 이스라엘이 전혀 하나님을 찾지 않는 분위기에서 삼손의 기도가 기록되어 있다는 것은 그가 그런 불신앙의 세상 한가운데서 하나님을 찾는 사람이었음을 보여 주는 구절은 아닐까?

3) 내러티브를 정당하게 해석했는가?

삼손과 들릴라의 관계에 대한 내러티브는 신중한 해석이 필요하다. 하나님께서는 삼손에게 일생 동안 머리에 삭도를 대지 말라고 명령하셨다. 사실상 이것만이 삼손 본문에서 나실인 삼손에게 분명하게 주어진 유일한 명령이었다. 삼손이 머리카락을 기르고 있다는 것은 그 약속이 지켜지고 있는 것이고, 머리카락이 잘렸다는 것은 그 약속이 파기되었음을 의미한다. 삼손은 그 약속을 끝까지 지키길 원했지만 삼손의 사랑을 배신한 들릴라로 인해 머리카락을 잘리고 말았다. 그리고 하나님도 그를 떠나셨다.

이 부분에서 삼손을 비난하고 어리석다고 조롱하거나, 왜 그런 여자를 가까이했느냐고 손가락질할 수도 있다. 그러나 앞서 지적한 바와 같이 삼손의 사사로서의 위치 즉 이스라엘의 구원자 된 위치를 중심에 놓고 본다면, 이 말씀에서 정말 사단의 속임수에 넘어가서 자신의 축복 받을 기회를 놓쳐 버린 사람은 들릴라라고 해석할 수도 있다. 들릴라는 블레셋 방백들이 자신에게 제안한 많은 돈에 넘어가서 구원자인 삼손을 배신하고 세상 물질을 따라 가 버린 가룟 유다와 같은 사람이 되고 말았던 것이다. 들릴라는 삼손의 편에 섬으로 영원하신 하나님과 동행하는 축복을 누릴 수도 있었다. 하지만 그녀는 물질의 유혹에 넘어가 가장 큰 영적 축복을 받을 수 있는 위치를 놓쳐 버린 어리석은 사람이 되고 만 것이다.[261]

들릴라의 배신으로 한순간 하나님 나라의 모든 사역들이 방해를 받고 끝장나 버린 것처럼 보였다. 하지만 하나님께서는 다시 삼손에게 힘을 주셨고, 눈이 멀고 이방인의 조롱거리가 되었던 삼손을 통해 이전보다 더 놀라운 구원의 역사를 이루셨다. 이것이야말로 본문의 가장 핵심이 되는 내용으로 보인다. 그리고 이렇게 볼 때에 삼손의 전기가 아니라 하나님의 이야기가 될 수 있는 것이다.

삼손은 비록 눈이 멀고 이방인의 조롱거리로 전락된 비극적인 위

---

261) 들릴라가 본래부터 블레셋과 한 통속으로 움직이고 있는 것처럼 본문을 볼 수도 있을 것이다. 하지만 필자가 보기에는 들릴라가 삼손을 배신한 데에는 블레셋 방백들이 제시한 거금이 원인이 되었을 것이라는 생각이 더 강하게 든다. 이 부분에 대한 좀 더 자세한 논의는 제4장에서 할 것이다.

치에 떨어졌어도 유일하고 참되신 구원의 하나님을 의지하고 끝까지 믿었다. 그는 이스라엘의 구원자로서의 자신의 사명을 기억하고 기도하며 하나님의 은혜를 구했다. 그러자 다시금 하나님은 그에게 응답하셨다. 그리고 그에게 다시 힘을 부어 주셨다. 결국 그의 최후를 통해 큰 영광을 받으셨다. 이런 삼손의 행위는 바로 하나님의 구속 역사에 반응하는 신자의 모습이라고 보아야 하지 않을까? 그리고 이런 해석이 본문을 하나님 중심으로 해석하는 것이 아닐까?

b. 설교학적 분석과 평가

1) 정확한 본문 제시 여부

옥한흠 목사가 성경 본문을 중심으로 설교를 하고 있는 것은 분명하다. 그러나 설교에서 정확한 본문의 내용을 제시하지 않고 일부분의 내용만을 끄집어 내어 자신의 목적대로 설교를 행하는 것은 아쉬운 면이다. 사실 청중 가운데에는 들릴라와 삼손 사이에 구체적으로 어떤 일이 일어났는지 전혀 알지 못하는 이들도 많았을 것이다. 그러므로 청중에게 본문의 사실들을 정확하게 제시해 주는 것은 설교에 대한 바른 이해를 위해 반드시 필요한 것이다.

2) 전기적 설교 여부

이 설교에서 옥한흠 목사는 초두에 "삼손의 짧은 자서전을 통해 하나님의 자녀들에게 가르쳐 주기 원하는 하나의 산 진리를 배우려고 합니다" [262]라고 말한 것을 찾아볼 수 있다. 이것은 옥한흠 목사의 설교가 삼손 이야기를 전기적으로 다루고 있었음을 보여 주는 것이라

---

262) 옥한흠, 『시험이 없는 신앙생활은 없다』, 157.

고 생각된다. 물론 삼손의 이야기를 자서전 식으로 소개하는 것만으로 전기적이라 말하는 것은 옳지 않다. 성경인물설교에서 인물의 삶에 대해 소개하는 것 자체가 잘못된 것은 아니기 때문이다. 하지만 이 설교는 삼손의 자서전을 소개하고 그 자체로부터 교훈들을 이끌어 내고 있다는 것이 문제점이다. 성경은 삼손에 관하여 이야기하는 것이 목적이 아니다. 그를 통해 일하시는 하나님을 드러내는 것이 목적이다. 그러므로 삼손 내러티브를 다루는 기본적인 시작점이 달랐다는 점은 문제라고 할 수 있다.

3) 시간적 간격을 무시한 조급한 동일시 여부

그의 설교에서 시간적 간격을 무시한 조급한 동일시는 크게 나타나지 않는 것으로 보인다. 성경에서 나름대로 초상황적인 메시지를 뽑아내려고 했음을 알 수 있다. 이를테면 삼손이 들릴라에게 당한 유혹을 신자에게 임하는 시험으로 초상황화한 후에 적용한 것이다. 설교자들은 이 설교에서 보여 주는 것처럼 항상 "메시지가 구체적으로 표현해 낸 그 원리를 찾도록 노력해야"[263] 함이 마땅하다.

4) 적실한 적용의 여부

전체적으로 이 설교는 매우 설득력이 있고 성도들에게 깊은 도전과 감동을 주었을 것으로 생각이 된다. 그 이유는 설교가 청중이 삶의 현장에서 항상 경험하는 실제적인 유혹의 문제를 다루고 있기 때문이다. 다만 앞서 지적한 다른 설교자들의 경우에서와 같이 적합성에 있어서는 좀 더 깊은 본문 분석이 필요하지 않았는가 하는 생각이 든

---

263) Sidney Greidanus, "구약성경 본문 설교에서 적용 문제", 윤영탁 역편, 『구약신학논문선집』(수원: 합신대학원출판부, 2012), 603.

다. 하지만 성도들의 삶의 현장에 관심을 갖는 설교자들의 모습은 모든 설교자들에게 큰 도전이 될 만한 점이다.

2. 이동원 목사의 삼손설교

제목: 기적의 아들 삼손 [264]
본문: 사사기 13:1-8

마노아 부부에게는 자식이 없었습니다. 이것은 당시 이스라엘 사회에서 최대의 저주였고 수치였습니다. 그런데 이 가정에서 삼손이라는 아들을 낳았습니다. 삼손은 기적의 아들이었습니다. 이 기적이 일어날 수 있었던 배경은 무엇이었을까요?

하나님의 은혜

당시 범죄한 이스라엘이 고통을 당하고 있는 중에 하나님께서는 그들을 구출하기 위해 사사를 예비하셨는데 그가 바로 삼손입니다. 삼손의 탄생은 개인적으로는 희망을 잃었던 마노아와 그의 아내에게 베풀어 주신 하나님의 은혜였습니다.

　은혜의 사역은 주님 편에서 시작되는 것입니다. 이들을 찾아와 주신 여호와의 사자는 "기묘"였습니다. 이사야 선지자는 장차 오실 메시야를 "기묘자"라고 하셨는데 바로 이 놀라운 분이 놀라운 방법으로 슬픔과 절망에 젖어 있는 여인에게 찾아오신 것입니다. 기적은 은혜 안에 있습니다. 하나님을 믿고 그분께 모든 것을 맡길 때 하나님의 은혜와 사랑이 당신에게 임하여 기적이 일어날 것입니다.

거룩함

---

264) 이동원, 『이렇게 시대를 극복하라』 (서울: 도서출판나침판, 1993), 156-68.

죄가 있는 곳에 은혜를 주시니까 더 큰 은혜를 힘입기 위해서 죄를 더 짓자고 해서는 안 됩니다. 하나님의 사랑과 관용을 그런 식으로 해석해서는 안 됩니다.

은혜의 기적이 나타나기 위해서는 죄에서 돌이키는 회개가 필요합니다. 하나님께서 블레셋의 세속 문화에 휩싸인 이스라엘을 구원할 자로 택한 사람이 삼손입니다. 그를 잉태하면서 하나님은 그 어머니에게 두 가지 금지 사항을 말씀하셨습니다.

첫째는 포도주와 독주고 둘째는 부정한 것입니다.

하나님이 원하시는 것은 거룩함입니다.

하나님의 은혜로 태어날 삼손도 이 두 가지뿐 아니라 머리를 자르지도 말아야 했습니다. 이 시대를 구원할 사사는 세상의 죄악에서 구별된 사람 세상 사람들의 풍조와 유행에서 구별된 사람이어야 합니다. 기적은 거룩함에 기인합니다.

기도

기적이 일어나지 않는 것은 구하지 않기 때문입니다. 하나님이 우리를 기도하게 하시는 진정한 이유는 우리를 통해 주의 뜻을 이루시기 위함입니다. 주님의 뜻에 우리의 삶의 초점을 맞추고 그 뜻이 이루어지도록 기도할 때에 기적이 일어납니다.

a. 해석학적 분석과 평가

이동원 목사는 한국침례교회 안에서 강해설교자로 매우 유명하다. 그가 쓴 설교집은 많은 설교자들의 서가에서 사랑을 받는 책 중의 하나임이 분명하다. 그는 다양한 성경인물설교도 해 왔다.[265]

---

265) 이동원 목사는 모세와 여호수아, 아브라함, 야곱, 요셉, 엘리야, 엘리사, 느헤미야, 다윗 베드로 등등의 인물을 대상으로 인물설교를 했었다.

1) 구속사적, 그리스도 중심적 해석인가?

이동원 목사는 구속사적인 면을 설교의 첫 대지에서 먼저 다루고 있다. 이것은 성경을 해석하고 이해하는 데 있어서 매우 중요한 면이다. 성경이 하나님께서 그리스도를 통하여 이루시는 구속의 문제를 다루고 있다는 초점을 잃어버리지 않는 것은 설교자에게는 매우 중요한 장점이라 할 것이다.

2) 하나님에 대한 반응으로서 인물의 행위를 해석했는가?

이동원 목사가 이 설교에서 윤리적 반응에 대하여 언급하고 있는 것은 사실이다. 그는 거룩한 삶을 살아야 한다는 사실을 강조하면서 회개를 촉구하고 있다. 그런데 이런 내용에는 큰 문제가 없어 보이지만 이 본문을 다루는 방식에는 조금 문제가 있다.

그가 설교에서 거룩한 삶을 살라고 강조하는 부분은 마노아의 처와 삼손에게 요구되는 나실인의 삶을 근거로 하고 있다. 그런데 사실 삼손이라는 구원자—사사를 보내 주신 사건이 이들의 거룩함의 결과물이라는 해석이 과연 가능할까? 하나님께서 타락한 이스라엘을 구원하시기 위해 행하신 전적인 은혜의 사건으로 보아야 맞지 않을까? 이들에게 나실인의 삶을 지키라고 하신 것은 하나님의 행하실 일들에 대하여 순종으로 반응할 것을 요구하신 것으로 보아야 마땅하지 않을까?

3) 내러티브를 정당하게 해석했는가?

이 설교의 제목은 "기적의 아들 삼손"이라 되어 있고 내용은 어떻게 기적이 일어나는가에 초점을 맞추었다. 그는 하나님의 은혜로 그리고 거룩함과 기도로 기적이 일어난다고 했다. 하지만 이것은 전혀 본문 내용의 핵심을 다루고 있는 것이 못된다. 본문의 내용은 사사 시대의 영적 어둠이 짙어져서 이제 고통 중에도 하나님을 찾고 기도하는 사람조차 하나도 남지 않았던 시절에 마노아라는 사람의 처에게 여호와의 사자가 찾아오셔서 이스라엘을 구원할 아들을 주실 것이니 그에게 명하는 주의점들을 잘 따라 행하라는 것이었다.

8절에서 "마노아가 여호와께 기도하여 가로되……"라는 구절을 가지고 "기도야말로 기적의 언약이 이루어지는 통로입니다"라는 주제를 끄집어내고 있는데 이것도 적절하지 못하다는 생각이 든다. 이 구절은 자기 아내가 여호와의 사자를 통해 아이를 낳게 될 것이라는 말을 들었다는 소리를 듣고 확인 차 드린 기도였다. 그러므로 이미 기적은 그 이전에 시작된 것이었는데, 억지로 기도가 기적의 도구라는 의미를 갖다 붙이는 식이 아닌가 하는 생각이 들게 한다. 물론 기도가 기적을 일으키는 도구가 될 수 있다. 하지만 본문의 기도는 그런 의미와 상관이 없는 것이다.

이상에서 살펴본 바와 같이 그의 가정에 일어난 기적이 거룩함 때문이었다든지, 혹은 기도를 했기 때문이었다든지라는 해석은 사실상 전혀 본문이 전하는 바가 아니다. 본문에는 오직 하나님의 섭리와 은혜만이 드러나 있을 뿐이다. 결국 이동원 목사는 본문의 내러티브를 올바르게 해석하고 있지 못하다고 할 수 있다. 설교자의 가장 큰 의무 가운데 하나가 바로 본문이 뜻하는 바를 올바르게 파악하는 일임은 두말할 필요가 없다.

b. 설교학적 분석과 평가

1) 정확한 본문 제시 여부

이동원 목사의 설교에는 본문을 주의 깊게 이해하지 못한 부분들도 눈에 보인다. 그는 나실인에 대해서 이렇게 말했다. "나실인은 나실 사람이라는 의미가 아닙니다. 이는 히브리어로 『나지르』인데 '구별 된 사람' 이라는 뜻입니다. 평생을 하나님께 바친 사람입니다."[266]

그러나 나실인의 경우 평생을 드리는 사람도 있지만 대개는 일 정한 기간만 나실인으로 자신을 구별하여 드리는 사람임을 민수기 6:1-21은 설명해 주고 있다. 사실 성경에서 나실인의 삶에 대한 명 확한 설명은 이 구절 외에는 발견할 수가 없다. 그러므로 평생을 나 실인으로 보내는 사람들은 특별한 경우라 해야 할 것이다. 나실인은 평생을 구별하여 드리는 사람이라는 표현은 잘못된 것으로 볼 수 있 다. 설교자들이 성경 본문을 정확하게 이해하고자 애쓰지 않으면, 매우 사소해 보이지만 설교의 권위를 떨어뜨리는 이런 실수를 범하 기 쉽다.

2) 전기적 설교 여부
이 설교는 구속사적인 면을 담고 있기는 하지만 전반적으로는 전기 적인 면이 매우 강하게 드러난다. 즉 하나님의 은혜에 대해 언급하기 도 하지만 구속에 대한 반응과 상관없는 인간적인 노력과 의지에 의 해서도 기적이 가능한 것처럼 동시에 묘사하는 문제점이 있는 것이다.

3) 시간적 간격을 무시한 조급한 동일시 여부
설교 중에 간간히 성경 시대와 오늘날 청중의 시대 사이에 존재하는 시간적 간격을 무시한 해석들이 보이기도 한다. 그는 포도주와 독주 를 먹지 말라는 교훈을 가지고 금주에 대한 교훈을 한다.

---

266) 이동원, 『이렇게 시대를 극복하라』, 165.

"음주문화가 발달하면 그 시대가 망하기 시작한다"[267]고 강하게 비판하면서 금주가 거룩함의 한 표상인 것처럼 묘사한다. 그런데 나실인이 행하여야 했던 포도주와 독주에 대한 금기가 오늘날의 금주와 과연 직접적으로 연결될 수 있는 것인지는 의문이다. 물론 금주는 한국 기독교의 입장에서 보면 좋은 일이다. 하지만 그것이 누구에게나 거룩함의 표상으로 제시될 수 있는지는 논란의 여지가 있다. 서구사회에서 포도주와 같은 것들을 상용하는 나라들도 있고 성경에서 건강을 위해 디모데에게 포도주가 권유되기도 한 일들을 통해 본다면 과연 이런 식의 설교가 이 시대 청중에게 해당이 된다고 할 수 있는지 의문이 든다. 그리고 민수기 6장의 나실인 서약에서 포도주에 대한 금기는 단지 술에 대한 금기가 아니라 포도나무의 소산 전체에 대한 금기라는 사실을 알아야 할 것이다.

4) 적실한 적용의 여부

이 설교는 이 시대 청중이 기대하는 바를 정확히 읽고 그 필요를 충족시켜 주는 데 매우 탁월한 설교라고 생각이 된다. 아마 기적을 간절히 소원하는 청중이 이 설교를 들었다면 마음이 후련해졌을 것이다. 이런 점들은 설교자들이 많이 참고해야 할 점들이다. 하지만 앞서 지적한 바와 같이 이 설교의 내용의 적합성을 묻는 질문을 한다면 조금 다른 평가를 할 수밖에 없다. 즉 이 설교에는 본문에 대한 바른 메시지로 구성되었다고 받아들이기 힘든 부분들이 종종 눈에 뜨인다는 것이다. 이런 점에서 이동원 목사의 삼손설교는 전반적으로 본문을 좀 더 신중하게 연구하여 작성이 되었더라면 좋지 않았을까 하는 생각이 든다.

267) 이동원, 『이렇게 시대를 극복하라』, 163-64.

3. 김학중 목사[268]의 삼손설교

제목: 영웅의 기초[269]
본문: 사사기 13:2-4

삼손은 최악의 상황에 빠진 이스라엘 백성들을 구원하기 위하여 부름을 받은 영웅이었습니다. 오늘 말씀을 통해, 우리의 가정과 교회가 이 세상의 위대한 영웅과 지도자들을 길러내는 '소망의 요람' 이 될 수 있기를 간절히 축원합니다.

1. 부모는 자녀의 인생 교과서입니다.

아이가 생기지 않던 삼손의 어머니에게 어느 날 천사가 나타나 이스라엘을 구원할 영웅을 낳을 것이니 삶을 단정히 하라는 말씀을 합니다. 천사는 장차 태어날 아이가 '나실인' 이 될 것이라고 말합니다. '마노아' 의 아내는, 남편에게 자신이 '하나님의 사람' 을 만났다고 전했고, '마노아' 는 자신의 아내가 만났던 '하나님의 사람' 을 다시 만나게 해 달라고 간구해서 그를 만났습니다.

'마노아' 는 그에게 "이 아이를 어떻게 기르며, 우리가 그에게 어떻게 행하리이까?"(삿 13:12)라고 물었습니다. 즉 '영웅을 기르는 육아법' 에 대하여 질문하였던 것입니다. 그런 '마노아' 에게, 천사는 오히려 '어머니가 지켜야 할 음식물 주의사항' 만을 다시 강조하였습니다. 하나님은 영웅이 크려면 그 아이 자체보다, 부모의 건전한 삶이 더 중요하다는 것을 강조하셨습니다. 왜 그럴까요? 자녀들의 인생의 진정한 교과서는 바로 부모의 인격과 삶이기 때문입니다.

---

268) 김학중 목사는 감리교회 목사로 꿈의 교회를 개척하여 안산시의 대표적인 대형 교회 중의 하나로 성장시켰고 활발한 방송 활동과 부흥회 그리고 교수 사역으로 감리교회의 차세대 리더 가운데 하나로 인정받고 있다.
269) 아래의 설교문은 2012년 7월 8일에 꿈의 교회 주일 낮 예배에 선포된 내용을 요약한 것이다. http://dream10.org/dream/sermon/view.jsp?menu=A&page=4&sernum=2864&sermoncat=1

2. 하나님은 예배하는 가정을 사랑하십니다.

'마노아'는 자신 앞에 서 있는 사람이 천사라는 사실은 깨닫지 못한 채, 푸짐하고 특별한 염소고기를 대접하겠다고 제안했습니다. 그러나 하나님의 천사는 단번에 거절하면서, 이렇게 말했습니다. "번제를 준비하려거든 마땅히 여호와께 드릴지니라"(삿 13:16). 하나님의 천사는 '마노아'에게 모든 감사와 영광의 대상이 하나님이심을 가르치려고 하였습니다.

예배가 회복된 '마노아'의 가정은 이전과는 크게 달라졌습니다.

첫째, '마노아'의 가정에 남다른 꿈이 생겼습니다.

'마노아'의 아내는 아들의 이름을 '삼손', 즉 '태양'이라고 지었습니다. 하나님께서 자신의 아들을 '민족의 태양'으로 세워 주실 것을 바라고 믿었다는 뜻입니다.

둘째, '마노아'의 가정에 하나님의 복이 찾아왔습니다.

특별히 '성령 충만'의 복이 찾아왔습니다.

"그 아이가 자라매 여호와께서 그에게 복을 주시더니, 소라와 에스다올 사이 마하네단에서 여호와의 영이 그를 움직이기 시작하셨더라"(삿 13:24-25).

즉 '성령 충만'한 가정은 아름답고 행복한 가정으로 성장하게 됩니다. 우리의 가정을 위해서, 특히 우리의 자녀들을 위해서, 우리 가정에는 성령님의 도우심이 절실히 필요합니다.

a. 해석학적 분석과 평가

1) 구속사적, 그리스도 중심적 해석인가?

이 설교는 거의 모범적인 성경해석의 방법을 따르고 있다. 삼손 부모의 삶이 영웅을 길러낸 토대가 되었다는 사실을 강조하면서 그런 그들의 삶을 따르자는 것이 설교의 핵심 내용이다.

그러므로 이 설교에는 구속사적이고 그리스도 중심적인 내용이 전혀 고려되지 않았음을 알 수 있다. 이것은 설교의 핵심을 빼고 설교하는 것과 같다고 할 수 있다. 왜냐하면 앞서 이미 지적한 바와 같이 예수 님께서는 구약도 당신 자신에 대한 말씀이라고 교훈하여 주셨기 때 문이다.

2) 하나님에 대한 반응으로서 인물의 행위를 해석했는가?

김학중 목사는 신자가 따라야 할 모범을 제시하기는 한다. 하지만 그것은 구속사적인 본문 해석으로부터 나온 것이 아니다. 그가 전 하는 윤리는 영웅을 길러내기 위해 필요한 삶의 태도라고 해야 할 것이다.

3) 내러티브를 정당하게 해석했는가?

설교자는 자신의 뜻을 전하는 자가 아니라 본문에 나타난 하나님 의 뜻을 바르게 풀어 전하는 자이어야 한다. 문제는 설교자가 자신 이 전하고자 하는 바를 먼저 정하고 성경 본문을 자신의 뜻에 맞게 해석할 때 일어난다. 설교자가 본문의 내용을 언급하고 있기는 하지 만 결코 그 내용들이 본문에서 전하고자 하는 내용은 아닌 경우들이 많다.

위에서 본 김학중 목사의 설교도 그런 부분이 엿보인다. 본문에서 김학중 목사는 마노아와 그의 처가 이스라엘의 영웅인 삼손을 길러 낼 수 있었던 것은 부모가 자녀의 인생의 교과서가 되어 주고, 예배 하는 가정을 이룬 특별한 원인이 있었기 때문이라고 한다. 그런데 과 연 본문을 가지고 이런 해석을 할 수 있는 것일까?

실제 삼손이 영웅이 되는 데 있어서 조금이라도 그 부모가 보여준 모범으로부터 영향을 받은 것이 있는가? 삼손은 처음부터 그렇게 살도록 태어난 사람이 아니었던가? 이스라엘을 구원할 구원자로 태어난 삼손이 영웅이 되는 것에 있어서 그의 부모가 어떤 본을 보여주는가 하는 문제가 정말 본문에서 중요한 문제가 될 수 있는가? 이 설교는 이런 문제를 전혀 고려의 대상으로 삼지 않는다.

마노아가 아이를 어떻게 길러야 하는지를 천사에게 묻는 것은 아내의 말을 재확인하기 위함으로 보아야지, 영웅을 길러내기 위한 양육법을 알아보기 위한 것으로 볼 수는 없는 것이다.

이런 점은 군데군데 등장하는데 마지막 부분에서 예배가 회복된 가정에 성령 충만의 복이 찾아왔다고 하는 것도 본문의 흐름과 상관이 없는 것으로 보인다. 당시 하나님의 영은 오늘과 같은 방식으로 사역을 하지 않으셨다. 구약에서 하나님의 영은 어떤 목적을 위해 간헐적으로 임재하셨다. 여기서는 삼손이 이제 자라 성인이 되었기에 하나님의 영이 그로 하여금 블레셋의 손에서 이스라엘을 구하도록 움직이기 시작하셨다는 의미로 보아야 한다. 그것으로 인해 가정이 행복해졌다는 식의 해석은 아전인수식이라 아니할 수 없다.

그러므로 이 설교에서 문제점은 설교자가 먼저 자신의 생각을 가지고 본문에서 필요한 부분을 자신의 뜻대로 이용하고 있다는 점이다. 이럴 경우 참된 하나님의 말씀은 선포될 수가 없는 것이다. 설교자는 내러티브 자체가 이야기하고자 하는 바를 전하는 것이 사명이어야 한다.

b. 설교학적 분석과 평가

1) 정확한 본문 제시 여부

김학중 목사가 설교에서 본문의 내용을 나름대로 풀어 설명하고자 노력했던 것은 설교자에게 매우 중요한 태도이다. 다만 본문의 내용을 풀고 적용하는 과정에서 본문의 의도를 제대로 반영하고 있지 못하다는 것이 아쉬운 점이다.

2) 전기적 설교 여부

김학중 목사의 설교는 철저히 전기적인 방법을 따라 전개 되었다. 삼손의 부모들의 삶이 어떠했는지를 조명하고 그들처럼 행함으로 영웅을 길러내는 부모가 되자고 말하는 것은 삼손의 부모들을 본문의 주인공으로 세우고, 사람들의 모델로 만들어 버린 것이다. 이런 전기적 설교는 결코 성경적인 바른 설교라 할 수 없다.

바른 설교는 하나님을 증거하는 것이어야 한다. 그러나 앞에 제시된 김학중 목사의 삼손설교는 그 방향 자체가 영웅을 길러내는 가정이 어떤 가정인가에 초점이 맞추어지다 보니 자신이 정한 제목에 의해 설교 내용이 조정을 당하는 느낌을 지울 수 없다.

설교 제목을 정하는 자연스러운 방법은 본문을 먼저 선택하고, 그 본문의 중심 의미가 무엇인지를 파악한 후, 본문이 전하고자 하는 핵심을 제목으로 삼으면 된다. 만일 피치 못하게 먼저 제목이 정해진 이후에 본문을 선택해야 한다면 본문이 자신이 정한 제목을 그 내용의 핵심으로 하고 있는지를 잘 살펴야 한다. 이런 것이 없다면 설교는 단지 성경을 근거로 자기 생각을 말하는 것이 되고 말 것이다.

3) 시간적 간격을 무시한 조급한 동일시 여부

김학중 목사는 마노아가 아이를 어떻게 기를까에 대하여 질문한 것을 오늘날의 "영재 교육법"에 대하여 물은 것이라고 말했다. 이런 식의 설교 방식이 바로 시간적 간격을 무시한 조급한 동일시에 해당이 된다고 볼 수 있을 것이다. 사실 마노아의 질문은 우선 아내가 전달한 말들의 진위를 확인하기 위함이었다고 보아야 한다. 그리고 그시대에는 여성이 스스로 나실인 서약을 할 수 없던 때였다. 여성은 자신이 서약을 하기에 앞서 반드시 남편의 동의를 받아야 했던 것이다. 그러므로 여기서 마노아의 간구를 단순한 영재 교육법에 대한 질문이었다고 해석해 버리는 것은 시간적 간격을 철저히 무시해 버린 해석이라 할 것이다.

4) 적실한 적용의 여부

한국 대형교회 목회자들의 큰 특징 가운데 하나는 바로 모두 적실한 적용을 하려고 애를 썼다는 점이다. 어쩌면 그런 이들의 노력이 오늘날과 같은 교회 성장을 이루게 한 원동력이 되었을 것이다. 그러나 앞서 지적한 바와 같이 문제는 적실한 적용이 곧바로 적합한 적용이 되는 것은 아니라는 사실에 있다. 자녀교육에 깊은 관심을 갖는 현대 청중은 김학중 목사가 전하는 이 메시지를 매우 흥미롭게 들었을 것이다. 하지만 이 메시지가 과연 적합한지 여부를 말하라고 한다면 나는 동의하기가 쉽지 않을 것 같다. 지나치게 설교의 적실성에 매달리다가 설교의 적합성이라는 궁극적인 가치를 놓치게 된다면 그것은 매우 불행한 일이다. 설교자는 반드시 적실한 적용과 함께 적합한 해석을 할 수 있어야 한다.

4. 조용기 목사의 삼손설교

조용기 목사는 여의도순복음교회를 개척하여 세계에서 가장 큰 교회로 성장시킨 인물로 유명하다. 순복음교단의 중심인물이라 할 수 있는 조용기 목사의 삼손설교를 연구해 보는 것도 흥미로운 일일 것이다.

제목: 하나님의 나실인, 삼손[270]
본문: 사사기 16:4~21

이스라엘 자손이 블레셋 사람의 손에서 사십 년 동안 고통을 당할 때 그들이 통회하고 자복하며 야웨 하나님을 찾기 시작했습니다. 어느 날 하나님의 사자가 마노아 부부에게 나타나서 아들을 낳을 것이라고 하면서 그 아이는 나실인이 될 것이라고 했는데, 그게 바로 삼손입니다.

삼손이 성년이 되자 결혼하기를 원했습니다. 그는 블레셋 여자를 보고 반했습니다. 부모가 반대해도 그는 부모를 강하게 설득했습니다. 부모 뒤를 따라 삼손이 선을 보러 딤나로 내려가는데 갑자기 젊은 힘 있는 사자 하나가 삼손에게 덤벼들었습니다. 그때 삼손 위에 하나님의 신이 임하더니만 그의 몸이 철근같이 강했습니다. 그는 덤벼드는 사자를 잡고서 쭉 찢어 버리고 말았습니다.

블레셋의 딸과 선을 보고 난 다음에 결혼하기로 작정을 하고 집에 돌아왔다가 결혼식 정한 날에 부모와 함께 내려가는데 딤나 포도원에 찢어서 던진 그 사자 속에 벌들이 와서 꿀을 잔뜩 쳐 놓았습니다. 삼손은 그것을 손으로 움켜서 자기가 먹고 그 부모에게도 주었습니다.

당시에 결혼식은 칠 일 동안 계속했습니다. 삼손은 결혼식장에서 그 블레셋 친구들에게 수수께끼 내기를 했습니다. 그들은 삼손의 아

---

270) 이 설교는 조용기 목사가 1996년 3월 17일에 여의도순복음교회 주일예배 설교를 녹취한 내용을 요약한 것이다. 설교 녹취문을 요약했기 때문에 본문이 조금은 거칠게 느껴진다. 설교는 IPF 국제방송에 녹화본이 있다. http://wbctimes.com/sub_read.html?uid=42268&section=sc7

내를 협박해서 답을 얻어냈습니다. 화가 난 삼손은 블레셋 사람 30인을 쳐 죽이고 옷을 벗겨 내기 값을 지불합니다. 그리고 분노해서 집으로 돌아가 버렸습니다. 그런데 그 사이에 장인이 그 아내를 다른 사람에게 시집 보내 버렸습니다. 삼손이 분노해서 여우 삼백 마리를 잡아서 두 마리씩 꼬리를 묶고 횃불을 붙여서 블레셋 사람의 밀밭과 보리밭에 놓아 버렸습니다.

블레셋 사람들이 분노해서 와서 삼손의 처와 장인을 불로 태워 죽여 버렸고, 삼손은 블레셋 사람들을 도륙함으로 그 일에 대한 원수를 갚았습니다. 후에 삼손은 블레셋 사람 천여 명을 죽이고 이스라엘은 블레셋의 속박에서 해방시키는 큰 역사를 이루었습니다. 그 후 삼손은 들릴라라는 이방 여자 기생과 잘못된 사랑에 빠져 자기 힘의 비밀을 말해 버리고 말았습니다.

"누가 내 머리 일곱 가닥을 잘라 버리면 나는 별도리 없이 힘이 없어진다."

우리들은 다 예수 믿고 난 다음에 영적으로 삼손과 같이 나실인의 일곱 가닥 머리가 자라고 있는 것입니다.

그 첫째의 머리카락은 주일예배 출석 성수주일의 머리카락입니다. 둘째는 기도생활입니다. 셋째는 성경 말씀 공부입니다. 넷째는 회개와 감사생활입니다. 다섯째는 십일조 생활입니다. 여섯째는 봉사생활입니다. 일곱 번째는 전도하는 생활입니다. 마귀는 바로 성도들에게서 이런 머리카락을 잘라버리는 것입니다.

세상은 우리 마음에 들어와 우리 헌신의 머리카락을 한 가닥 한 가닥 잘라 버리고 나중에는 영안을 완전히 멀게 하고 마귀의 쇠사슬로 묶어서 지옥으로 끌고 가는 것입니다. 그러므로 하나님의 나실인으로 성별된 우리는 성령에 의지하여 하나님을 진심으로 섬기며 살아가야 하며 그리스도 이름으로 승리의 삶을 살아야 되는 것입니다.

a. 해석학적 분석과 평가

1) 구속사적, 그리스도 중심적 해석인가?

조용기 목사라는 세계 최대 교회의 목회자의 설교이기 때문에 조금은 내용에 대한 궁금증을 갖기도 한 것이 사실이다. 하지만 내용을 녹취하는 가운데 여러 문제점들이 발견되었다. 우선 이 설교는 전형적인 모범적 윤리적 설교 가운데 하나이다. 조용기 목사는 삼손의 삶을 중심으로 윤리적 삶의 중요성을 강조할 뿐 구속사적 측면이나 그리스도 중심적 해석은 그다지 고려하지 않은 것으로 보인다.

역사적 본문을 다룸에 있어서 그 역사의 주인공이신 하나님을 크게 고려하지 못했고, 하나님이 삼손의 삶을 통해 역사하고 계신 그 세세하고 미묘한 점들을 드러내지 못했다. 삼손의 삶을 단순히 힘세고 위대한 인물의 삶으로만 다룸으로써 본문의 핵심을 빠뜨리는 아쉬움이 있다.

2) 하나님에 대한 반응으로서 인물의 행위를 해석했는가?

조용기 목사가 성도들의 삶에 있어야 할 윤리적 반응을 강하게 요구하는 것은 사실이다. 하지만 그가 요구하는 윤리적 삶은 철저하게 삼손의 실패를 반면교사 삼자는 의미에서 제시되는 것들일 뿐이다. 삼손의 행위들이 하나님과의 관계에서 갖는 의미가 무엇인가라는 관점에서 삼손의 행위들을 다루고 있지 않다.

3) 내러티브를 정당하게 해석했는가?

이 설교는 본문이 내러티브라는 사실에 대한 주의 깊은 관찰을 하지 않은 것으로 보인다. 우선 내러티브를 풀어 나가는 과정에서 그냥 이야기를 나열할 뿐 그 전개의 핵심 내용이 무엇인지를 신중하게 고려하지 않은 듯이 보인다. 시작 부분에서 이스라엘 자손이 블레셋 사람들의 압제를 40년이나 당하며 고통 받게 되자 통회하며 자복했다고 말하는데, 이것은 본문이 말하고 있는 바라고 생각되지 않는다. 사사기의 흐름은 타락이 점점 심화되는 형태로 기록되어 있고, 삼손 시대에 와서는 자신들이 이방인들의 압제를 당하면서도 부르짖었다는 기록조차 없는 것이 그 특징이다. 그래서 삼손과 그보다 앞선 사사들의 사역에 대한 기록에서 자주 비교되는 것 중의 하나가 바로 삼손 시대에는 이스라엘 백성의 기도가 없었다는 사실이다.

조용기 목사의 설교는 또한 알레고리적 해석의 문제점도 보여 준다. 일곱 가닥 머리카락이 의미하는 바를 조용기 목사는 주일예배 출석과 기도와 성경공부와 회개와 감사 그리고 십일조 봉사 전도를 의미한다고 했다. 그러나 그것이 용기와 희망과 사랑과 은혜와 다른 어떤 것들을 의미한다고 하면 안 되는 것일까? 결국 이 모든 것은 오직 자신이 말하고 싶은 바를 말하는 것에 불과한 것이다. 그가 일곱 가닥 머리카락이 의미하는 바라고 해석한 모든 것들은 사실상 설교자 개인의 생각에 불과한 것들이었을 뿐이다.

b. 설교학적 분석과 평가

1) 본문의 정확한 제시 여부

조용기 목사의 설교는 본문의 내용을 취급하고 있다는 점에서는 바람직하게 보인다. 하지만 자신이 설교하고자 택한 본문인 사사기 16:4-21의 내용을 자세히 언급하기보다 그저 삼손의 일생 전체를 나열식으로 진술하고 있는 형식은 문제가 있다. 자신이 읽은 본문의 의미를 충분히 밝히기보다 잘린 머리카락 일곱가닥의 의미를 찾는 일에만 너무 설교가 집중되다 보니 핵심을 놓치고 있다는 생각이 든다.

2) 전기적 설교 여부

이 설교에서 조용기 목사는 특별한 해설이 없이 단지 삼손의 삶을 성경에 기록된 내용 그대로 전달한다. 삼손이 그렇게 행동한 것이 무슨 의미가 있는지조차 별로 언급하지 않고 있는 점은 조금 독특하다. 하지만 그가 삼손의 삶에 대해 정리한 내용들을 자세히 살펴보면 그가 삼손 내러티브를 전적으로 인물의 전기와 같이 취급하고 있음을 쉽게 알 수 있게 된다. 그는 삼손 내러티브를 이야기하면서 하나님의 행하시는 일에 대해 거의 언급하지 않고 있다. 사실 삼손 내러티브에는 이곳저곳에 하나님의 행하시는 일들이 분명하게 드러나 있다. 그리고 삼손 내러티브에서 정말 설교자가 주목해야 할 부분은 바로 그런 부분들인 것이다. 하지만 조용기 목사는 그런 부분들을 거의 언급하지 않고 있다. 즉 그의 설교가 철저히 인물전기적임을 드러내 주는 것이다. 이런 방식의 설교가 가진 문제점은 이미 여러 번 지적한 바 있었다. 설교자가 전하는 것은 어떤 인물에 대한 이야기가 아니다. 하나님을 전하는 것이다. 이 사실을 설교자는 잊지 말아야 한다.

3) 시간적 간격을 무시한 조급한 동일시 여부

이 설교는 오랜 역사적, 시간적 간격을 무시하고 성경 시대의 일을 그대로 이 시대의 일에 적용하는 방식을 사용하고 있다. 이런 것은 그 때의 이스라엘과 오늘날의 한국의 청중, 그리고 그때의 풍습과 지리와 오늘날 한국의 풍습과 지리 등등의 차이점을 전혀 고려치 못한 해석이다. 성경을 설교하는 사람들은 이런 간격의 차이점을 반드시 고려해서 그 간격을 좁히는 작업을 먼저 하지 않으면 안 된다.

4) 적실한 적용의 여부

이 설교는 성도들의 실제적 신앙생활 문제를 다루는 데 매우 탁월해 보인다. 조용기 목사가 삼손의 머리카락 일곱가닥이 의미하는 바라고 해석한 것들을 그대로 받아들이는 신자들이라면 그들에게 요구되는 주일성수나 십일조 혹은 기도와 성경 읽는 삶을 순종함이 마땅하다는 생각을 하게 되었을 것이다.

그러나 문제는 앞서 여러 번 지적된 바와 같이 적용의 적실성은 있으나 적합성에는 문제가 있다는 것이다. 즉 본문의 바른 해석으로부터 나오는 삶에 대한 적용이 있을 때에 비로소 성경적 인물의 삶을 바르게 제시하는 것이라 할 수 있을 것이다.

5. 이중표 목사의 삼손설교

제목: 마지막 기회[271]
본문: 사사기 16:23-31

삼손은 태어날 때부터 하나님의 은혜를 입은 자입니다. 그러나 그는 남다른 용모와 탁월한 지혜와 힘이 있었음에도 불구하고 결국은 그것을 제대로 사용하지 못한 실패한 인간의 모습을 우리에게 보여주고 있습니다.

삼손의 출생

삼손은 마노아의 가정에서 나실인으로 태어났습니다. 그는 얼마나 힘이 센지 사자를 잡아 찢는 것을 염소 새끼를 잡아 찢는 것처럼 했

---

271) 이 설교는 이중표 목사가 한신교회에서 1999년 12월 26일 송년주일에 설교한 내용이다. 이중표 목사는 기장교단의 대표적인 설교자 가운데 한 사람이었던 것으로 알려져 있다. http://cafe. daum.net/eillm/7u yU/44?docid=wcNC7uyU4420060311184437

습니다. 이런 삼손이 부모님의 말을 거역하면서부터 문제가 생겼습니다. 삼손은 부모님의 말을 듣지 아니하고 블레셋 여인을 그의 아내로 삼고자 했습니다. 하지만 블레셋 여인의 아버지는 삼손을 탐탁하게 여기지 않았는지 삼손이 사랑하는 딸을 삼손의 친구에게 출가시키고 둘째 딸을 주려고 합니다. 삼손이 화가 나서 여우 삼백 마리를 잡아 꼬리를 묶어서 그 가운데 불을 질러 블레셋 곡식밭을 전부 불태웁니다.

화가 난 블레셋 사람들이 삼손을 죽이려고 합니다. 삼손이 유대 땅으로 들어가 굴속에 숨어 있는데, 유대 사람들이 그를 굴에서 잡아다가 묶어서 블레셋 사람들에게 내어 줍니다. 그런데 삼손은 묶인 것을 끊어버리고 나귀 턱뼈로 블레셋 사람 천 명을 죽입니다. 삼손은 힘이 세긴 센데 그 힘을 하나님이 시키지 않은 일에 낭비합니다. 그는 순전한 자기감정과 분노에 의해서 힘을 씁니다. 결국은 나중에 블레셋 한 여인에게 포로가 됩니다. 삼손이 자기 무릎에 잠들어 있을 때 들릴라는 삼손의 머리를 깎았습니다. 삼손은 더 이상 싸울 힘이 없습니다. 하나님께서 이미 떠났기 때문에 그의 힘이 다 빠진 것입니다.

삼손의 타락

블레셋 사람들은 삼손을 포로로 잡아 눈을 빼고 가사에 끌고 내려가 놋줄로 매고 옥중에서 맷돌을 돌리게 했습니다. 그들은 다곤 신에게 큰 제사를 드리면서 삼손을 불러다가 재주를 부리게 했습니다. 삼손은 한 소년에게 그 집을 받치고 있는 기둥이 있는 곳에 데려다 달라고 한 후에 기도합니다. "주 여호와여 구하옵나니 나를 생각 하옵소서 하나님이여 구하옵나니 이번만 나로 강하게 하사 블레셋 사람이 나의 두 눈을 뺀 원수를 단번에 갚게 하옵소서."

이런 기도를 드리고 삼손이 힘을 다하여 몸을 굽히고 기둥을 밀어 젖힐 때 그 집이 무너져서 그 안에 있는 모든 방백과 온 백성이 삼손과 함께 일시에 죽었습니다. 이 일로 말미암아 삼손은 마지막 그의 죽음으로 지난날의 모든 수치를 청산했습니다.

삼손의 비극은 우리들에게 중대한 교훈을 주고 있습니다.

첫째, 하나님의 은혜가 떠난 삼손은 눈이 빠집니다.

은혜를 상실하면 눈이 어두워집니다. 미래의 환상도 인도하시는 하나님의 손길도 보지 못합니다.

둘째, 놋줄로 묶임을 당합니다.

세상 줄의 노예가 되어 살아가는 인간의 비극을 보여 주고 있습니다.

셋째, 연자 맷돌을 돌립니다.

이것은 마치 하나님을 떠난 자가 날마다 맷돌을 돌리듯이 무엇을 먹을까, 무엇을 마실까 항상 세속의 쳇바퀴 돌듯이 먹고 사는 인생으로 끝나 버리는 비극을 삼손이 친히 몸으로 보여 주고 있습니다.

넷째, 블레셋의 노리개가 되었습니다.

삼손의 회복

실패와 부끄러움과 수치 속에서 삼손의 머리가 다시 자라기 시작합니다. 하나님의 은혜가 다시 소생하기 시작하는 것입니다.

첫째, 삼손은 다시 기도를 시작했습니다.

이것이 바로 은혜가 소생하는 비밀입니다.

둘째, 자기 과거에 대해 회개했습니다.

"이번만 나로 강하게 하사"라는 말에서 삼손이 회개하고 있음을 알 수 있습니다.

셋째, 삼손의 희생적 각오입니다.

"가로되 블레셋 사람과 함께 죽기를 원하노라 하고"

넷째, 이방 신전을 무너뜨렸습니다.

돈과, 권력과, 세상의 모든 허탄한 것들을 기둥 삼고 있습니까? 하나님의 사람들을 노예의 사슬로 묶어놓는 기둥들을 뽑아 버리시기 바랍니다. 육신의 정욕과, 안목의 정욕과, 이생의 것들의 기둥과 이 세상의 모든 돈의 기둥과, 물질의 기둥을 세워 놓고 살려는 우리의 잘못을 뽑아 버려야만 새 역사가 시작됩니다.

a. 해석학적 분석과 평가

1) 구속사적, 그리스도 중심적 해석인가?

위의 설교도 구속사적인 측면보다는 모범적인 측면에서 작성된 것이라고 할 수 있다. 삼손이 딤나 여인과 혼인하고자 한 문제나, 그 후의 모든 문제들을 단순히 부모에게 순종하지 않음으로 나타난 문제라고 해석하는 부분에서 우리는 설교자의 관심이 주로 사람의 도덕적인 의무에 집중되어 있다는 생각을 하게 된다.

그러나 사실 이 부분에서 더 중요하게 다루어야 할 내용은 "이 모든 것이 블레셋 사람들을 치기 위해 여호와께로부터 나온 것"(삿 14:4)이라는 사실이었다. 그런데 이런 부분들에 대한 상세한 언급은 나오지 않고 단순하게 부모에게 순종하지 않았다는 사실만이 문제였다고 지적한 것은 핵심을 놓친 해석이라고 할 수 있을 것이다.

설교에서 그리스도 중심적인 내용이 거의 다루어지지 않고 있음도 이 설교의 아쉬움이다. 타락한 삼손에게 다시 기회를 주시는 하나님의 역사하심은 죄인을 부르기 위해 이 땅에 오신 그리스도의 사역과 얼마든지 연결이 될 수 있는 부분들이다. 아쉽지만 이 설교는 이런 그리스도 중심적인 연구에는 크게 관심이 있는 것처럼 보이지 않는다.

2) 하나님에 대한 반응으로서 인물의 행위를 해석했는가?

이중표 목사는 삼손이 타락함으로 말미암아 당한 고통의 시간을 기억하여 기도하며 회개하고 희생적 각오로 이방의 신전들을 무너뜨리라고 강조했다. 이런 윤리적 강조는 매우 중요하다. 하지만 문제는 이중표 목사의 이런 윤리적 강조가 하나님의 구속의 은혜에 대한 반응으로 나타난 것이 아니라 도리어 삼손 자신의 의지로 드러나는 것으로 제시되고 있다는 점이다.

3) 내러티브를 정당하게 해석했는가?

본문의 내러티브는 삼손의 죽음을 그 내용으로 하고 있다. 삼손의 죽음을 묘사하는 본문 내러티브에서 가장 중요한 것은 하나님께서 삼손을 조롱하던 원수들 앞에서 다시 삼손의 힘이 되살아나게 하셔서 모든 치욕을 씻게 해 주셨다는 내용임이 분명하다. 그러므로 이런 내러티브의 핵심을 따라 설교를 한다면 하나님의 역사하심에 대한 언급이 많아야 할 것임이 분명하다. 하지만 위의 설교에는 이런 내러티브의 핵심적인 내용이 잘 드러나지 않고 있다. 이 설교는 단순히 타락하면 징계를 당하게 될 것이고, 회복을 원한다면 기도하고 과거를 회개하고 희생적인 각오를 가지고 자신을 사로잡고 있는 모든 이방 신전의 기둥들(돈, 온갖 죄악 된 정욕 등)을 헐라는 교훈에 초점이 맞추어져 있다.

또한 이 설교에는 알레고리 해석의 문제도 엿보인다. 삼손이 묶인 놋줄은 이 시대 모든 사람들을 묶어 매는 세상 줄로, 그리고 다곤 신전을 받치고 있던 기둥은 사람들을 버티고 있는 기둥으로 해석 되고 있다. 이런 해석들은 매우 주관적이라 그 해석의 진위를 말하기 어려운 것들이다.

b. 설교학적 분석과 평가

1) 본문의 정확한 제시 여부

이중표 목사가 본문으로 삼은 사사기 16:23-31은 블레셋에 사로잡혀 조롱당하던 삼손이 블레셋 사람들의 축제가 열리던 다곤 신전을 무너뜨리고 장렬하게 최후를 마치는 장면을 묘사한 구절이다. 사실 설교 한 편을 위해서 이 정도 본문은 그 자체만을 설명하기도 짧지 않은 구절이라고 생각이 된다. 하지만 이중표 목사는 이 설교에서 거의 삼손의 생애 전반을 다 요약해서 다루고 있다. 이런 설교는 본문을 읽었지만 자세히 본문의 내용을 다룰 수 없는 단점이 있다고 생각된다.

2) 전기적 설교 여부

이 설교도 삼손의 삶을 전기적으로 다루고 있다. 이중표 목사는 삼손이 딤나 여인과 혼인하고자 한 내용을 단순히 부모의 말씀을 거역하고 자기 마음대로 행동한 것 정도로 설교했는데, 이렇게 되면 그 사건 속에서 역사하시는 하나님은 드러날 수가 없게 된다. 또한 나귀 턱뼈로 블레셋 군인 일천 명을 쳐 죽인 사건을 이야기할 때도 삼손이 하나님이 시키시지 않은 일에 힘을 낭비한 것으로 해석했는데, 실상 이들을 쳐 죽일 수 있는 힘을 주신 분은 하나님이셨다. 하나님의 영이 임하심으로 삼손이 그 일을 해 낼 수 있었던 것이다. 이러한 사실에서 우리는 이중표 목사가 이 설교에서 하나님 중심으로 본문을 보기보다 삼손이라는 인물을 중심으로 본문을 보고 있음을 알 수 있는 것이다. 하나님께서 삼손의 삶을 이끌어 가시는 주체가 되도록 할 때에 단순한 전기적 설교를 피할 수 있을 것이다.

3) 시간적 간격을 무시한 조급한 동일시 여부

삼손이 연자 맷돌을 돌리던 것은 당시 노예로 사로잡힌 자들에게 주어진 형벌의 일종이었다. 그런데 이중표 목사는 이런 것들을 무엇을 먹을까 무엇을 마실까 하는 걱정을 하며 세속적인 삶을 살아가는 이 시대 사람들의 모습으로 묘사한다. 그러나 이런 것은 성경인물들의 삶을 이 시대 청중에게 그대로 적용하려고 하다가 나타난 일종의 알레고리 해석이다.

4) 적실한 적용의 여부

이중표 목사의 설교는 다른 설교자들의 설교에 비해 적용보다는 해설이 중심이 되는 특징을 지니고 있다. 주로 본문 해설에 치중하면서 직접 적용을 시켜 주기보다 넌지시 적용하게 만드는 방식으로 설교를 진행했다.

설교의 내용은 송년 주일에 들으면서 도전을 받게 하려고 했던 것으로 보인다. 타락으로 말미암아 받게 된 징계와 그 자리로부터 회복되기 위해 필요한 내용들은 한 해를 마무리 하는 자리에서 깊이 묵상할 좋은 재료가 되기 때문이다. 다만 이 모든 것들이 본문의 핵심 내용인지를 먼저 물어야 할 것이다. 그렇지 않기 때문에 이 설교에 아쉬움이 남는다.

C. 결론적 평가

이제까지 우리는 기존의 삼손설교들을 살펴보았다. 이곳에서는 그 내용들을 종합 분석하면서 그 문제점들은 무엇인지 그리고 인물설교가 나아가야 할 방향은 무엇인지에 대해 살펴보자.

앞에서 우리는 여러 유명 설교자들의 삼손에 관한 설교문들을 이미 제시한 해석학적, 설교학적 분석의 관점들(7가지 관점)에 비추어 비교, 분석해 보았다. 그 과정에서 기존의 설교자들이 성경인물을 다루는 데 있어서 몇 가지 문제점들이 있었음을 찾아볼 수 있었다. 먼저 그것들을 정리해 보자.

1. 모범적, 윤리적 형식의 일반화

기존의 설교들을 살펴보면서 필자는 여러 편의 설교들이 단순히 본문의 이야기들을 그냥 나열하는 방식으로 정리한 후에, 곧바로 거기서 모범적, 윤리적 교훈들을 찾아내는 방식으로 기술되었다는 사실을 알 수 있었다. 거의 대부분의 삼손설교들에서 이런 형식이 나타나고 있다. 이것을 통해 우리는 모범적, 윤리적 설교 형식들이 매우 일반화되어 있음을 알 수 있다.

크리스웰과 옥한흠, 이동원 그리고 김학중, 조용기, 이중표 목사 모두가 이런 방식으로 설교를 했다. 이들의 설교에서 우리는 이런 인물설교 방식이 인물을 다루는 주된 방식으로 자리하고 있음을 알 수 있다.

2. 심도 있는 본문 연구의 필요성

앞에 제시한 기존의 삼손설교들을 살펴보면서 설교자들이 본문을 다루는 데 있어서 지극히 작은 부분까지 조심스러운 연구 자세를 취해야 한다는 사실을 깨닫게 된다. 여러 편의 설교들에서 본문만 자세히 보았어도 설교자가 범하지 않았을 것으로 보이는 해석이나 설명들이 자주 발견이 되었다.

그레이엄이 삼손의 행위들을 10대 비행청소년들의 타락한 행동들과 직접 비교한 것은 본문을 좀 더 자세히 연구했더라면 마땅히 피할 수 있었던 일이었다고 생각이 된다. 김학중 목사의 경우도 본문의 내용에 조금만 더 주의했더라면, 마노아가 삼손을 어떻게 키울지에 대해 하나님의 사람에게 묻는 장면을 "영웅을 기르는 육아법"을 교훈하는 것으로 해석하는 일은 없었을 것이다.

설교자에게 본문은 가장 귀한 하나님의 말씀이다. 그러므로 설교자는 무엇보다 먼저 본문에 대해 상세히 연구하기를 힘써야 할 것이다. 설교는 설교자 자신의 말을 전하는 것이 아니라 하나님의 말씀을 전하는 자이기에 더욱 그리해야 한다는 사실을 명심해야 할 것이다.

3. 인물에 대한 전기적 접근 경향

앞에서 살펴 본 삼손설교들 중에서 몇 편은 삼손의 이야기를 전기적으로 전하는 방식을 취했다. 크리스웰이나 조용기 목사의 설교가 특히 이런 전개 방식을 잘 드러내고 있다. 이렇게 인물 전기적인 방식으로 설교하는 것은 사람들이 듣기에는 매우 익숙하고 쉬운 접근방법일 수 있지만, 설교가 성경에 나타난 하나님을 드러내는 것이라는 점을 제대로 반영하지 못하는 한계성을 드러낼 수밖에 없다. 이런 설교 방식은 일반 위인전을 통해 깨닫는 이야기의 내용과 별로 다를 것이 없는 것들을 성경인물들을 통해 깨닫게 할 뿐이다.

성경인물의 장단점을 분석하고 그의 장점은 닮고 그의 단점은 버리자고 교훈하는 것은 결코 구속사적인 성경의 내용을 바르게 전달하는 것이 아니다.

4. 알레고리적 해석

설교자들 중에 일부는 알레고리적 성경해석 방법들을 설교에 사용했다. 옥한흠 목사는 들릴라를 마귀를 의미하는 것으로 해석했고, 조용기 목사의 경우는 들릴라에게 잘린 일곱가닥 머리카락을 "십일조, 주일 출석, 전도"와 같은 의미로 해석했고, 이중표 목사의 경우도 이방 신전을 "돈과 권력" 같이 하나님의 사람들을 노예로 묶어 두는 것들로 해석했다.

이런 방식들은 듣는 성도들에게 호기심을 불러일으키고 집중력을 높이는 좋은 면이 있을지 모르지만 결국은 그 근거를 찾아내기가 쉽지 않다는 문제점이 드러나기 마련이다. 이런 방법들보다는 그리스도 중심적인 설교 방법을 찾았더라면 좋았을 것이다.

5. 시간적 간격을 무시한 조급한 동일시

오늘 이 시대의 청중과 당대인들 사이에는 엄청난 역사적, 시간적 격차가 있음에도 불구하고 그대로 그 시대 사람들의 삶의 내용을 이 시대 청중에게 적용하는 경우들도 자주 발견되었다. 우리는 앞서 크리스웰이나 빌리 그레이엄 그리고 김학중 목사 등이 설교에서 이런 식의 적용을 한 것을 보았다. 성경이 오고 오는 모든 세대들에게 동일한 하나님의 말씀이라는 점은 물론 분명한 사실이다. 그러나 무조건 역사적 등식 부호를 사용해서 그때와 지금을 같이 취급하는 것은 바른 성경해석의 방법이 아니다.

6. 구속사의 반응으로서의 윤리행위가 아닌 단순한 윤리행위 강조

성경인물설교에서 구속사에 반응하는 사람들의 윤리적 행위를 강조하는 일은 매우 중요한 일이다. 하지만 위의 설교들 대부분은 구속사에 대한 관심을 크게 기울이지 않은 까닭에 단순한 윤리적 행위를 전달할 뿐 구속사에 대한 반응으로서의 행위를 강조하는 경우들은 많지 않았다. 크리스웰과 그레이엄 그리고 옥한흠, 이동원, 김학중, 이중표 목사의 대부분의 설교에서 우리는 이런 문제점들을 찾아볼 수 있었다. 여기서 우리는 대부분의 설교자들이 구속사에 대해 크게 고려하지 않고 있음을 알게 된다.

사람들의 윤리적 행위에 대한 강조는 필요한 것이다. 하지만 그것은 반드시 하나님의 구속사에 대한 반응으로서의 윤리적 행위에 관한 것이어야 한다. 단지 인간의 윤리적 행위를 모범으로 삼기 위해 강조하는 것이 되어 버리면 설교의 고유한 목적을 상실하기 쉽다. 하지만 하나님과의 관계에 있어서 구속의 은혜를 베푸시는 하나님을 향한 신앙인의 윤리적 반응들을 강조하는 것은 지극히 당연한 일이라 할 것이다.

삼손설교 실제

PART Ⅱ에서 필자는 국내외 유명 설교자들에 의해 시행된 삼손설교들에 대한 분석과 평가를 시도하였다. 이번 파트에서는 그렇다면 삼손에 대한 성경인물설교는 어떻게 해야 바람직한지에 대하여 알아보려고 한다.

앞에서 다룬 대부분의 설교자들은 사실 매우 유명한 분들이고, 그 영향력도 대단한 분들이지만 삼손이라는 성경인물을 다루는 데 적지 않은 문제점들이 있었음을 살펴보았다. 그러므로 이제부터는 바람직한 삼손에 대한 해석은 무엇이고 그 설교는 어떻게 해야 하는지에 대해 살펴보자.

제1장

삼손설교를 위한 사사기 이해

먼저 삼손인물설교를 바르게 하기 위해서는 사사기 전체의 맥락을 이해해야 한다. 우리가 앞서 지적한 바와 같이 하나의 내러티브는 그 내러티브를 포함하는 더 큰 내러티브 안에서 이해되어야 하기 때문이다.

A. 삼손설교를 위한 사사기 이해의 전제들

사사기의 기본적인 주제는 하나님께서 이스라엘을 구원하시기 위해 택하신 사람들의 지도력 아래서조차도 언약의 참됨을 지켜야 할 신정 국가, 이스라엘이 실패하였음을 보여주는 것이다.[272] 이스라엘은 이렇게 "실패한 사사 시대를 통해서 차차 왕이 필요하다는 사실을 느끼게 되었다."[273] 결국 "사사기는 하나님의 통치 아래 있는 백성에게 옳은 왕이 필요하다는 것을 보여 줌을 그 사명으로 하고 있다."[274] 그러기에 사사기 17:6과 21:25에[275] "그때에는 이스라엘에 왕이 없었으므로 사람마다 자기 소견에 옳은 대로 행하였더라"라는 구절이

---

272) Gleason L. Archer, Jr., *A Survey of Old Testament Introduction* (Chicago: Moody Press, 1979), 274.
273) Edward J. Young, 『구약총론』, 홍반식·오병세 옮김 (서울: 한국개혁주의신행협회, 1978), 181.
274) Young, 『구약총론』, 181
275) 삿 18:1과 19:1도 왕이 없음으로 일어난 부정적인 사건들을 진술하고 있음을 보여 준다. 그러므로 사실상 삿17장부터는 계속해서 왕의 부재로 인한 혼란을 다루고 있다고 보아야 할 것이다.

반복적으로 언급되고 있다고 할 수 있을 것이다. 각 사사들은 이스라엘의 일부를 위협한 대적들에게서 구원하시려고 하나님께서 사용하신 구원자요 통치자이며 영적, 정치적 인도자들이었다.[276] 즉 이들은 단순히 재판만을 하는 사람들이 아니라, 이스라엘을 위해 영적, 정치적인 구원자로 사역한 인물들이었다는 것이다.[277] 그러므로 사사기를 설교하고자 하는 이들은 반드시 이러한 사사기의 전반적인 흐름을 알아야 한다. 즉 사사기 전체의 틀을 알지 않고는 사사기를 바로 설교하기가 어렵다는 것이다. 박철현 교수는 사사기의 흐름을 다음과 같이 설명했다.

> 사사기는 전체적으로 점점 심화되는 이스라엘의 퇴락을 그리고 있다. 학자들은 이러한 퇴락의 심화 과정을 '나선형 하강'(downward spiral) 혹은 '하향 나선형'(widening gyre)이라는 용어를 사용해 표현한다. 이스라엘은 소용돌이 모양으로 퇴락의 사이클을 따라 떨어지는데, 그 소용돌이는 점점 더 커져 결국 온 이스라엘을 삼키고 마는 모습을 취하고 있다.[278]

우리는 사사기 전체에서 이런 흐름을 발견할 수 있다. 사사기 초반에 이스라엘은 나름대로는 하나님의 뜻에 합당한 삶을 살려고 노력하는 모습으로 나타난다. 하지만 사사기 후반부에 등장하는 미가의 집에 있던 우상 이야기나 레위인의 첩 이야기, 그리고 베냐민 지파의 타락에 관한 이야기들은 모두 사사기 후반의 모습이 얼마나 혼돈에 빠져 있었는지를 잘 보여 준다고 할 수 있을 것이다. 사사기가 연대기적으로 기록된 것은 아니라 할지라도 분명한 것은 "사무엘 시

---

276) Bruce Wilkinson & Kenneth Boa, Talk Thru the Old Testament (Nashville: Thomas Nelson Pub, 1983), 61. Fee & Stuart도 사사들은 이스라엘의 일부를 위협한 대적들에게서 구원하시려고 하나님께서 사용하신 군사 지도자들이며 부족장들이었다고 했다.
277) Norman L. Geisler, 『구약성경개론』(서울: 도서출판엠마오, 1996), 140–41.
278) 박철현, "설교자를 위한 사사기 개관", 『그 말씀』(2005년 10월): 20.

대로 갈수록 이스라엘의 상황이 점진적이면서도 급격하게 악화된다는 것"[279]이다.

이런 전체적인 흐름 안에서 사사기 인물설교를 위한 성경해석에 필요한 몇 가지 중요한 전제들을 인식할 필요가 있다.

1. 해석학적 전제

a. 구속사적, 그리스도 중심적 해석.

모든 "성경은 단순한 역사 기록이나 문학작품이 아니라 영원 전에 계획되어 영원까지 이르는 놀라운 구원의 역사가 반영된……문헌"[280]이다. 그러므로 사사기의 인물설교를 하고자 할 때, 설교자는 먼저 사사기의 구속사적 위치를 이해하지 않으면 안 된다.[281] 사사기의 구속사적 위치를 알지 못하면 바른 인물해석을 하기가 쉽지 않을 것이다. 캐디(Gorden J. Keddie)는 "사사기는 모세의 구원사적인 경전 못지않게 하나님의 구원 계획을 알려 주는 데 중요한 위치를 차지한다"[282]고 주장했다. 그의 말을 통해서도 우리는 사사기를 구속사적으로 이해해야 한다는 사실을 분명하게 알 수 있다. 성경의 각 부분들은 성경 전체와 통일성을 이루고 유기적으로 연결되어 있다. 그러므로 성경의 각 본문은 반드시 성경 전체의 배경에서 살펴야 함이 마땅하다.[283] 류응렬 교수는 "설교자는 일차적으로 주어진 본문을 주해

279) Gorden D. Fee & Douglas Stuart, 『책별로 성경을 어떻게 읽을 것인가?』, 김성남 옮김 (서울: 성서유니온, 2008), 91.
280) 이정석, "사사기의 현대적 적용을 위한 제안", 「그 말씀」(1997년 5월): 175.
281) 사사기에 관한 구속사적 설교에 관해서는 김정현의 "구속사적 설교 원리에 근거한 설교 작성법에 관한 연구: 사사기를 중심으로" (백석대학교 기독교전문대학원 박사학위논문, 2008년)와 같은 글들이 도움이 될 것이다.
282) Gorden J. Keddie, 『사사기・룻기』, 이중수 역 (서울: 목회자료사, 1990), 7
283) 류응렬, "예수 그리스도 중심 설교의 기초", 「그 말씀」(2005년 11월): 116.

한 후에 반드시 성경 전체라는 구속사적 콘텍스트 속에서 본문을 이해해야 한다"고 했다. [284]

사사기 1장은 아직도 정복전쟁이 진행중임을 보여 준다. 안타깝게도 이스라엘은 이방인들을 추방하는 일에 실패하고 있었다. 결국 후에는 가나안인들을 추방하기보다 오히려 그들과 합류한 생활을 하고 있었다. 언약이 무시되었고 그로 인해 하나님의 진노가 일어났다. 적들이 쳐들어왔고, 이스라엘은 즉시 하나님의 도우심을 간구했다. 그때마다 하나님께서는 이스라엘에게 사사를 보내셔서 그들을 구원해 주셨다. 그러나 위기가 지나면 이스라엘은 다시 죄악에 빠졌다. 결국 이들은 '배교-여호와의 심판-사사들의 구원-배교'라는 안타까운 순환을 반복하며 점차적으로 더욱 타락한 길을 향해 나아갔다. [285] 인간에 불과했던 사사들은 결국 죽을 날을 맞이하게 되었고, 그의 뒤를 다른 사사가 이어야만 했다. [286] 여러 번 반복되는 이런 타락의 사이클은 이스라엘에 왕이 필요하다는 사실을 더욱 분명하게 드러내 주고 있었다. 반더발은 여기서 이스라엘의 왕은 궁극적으로 "자기 백성들에게 완전한 공의를 가져다주며 모든 원수들로부터 안전하게 지켜 주시는 예수 그리스도"를 의미한다고 지적했다. [287] 그의 말을 통해 우리는 사사들이 구원자 되시는 그리스도의 모형들로 해석될 수 있음을 알 수 있다. [288]

앞서 우리는 성경 전체가 유기적인 통일성을 이루고 있다는 사실을 지적했다. 성경 전체를 하나로 묶는 원리는 바로 예수 그리스도이

---

284) 류응렬, "예수 그리스도 중심 설교의 기초", 123.
285) C. Vanderwaal, Search the Scriptures, vol. 2 (Ontario: Paideia press, 1978), 96.
286) S. G. De Graff, Promise and Deliverance, vol. II, trans. H Evan Runner & Elisabeth Wichers Runner (Phillipsburg, N. J: Presbyterian and Reformed Publishing Co, 1978), 16.
287) Vanderwaal, Search the Scriptures, 97.
288) Vanderwaal은 "예수님은 참으로 구원을 주시는 사사"이시라고 했다. 이런 해석은 디 그라프에게서도 동일하게 발견된다. Wilkinson & Boa는 그들의 책 Talk Thru the Old Testament에서 사사들을 하나님의 백성의 의로운 왕 되시는 그리스도의 역할의 초상(portray)이라고 했다. Wilkinson & Boa, Talk Thru the Old Testament, 61 참조.

시다.[289] 모든 성경은 "예수 그리스도를 중심으로 하는 구속사적 관점에서 바라보아야만 일관성 있고 심오한 의미가 드러난다."[290]

그러므로 만일 우리가 사사기 인물들을 바르게 해석했다고 한다면 그것은 그리스도가 중심이 되는 해석이 되어야 함이 마땅할 것이다. 류응렬 교수는 이 사실을 다음과 같이 언급했다.

> 성경 전체를 한 주제로 묶어내는 성경 신학적 논의는 많은 신학자들의 관심사다. 언약, 약속과 구원, 하나님의 약속과 계획, 약속과 성취, 하나님의 나라, 하나님의 백성 그리고 땅과 같은 주제로 성경이 보이는 하나의 유기적 메시지를 확인할 수 있다. 이들이 보이는 공통적 메시지는 각각의 주제들이 삼위일체의 하나님 특히 예수 그리스도 안에서 모든 주제들이 통합된다는 점이다……예수 그리스도를 중심으로 향하는 설교를 구속사적 설교 또는 예수 그리스도 중심의 설교라고 부른다.[291]

클라우니는 이스라엘의 사사들과 왕들이 행한 일들이 갖는 의미들을 다음과 같이 설명했다.

> 이스라엘의 사사들과 왕들은 이스라엘이 그 땅에 사는 동안 오랜 세월에 걸쳐 하나님의 싸움을 싸웁니다. 그들의 싸움은 기록되어 있는데, 이는 그들의 군사적 천재성을 나타내기 위하여서가 아니라 하나님께서 이스라엘을 구원하시기 위하여 그들을 어떻게 사용하셨는가를 보여 주기 위해서입니다. 그들은 모두 장차 오실 더 위대한 구속자와 구원자(예수 그리스도)를 예표하고 있습니다.[292]

여기서 우리는 사사기에서 하나님의 백성들을 구하기 위해 사사

---

289) 류응렬, "예수 그리스도 중심 설교의 기초", 117.
290) 이정석, "사사기의 현대적 적용을 위한 제안", 175.
291) 류응렬, "예수 그리스도 중심 설교의 기초", 117.
292) Clowney, 『구약에 나타난 그리스도』 (서울: 네비게이토, 1988), 149.

들이 치른 전쟁이 바로 그리스도께서 치르실 영적 전쟁의 의미를 갖고 있다는 것과, 사사들이 이스라엘의 구원자로 세워진 것은 이스라엘의 구원자로 세워지실 예수님을 예표하는 것임을 깨닫게 된다. 좁(John Job)은 "사사라는 말은 예수님께 적용 된다……구약의 사사들은 사사로서의 예수님의 역할에 대한……중요한 면모를 우리에게 상기시켜 준다[293]고 했다. 그는 예수님의 사역을 사사들의 사역과 비교하면서 이렇게 말했다.

> 하나님께서 여호와를 의지하는 자들이 세상의 기준으로 보기에는 아무리 소수이고 힘이 없어 보인다 할지라도 그들의 모든 대적을 마침내 격파하도록 되어 있다는 사실을 보여 주시기 위해 그 날에 사사들을 세우셨던 것과 마찬가지로 마지막 때에 하나님의 사사로서의 그리스도의 재림을 통해서 그리스도인들이 실제로 당신의 아들이며 후사임을 보여 주실 것이다.[294]

이러한 사실들을 통해 우리는 사사기를 설교함에 있어서도 얼마든지 그리스도를 중심으로 한 설교를 할 수 있다는 사실을 알게 된다. 뿐만 아니라 사사기에 나타나는 이스라엘 백성들의 타락은 그들을 향한 구원자의 필요성을 지속적으로 드러내게 되고, 이들을 향한 하나님의 은혜와 사랑은 바로 타락한 자들을 구원하여 주시려고 독생자이신 예수님을 이 땅에 보내 주신 하나님의 은혜를 생각나게 한다. 결국 이런 말씀들을 통해 우리는 그리스도를 통해 은혜를 주시는 하나님에 대하여 생각하게 되며, 그로 인해 자연스럽게 그리스도가 드러나게 되는 것이다.

---

293) John Job, 『구약의 핵심 진리』 (서울: 성서유니온선교회, 2002), 94.
294) Job, 『구약의 핵심 진리』, 94.

b. 구속에 대한 반응으로서의 윤리적 행위 강조.

"사사기에 나타나는 가장 두드러진 주제들 중의 하나는 이스라엘의 배역"[295)에 관한 것이다. 이스라엘 백성들은 가나안을 정복하라는 명령을 받았고, 오직 여호와 하나님만을 섬기고 이방신을 섬기지 말아야 한다는 말씀을 들었다. 하지만 이들은 하나님의 말씀을 듣지 않았다. 이스라엘 사람들은 가나안 사람들을 쫓아내지 않았고 그들과 더불어 살면서 서서히 가나안 사람들처럼 우상 숭배에 빠져들어 갔다. 결국 "하나님을 떠나 배교하는 백성들에게 주어지는 준엄한 심판"[296) 이 주어진다. 하지만 또한 하나님은 은혜로우셔서 이들을 불쌍히 여기시고, 사사들을 보내셔서 다시 구원하시는 일을 하신다.

이러한 구속의 은혜에 대하여 신자들이 보여야 할 반응이 바로 하나님의 구속에 대한 윤리적 반응이라고 할 수 있다. 설교자는 바로 이런 점들을 분명하게 드러내서 강조해 줄 수 있어야 한다. 하나님의 구속의 은혜를 누리면서도 끊임없이 배역을 계속하는 이들의 행위가 얼마나 어리석은지를 보여 주고 그들이 어떻게 반응하고 행동해야 마땅한지를 보여 주는 일들이 사사기를 설교하는 이들에게 매우 중요한 점임을 잊지 말아야 할 것이다.[297)

c. 내러티브의 역할을 중시

사사기 내러티브는 다음과 같은 세 부분으로 구성되어 있다.

"a. 머뭇거리는 정복(1:1-2:4)

---

295) 박철현, "설교자를 위한 사사기 개관", 22.
296) 이형원, "사사기에 나타난 내러티브의 탁월성",「그 말씀」(2005년 11월): 22.
297) 이승진, "사사기 설교 이렇게 하라",「그 말씀」(2005년 10월): 24.

b. 사사의 영도하에 반복되는 이야기(2:5-16:31)

c. 레위인 영도하의 무정부 상태(17:1-21:25)"[298]

사사기 전체는 이스라엘의 나선형 하락의 역사를 기록하고 있다. 이스라엘은 마침내 절망적인 영적 상태에 떨어지게 된다. 사사기 내 러티브는 이런 타락의 과정에서 "이스라엘에 왕이 없으므로" 이런 일들이 일어나게 된 것이라는 사실을 중점적으로 부각시킨다. 결국 사사기 내러티브는 "진정한 지도자인 왕에 대한 소망으로 현실의 어둠을 물리치는"[299] 이야기를 다룬 것이라 할 수 있다. 프렛은 왜 이스라엘에 경건한 왕이 필요한지에 대하여 사사기가 세 가지 중요한 대답을 주고 있다고 했다.

그는 "'첫째는 왕이 없으므로 지파들의 정복이 지체되었다'는 것, '둘째는 사사직이 단지 반복되는 배도에서 일시적 안정을 가져올 뿐이었다'는 것, '셋째는 왕이 없던 시기에 레위인들은 이스라엘의 제사와 사회생활에 안정을 가져오는 데 실패했다'는 것"[300]을 지적했다. "사사기는 이스라엘 역사의 암흑기를 다루고 있다. 실패와 문제가 거의 매 쪽마다 등장한다."[301] 사사기의 저자가 이런 어려움을 기록한 것은 경건한 왕의 필요성을 드러내 보이기 위함이었던 것이다. 그러므로 사사기를 설교하고자 하는 이들은 이런 사사기 전체 내러티브의 방향과 목적을 잘 이해하고 설교를 해야 한다.

그런데 여기서 한 가지 주의해야 할 점이 있다. 사사기 전체 내러티브의 구조가 비록 "이스라엘이 도덕적, 정치적 수렁으로 천천히 빠져들어 가는"[302] 모습이라 할지라도, 사사 자신들이 이스라엘의 타

298) Richard L. Pratt, Jr., 『구약의 내러티브 해석』, 이승진·김정호·장도선 공역 (서울: CLC, 2007), 358.
299) 박철현, "설교자를 위한 사사기 개관", 22.
300) Pratt, 『구약의 내러티브 해석』, 358.
301) Pratt, 『구약의 내러티브 해석』, 359.
302) Stephen G. Dempster, 『하나님 나라 관점으로 읽는 구약신학』, 박성창 옮김 (서울: 부흥과 개혁사, 2012), 171.

락한 모습을 보여 주는 일종의 모델이라는 주장에는 선뜻 수긍하기 어려운 부분이 있다.[303] 그 이유는 하필이면 이렇게 타락한 사사들이라고 지목되는 이들이 히브리서 기자에 의해서는 믿음의 영웅들로 제시되고 있기 때문이다. "기드온 삼손 입다"와 같은 사사들은 타락한 이스라엘을 대표하는 이들로 해석되는 경우들이 많지만 히브리 기자의 견해는 전혀 달라 보인다. 어느 사사나 부족한 부분이 있기 마련이다. 이들이 부족한 부분들이 있다고 해서 이들이 행한 믿음의 일까지 모두 부정적으로 다루어서는 안 될 것이다. 도리어 히브리서 기자가 이들이 믿음의 반응을 보였다는 사실을 지적했다는 점에서 우리는 사사들에 대한 새로운 해석의 가능성을 찾게 된다. 이 문제는 삼손에 대한 부분에서 좀 더 상세히 다루도록 하자.

2. 설교학적 전제

설교학적인 전제들 가운데 "본문의 정확하고 효과적인 제시여부"와 "설교의 적실성 여부"는 앞에서 다룬 내용들과 크게 다르지 않음으로 이곳에서 재차 언급하지는 않을 것이다. 하지만 이런 두 전제들 역시 사사기 설교에 있어서 마땅히 주목 되어야 할 것들임을 먼저 밝힌다.

a. 전기적 설교를 경계함

사사기의 인물들을 설교함에 있어서도 흔히 범하기 쉬운 잘못 중에

---

303) 이러한 필자의 해석에 대해 사사기 후반부에 등장하는 여러 소(小) 사사들의 많은 부인들을 둔 행위들이나 그들이 저지른 일부 타락상을 가지고 곧바로 사사들이 이스라엘의 타락상을 보여 준다는 반박을 할 수도 있을 것이다. 하지만 필자의 생각에는 사사들 중에 타락한 자들이 있다고 할지라도 그들 모두가 곧 이스라엘 전체의 타락상을 예표 하는 것이라고 생각하기에는 부족하다는 것이다. 그것이 바로 히브리서의 사사들에 대한 해석을 가장 잘 반영한다고 생각된다.

하나가 인본주의적인 방식으로 설교를 하는 것이다. 이승진 교수는 이 문제에 대하여 이렇게 지적했다.

사사기를 설교하는 문제와 관련해 청산해야 할 중요 과제는 바로 사사기에 등장하는 인물을 미화하는 인본주의적 해석이다. 과거 특정 시기에 발생했던 하나님과 인간 사이의 상호작용과 그 과정에서 발생한 사건들을 해석하려고 할 때에 후대 해석자는 등장인물에게 시선을 집중시키면서 그로부터 어떤 긍정적인 교훈이나 도전을 받으려고 하는 인본주의적 해석에 치우치는 경우가 많다. 성경 본문의 등장인물들에게서 어떤 장점과 단점을 찾아서 이를 해석자 자신이나 설교를 듣는 사람들에게 적용시키려는 모범적 해석이나 그런 사건 속에서 인물과 상대하시는 하나님보다 그 인물을 부각시키는 인본주의적인 해석은 역사의 사건에 대한 본문 해석에서 거의 본능적으로 일어나는 반응이라 할 수 있다……한국 교회 설교자들은 주로 사사들의 어떤 면을 교훈 받을 것인지에 대한 관심을 갖고 그런 장점들을 찾아내려는 목적으로 사사기를 해석하고 설교하는 경우가 많다.[304]

사사기의 진정한 주인공은 하나님이시다. 사사기의 저자는 "이스라엘의 모든 역사를 시종여일 주관하고 계시는 하나님의 손"[305]을 집중적으로 드러내 준다. 그러므로 사사기를 설교하는 설교자는 어떤 인물을 전기적 관점에서 드러내서 그 인물의 됨됨이에 집중하게 하는 인본주의적인 설교를 해서는 안 된다. 오직 하나님이 행하시는 일들이 중심이 되게 해야 한다.

하지만 여기서도 잊지 말아야 할 사실이 있다. 사사기 인물설교에서 하나님의 행하시는 일이 중심이 되게 한다고 해서 인물들의 이야기를 전혀 다룰 수 없는 것으로 생각해서는 안 된다는 것이다. 인물

---

304) 이승진, "사사기 설교 이렇게 하라", 28-29.
305) 강병도 편, 『호크마종합주석: 여호수아─룻기』, 제6권 (서울: 기독지혜사, 2000), 480.

들이 하나님의 구속 역사에 반응하여 나타내는 믿음의 모습들은 얼마든지 아름다운 모범으로 제시될 수 있는 것이다. 사사기의 인물들을 설교할 때 우리는 등장인물을 미화하는 것을 목적으로 삼아서는 안 된다. 오직 그들의 부족함에도 불구하고, 그들을 사용하셔서 자기 백성을 구원하시는 하나님의 영광과 능력을 나타내는 것을 목적으로 삼아야 한다.[306]

b. 시간적 간격을 무시하는 조급한 동일시를 경계함

사사기를 설교하고자 할 때에, 사사기 인물의 삶을 그대로 현대의 청중에게 적용하려고 해서는 안 된다. 모범적, 윤리적 설교를 하는 많은 설교자들이 이런 방식을 사용하고 있고, 또한 적실성 있는 적용에 지나치게 집착함으로 이런 현상이 일어나기도 한다. 즉 어떤 사사의 행위를 그대로 본받을 수 있는 것처럼 생각하는 것이다. 그러나 사실 "그때와 지금"은 너무나도 큰 간격이 있다. 그때의 일을 지금 적용하기 위해서 쉽게 심리화, 모형화, 알레고리화, 도덕화하는 것은 주의해야 할 일이다.[307]

사사들의 심리 상태를 온전하게 구성하여 드러낸다는 것은 사실상 불가능하다. 기드온과 300명 용사가 들고 나온 항아리와 횃불과 나팔이 구체적으로 무엇을 의미하는지를 확정하는 것 역시 가능하지 않은 일이다. 당시 적들을 실제로 죽이던 행위가 오늘날 그대로 적용될 수도 없는 것이다. 이 모든 것들은 구속 역사의 흐름 속에서 이해되어야 한다. 그러므로 사사기의 해석과 설교에 있어서도 시간적 간

---

306) 이승진, "사사기 설교 이렇게 하라", 29.
307) Sidney Greidanus, 「구속사적 설교의 원리」, 권수경 역 (서울: SFC출판부, 2011), 91.

격을 무시하고 조급하게 사사기 인물의 삶을 오늘날 청중의 삶에 적용하려고 하는 방식들은 지양되어야 마땅하다.

B. 삼손설교를 위한 전제

삼손설교를 하려고 하는 설교자들이 본문을 이해하기 위해 우선적으로 고려해야 할 사항들은 무엇일까? 이곳에서는 삼손에 관한 본문을 이해하기 위해서는 먼저 사사기 인물설교의 전제를 적용해야 한다는 것과, 그 본문을 해석할 때 제기되는 일반적인 문제들은 무엇인지에 대해 살펴 볼 것이다.

1. 사사기 인물 설교 전제 적용

삼손을 설교하려고 할 때 우리는 앞서 지적한 사사기 인물설교를 위한 모든 전제들이 고려되어야 한다는 사실을 기억해야 할 것이다. 사실 이제까지 "교회에서 삼손의 이야기는 그리 심각한 주석의 대상이 아니었다." 삼손은 매우 잘 알려진 성경인물이다. 하지만 성경인물들에 관한 성경의 여러 본문들 중에서 삼손에 관한 본문만큼 제대로 해석되지 못하고 있는 본문은 그리 많지 않을 것이다.[308] 이러한 사실은 매우 특이해 보인다. 그러므로 설교자가 삼손을 바르게 해석하고 설교하고자 한다면 우선 어떤 전제하에 성경 본문을 해석하고 이해해야 하는지를 살펴보는 것이 매우 중요할 것이다.

　삼손을 설교할 때 우리는 삼손에 관한 모든 본문을 구속사적으로

---

308) 김지찬, "사자보다 강하나 꿀에 약한 삼손",「그 말씀」(2005년 12월): 24.

또한 그리스도 중심적으로 이해하기를 힘써야 한다. 즉 단순히 윤리적, 모범적인 인물로 삼손을 해석해서는 안 된다는 것이다. 사사로서의 삼손의 삶은 많은 부분에서 그리스도의 모형이 된다. 오늘날 삼손은 대개 그리스도의 모형보다는 타락한 이스라엘의 모형으로 자주 언급되는 편이다. 삼손에 대한 연구로 박사 학위를 받은 총신대학의 김지찬 교수도 삼손을 타락한 이스라엘의 모형으로 보고 있다.[309] 그는 이렇게 주장했다.

> 삼손은 태에서부터 나실인으로 선택 받았을 뿐 아니라 여호와의 복과 신을 선물로 받는다. 구약의 어떤 인물도 삼손만큼 많은 은혜를 받은 인물이 없다. 그런데 자세히 들여다보면 이스라엘 전체가 삼손과 같이 복 받은 민족이다. 이스라엘은 하나님의 사랑에 의해 나실인 민족으로 선택받았고 하나님의 신에 의해 감동하는 백성이며 하나님의 복을 받은 민족이지 않은가? 그런 점에서 삼손은 이스라엘 전체를 보여 주는 소우주인 셈이다.[310]

하지만 삼손에 대해 이런 견해만 있는 것은 아니다. 여러 학자들이 삼손을 이스라엘이 아니라 그리스도의 모형으로 보고 있다. 클라우니는 이렇게 말했다.

> 삼손의 비극적인 삶속에서 우리는 장차 오실 그리스도를 가리키는 모형을 찾을 수 있는가? 우리가 삼손의 이야기에서 그 핵심을 붙든다면 분명히 찾을 수 있습니다……삼손의 이야기의 목표는……하나님께서는 성령에 의하여 무장된 한 사람을 통하여 자기 백성의 원수에게 심판을 가하실 수 있다는 것을 보여 주는 데 있는 것입니다……우리는 삼손의 장점들을 찬양하도록 부르심을 받은 것이 아닙니다. 우리는 그의 믿음을 보아야 합니다. 그는 자신의 힘이 하나님의 선물

---

309) 김지찬, "사자보다 강하나 꿀에 약한 삼손", 29-30.
310) 김지찬, "사자보다 강하나 꿀에 약한 삼손", 29.

이라는 것을 알고 있었으며 그의 원수들을 심판하여 달라고 하나님께 부르짖으면서 믿음 가운데서 죽었습니다. 삼손의 부르심은 전능하신 구원자이신 예수 그리스도를 그림자로 보여 주고 있습니다……여호와의 신 곧 성령을 받은 삼손의 생애는 성령으로 기름 부음을 받은 그리스도 안에서 성취될 것들을 그림자로 보여 주고 있습니다. 삼손처럼 예수님은 자기 백성의 지도자들에게 묶여 이방인 압제자들에게 넘겨졌습니다. 삼손처럼 예수님도 아무 힘없는 자로서 모욕과 조롱을 당하셨습니다. 그분은 장님이 되지는 않으셨지만 눈을 가리우고 희롱과 모욕을 당하셨습니다.[311]

이처럼 클라우니는 삼손이 명백하게 그리스도의 모형이라고 주장한다. 이런 견해를 가진 학자들은 클라우니 외에도 여러 명이 있다. 골즈워디도 같은 입장을 취하는데, 그는 사사기에 등장하는 사사들과 또한 그 뒤를 이어 등장하는 이스라엘의 여러 왕들이 각각 인간적인 연약성, 인품의 많은 결함들을 드러내고 있는 것은 분명한 사실이지만, 이들이 그리스도의 예표로서의 역할을 하고 있다는 것은 부인할 수 없다고 지적했다.[312] 주석가인 매튜 헨리도 삼손이 마지막 순간 다곤 신전을 무너뜨린 일을 주석하면서 삼손이 그리스도의 모형이 될 수 있다는 사실을 이렇게 진술했다.

그 사건은 분명히 그리스도를 예시하고 있다. 삼손이 다곤 신전을 무너뜨렸듯이 그리스도를 마귀의 왕국을 파멸시키셨고 암흑의 권세를 이기심으로 가장 영광스러운 승리를 얻게 되셨다. 그리고 나서 삼손이 두 기둥을 붙잡았듯이 그리스도는 십자가에 매달리셨고 지옥의 문을 부수어 버렸다. 삼손은 블레셋 사람과 함께 죽어 그들을 이기었다. 그러나 이 점에서 그리스도는 삼손을 능가하셨다. 즉 그리스도

311) Edmund P. Clowney, 『구약에 나타난 그리스도』, 155-56.
312) Graeme Goldsworthy, 『복음과 하나님의 계획』, 김영철 역 (서울: 한국성서유니온, 1994), 238.

는 사망으로 말미암아 사망의 세력을 잡은 자 곧 마귀를 없이 하셨다
(히 2:14,15).[313]

반더발도 삼손을 "그리스도의 그림자"(shadow of christ)로 주
장한다. 그는 삼손이 하나님의 나실인이요 구원자(삿 13:5)로, 그가
비록 약점을 갖고 있었다 할지라도 이스라엘을 구속하시고, 교회를
구속하시고, 영광스러운 미래를 보증하시는 그리스도의 그림자라는
사실을 발견할 수 있다는 사실이 정말 큰 은혜라고 진술했다.[314] 그
라프(S. G. De Graaf)는 더욱 분명하게 삼손을 그리스도의 모형으
로 제시한다. 그는 삼손이 사사들 가운데서도 아주 특별한 위치를 차
지하고 있다고 한다. 그리고 그 이유는 삼손이 여호와의 대적들과 혼
자서(single-handedly) 싸웠기 때문이라고 주장한다.[315] 그는 삼손
의 출생과 죽음도 그리고 그의 나실인으로서의 직무도 모두 그리스
도의 모형임을 드러낸다고 했다.[316] 그는 삼손의 삶의 마지막 순간을
이렇게 기술했다.

> 삼손은 블레셋 사람들과 함께 죽었다. 그는 자기 백성의 구원을 위해
> 자신을 죽음 가운데 내어 주었다. 그는 죽으면서 그가 생전에 죽인
> 대적들보다 더 많은 대적들을 죽였다. 이스라엘의 구원자는 이스라
> 엘의 대적들보다 훨씬 더 강한 자였음이 증거되었다. 이스라엘에게
> 얼마나 놀라운 위로인가? 살아서나 죽어서나 이스라엘의 강한 자 삼
> 손은 언젠가 하나님의 모든 백성들을 그들의 모든 대적들로부터 구
> 해 낼 구원자의 모형으로 남았다.[317]

성경을 구속사적 해석 방법으로 전달해야 한다는 사실을 주장하는

---

313) Matthew Henry, 『사사기· 룻기』, 박근용 역 (서울: 기독교문사, 1979), 325.
314) C. Vanderwaal, Search the Scripture, vol, 2 (Ontario: Paideia press, 1978), 106-107.
315) De Graaf, Promise and Deliverance, 38.
316) De Graaf, Promise and Deliverance, 38-39.
317) De Graaf, Promise and Deliverance, 47

여러 학자들의 견해로부터, 우리는 삼손의 삶이 얼마든지 그리스도의 모형으로 해석될 수 있다는 사실을 알 수 있게 되었다. 물론 여기서 우리가 지나치게 나아가서는 안 될 부분이 있다. 그것은 삼손이 그리스도의 모형이 된다는 말을 삼손의 삶과 행동은 모두 그리스도의 모형이 된다는 의미로 오해하는 것이다. 삼손이 그리스도의 모형이 된다는 것은 단지 삼손의 삶도 그리스도의 모형으로 해석이 될 수 있는 부분들이 있다는 의미일 뿐이다.

또한 설교자가 삼손에 관한 인물설교를 할 때에 내러티브의 해석에 대해서도 매우 주의해야 한다. 삼손 내러티브는 특별히 사람들의 흥미를 자극한다. 삼손 내러티브에서 주목해야 할 점은 참주인공이 영웅 삼손이 아니라, 그의 삶을 인도하시는 하나님이시라는 사실이다.

그리고 삼손에 관한 인물설교에서 구속에 대한 반응으로서의 윤리적 행위 또한 강조해야 한다. 삼손의 행위에 대한 해석들에는 사실 많은 오해의 여지가 있어 보인다. 이 점에 대해서는 삼손에 관한 본문을 다루는 부분에서 좀 더 상세히 다루어 보기로 하자. 삼손에 대한 설교는 삼손의 전기를 취급하는 것이 되어서는 안 된다. 그리고 역사적 등식의 부호를 사용한 설교가 되어서도 안 된다. 이런 점들을 전제로 할 때에 바른 삼손 인물설교가 가능해질 것이다.

2. 삼손 본문 해석에서 제기되는 문제들

삼손이라는 인물을 바르게 해석하려면 본문과 관련하여 나타나는 이슈들을 잘 파악해야 한다. 삼손에 관한 본문 해석은 그를 어떤 인물로 보는가에 따라 매우 달라질 수 있다.

a. 삼손은 타락한 사사인가?

그를 타락한 이스라엘의 모습을 대표적으로 보여 주는 인물이라고 전제할 때와 그를 그리스도의 모형으로 전제할 때의 해석은 매우 달라질 것임이 분명하다.[318]

실제로 여러 학자들이 삼손을 타락한 이스라엘을 대표하는 인물로 보고 있고, 그 결과 삼손의 삶 전체를 타락한 것으로 해석하는 것이 사실이다. 헌터(John E. Hunter)는 구원하기 위해 이 땅에 오신 강자이신 그리스도는 '내 뜻대로 마시고 아버지의 뜻대로 되기를 원하나이다' 라고 하셨지만, 또 다른 강자인 삼손은 구원자로 이 땅에 왔으나 그리스도와는 달리 '당신의 뜻대로 하지 마시고, 내 뜻대로 하옵소서' 라는 태도로 일관했다고 주장한다.[319] 에터베리(Mark Atteberry)는 삼손의 이야기를 천박한 드라마라고 평하면서 그의 삶은 강한 남자들이 실패하는 이유를 보여 주는 것이라고 했다.[320]

그러나 삼손에 대해 이런 견해들만 존재하는 것은 아니다. 사실 어거스틴(Augustine of Hippo)과 같은 분들은 삼손의 일생을 그리스도의 모형으로 해석한다. 물론 그의 해석은 대부분 알레고리에 기초하고 있지만, 그의 삼손에 대한 견해를 충분히 알 수 있게 해 준다. 그는 심지어 삼손이 기생의 집에 들어간 것도 그가 예언자로서 행한 신령한 표식이고 그리스도께서 죽으신 후 일어난 지옥 강하의 내용

---

318) 이러한 필자의 표현이 혹시 선(先) 전제를 가지고 본문을 해석하는 것이나, 포스트모더니즘의 영향으로 어떠한 해석에도 권위를 두지 않는 태도를 옹호하는 것처럼 보일 수 있을 것이다. 하지만 필자는 여기서 어떤 선 전제를 가지고 본문 해석을 하는 것을 말하는 것이 아니다. 이미 삼손이란 인물을 해석해 온 기존의 해석들로 인해 삼손을 있는 그대로 보지 못한다는 점을 지적하고자 한 것일 뿐이다. 또한 포스트모더니즘의 영향으로 어떠한 해석의 권위도 인정하지 않음으로 이런 주장을 하는 것도 아니다. 필자는 철저히 성경 자체의 권위를 인정하며 문자적 역사적 신학적 해석을 지지한다. 하지만 삼손에 대해서는 이미 기존의 여러 해석의 견고한 틀들이 자리하고 있기에 도리어 바른 해석을 위해 선 전제의 문제를 언급한 것이다.

319) John E. Hunter, *Judges and a Permissive Society* (Grand-Rapid: Zondervan, 1975), 97.

320) Mark Atteberry, 『삼손 신드롬』, 김주성 옮김 (서울: 이레서원, 2005), 13-15.

을 보여 준다는 식의 해석을 했다.[321] 삼손에 대한 이런 견해를 가진 분에게 삼손 이야기는 결코 타락한 사사의 이야기로만 인식될 수는 없을 것이다.

삼손을 해석하는 데에는 이렇게 자신이 미리 가지고 있는 삼손에 대한 관점이 매우 중요한 역할을 하는 것이 사실이다. 이 관점에서 사람들은 상상력을 동원하여 본문을 해석해 낸다.

b. 삼손은 어려서부터 힘이 셌을까?

예를 들어 설교자들이 삼손은 어려서부터 힘이 셌고 그 힘을 오직 어리석은 힘자랑에만 사용했다고 상상력을 동원하여 해석할 수도 있을 것이다. 하지만 그와 반대로 성경에서 삼손의 힘이 세다는 사실은 사자를 죽이는 데서 처음으로 드러났다고도 해석할 수 있다. 그 이전에 삼손에게 힘이 있었는지 없었는지는 알 수가 없기 때문이다. 이런 부분에 대한 해석은 철저히 자신의 추정에 근거할 수밖에 없다.

c. 잔치에서 삼손은 술을 마셨을까?

삼손이 잔치에 갔던 것은 사실이다. 그런데 그가 참석한 잔치는 그 용어 자체가 술 마시는 잔치를 의미하기 때문에 삼손이 술을 마신 것이라고 해석할 수도 있을 것이다. 그런 해석은 삼손이 나실인 서약을 쉽게 어겼다는 것을 증명하는 데 사용되기도 한다. 그러나 사실 많은 경건한 신앙인들이 주지육림의 잔치가 열리는 곳에서도 자신의 서약

---

321) Augustine, *The Works of Saint Augustin*, III/10: *Sermons*, trans., Edmund Hill, O. P (New York: New City Press, 1995), 276-80.

을 지키며 살고 있다는 사실로 미루어 생각할 때에, 과연 삼손이 그 잔치에 참석했다는 사실만으로 그가 술을 마시면 안 된다는 나실인 서약을 어겼다고 말해도 되는지 의문을 제기할 수도 있는 것이다. 이런 해석들 모두가 자신이 가진 삼손에 대한 관점에서부터 나오는 것이라 할 수 있다.

나실인 서약의 문제 역시도, 성경의 나실인 규약은 일정한 기간만 자신을 하나님 앞에서 구별하고자 하는 나실인들의 규약만을 제시하고 있을 뿐, 삼손처럼 나면서부터 나실인 된 사람들의 삶에서 구별해야 할 것들을 세세히 규정한 바는 없다(민 6:1-21 참조).[322] 하지만 많은 삼손 해석자들이 나실인이 지켜야 할 세 가지 규례를 삼손이 다 지켜야 했다고 하면서, 삼손은 머리를 깎지 않은 것 외에 시체를 가까이하지 말라는 규례나 술을 마시지 말라는 규례를 가볍게 여겨 어기고 말았다고 주장한다. 이러한 해석은 민수기에서 나실인에게 요구된 행동들이, 나면서 나실인이 된 사람들에게도 적용이 되었다는 사실을 가정한 해석이다.[323]

하지만 본문을 자세히 보면 삼손에게는 머리를 깎지 말라는 규례 외에는 주어진 것이 없었다. 실제로 삼손은 블레셋 사람들로부터 이스라엘을 구원해 내기 위한 일종의 전쟁의 도구였다. 그런 그가 시체를 가까이하지 말아야 한다는 규례에 매여 있다면 어떻게 전쟁을 치러야 한다는 말인지 고민해 보아야 할 것이다.[324] 이런 문제는 그렇

---

322) 이곳의 나실인은 일정한 기간만 자신을 구별하는 이들을 의미한다. 물론 한 사람의 일생도 일정한 기간이라는 주장도 가능할 것이다. 그러나 좀 더 자세히 본문을 살펴보면 민수기에 언급된 나실인은 스스로 자신을 구별하여 드리는 자를 의미한다. 즉 삼손과 같이 하나님이 직접 부르신 자가 아니라 스스로 하나님께 헌신의 기간을 작정하여 드리는 자들이라는 것이다. 그러므로 과연 이런 규례가 삼손에게도 해당되는지가 먼저 규명이 되어야 할 것이다.

323) 나실인에 관한 좀 더 자세한 논의는 「한국개혁신학」 31 (2011): 162-89에 실린 이승구 교수의 "나실인 제도의 의미와 그 신약적 적용"이라는 논문을 참고하면 좋을 것이다. 이승구 교수는 이 논문에서 나실인은 나면서 된 사람이든지 중간에 서약을 한 사람이든지 모두 자신이 구별된 존재라는 것을 분명히 하기 위해 이 세 가지 규례를 지켜야 했다고 주장한다.

게 쉽게 결론을 내릴 문제일 수 없다.

사실 나실인에 해당되는 용어는 삼손 이전에 먼저 요셉에게 사용된 적이 있었다. 창세기 49:26의 "뛰어난 자"와 신명기 33:16의 "구별한 자"가 바로 그 용어다.[325] 나실인에 해당되는 이 구약의 용어는 일부 영어 역본에서는 "왕" 혹은 "왕자"로 번역이 되기도 했다.[326] 만일 삼손이 나실인이 되었다고 하는 말이 요셉에게 사용된 이 개념과 같은 것이라고 해석한다면 어떻게 될까? 삼손은 단지 요셉처럼 뛰어난 사람이나 이스라엘을 다스릴 왕과 같은 사람으로 해석할 수 있을 것이다.[327] 즉 하나님께서 요셉을 야곱의 모든 가족들 즉 하나님이 택하신 백성들과 당시 중동 지역 전체를 구원하시는 일을 위해 구별하신 것처럼, 삼손도 이스라엘을 구원하기 위해 구별하셨다는 뜻으로 사용된 것이 된다. 구약원어신학사전에는 이 단어를 영어 단어 디스팅션(distinction)과 비슷하게 "고귀함"이란 의미를 담고 있는 것으로 보면서, "이런 식으로 이해할 때에 '왕' 혹은 '특권 계층의 구성원들'이라는 의미로 받아들여질 수 있다"[328]고 했다. 그로닝겐(Gerard Van Groningen)은 "여러 학자들이 사사들의 역할들 속에서 왕권 사상을 지적해 왔다"는 것과, 사사들에게 "몇몇 왕적 특징들이 있다는 것을 부인할 수 없다"는 사실을 지적한 바 있다.[329]

---

324) C. F. Keil & F. Delitzsch, *Commentary on the Old Testament*, vol II. trans., James Martin (Grand Rapids: Eerdmans, 1976), 405–406. 여기서 주석가는 삼손의 경우 시체를 가까이하지 말라는 규례를 부과 받지 않았을 것임이 분명하다고 주장하고 있다.

325) Nazirite, Nazarite", *The Zondervan Pictorial Encyclopedia of The Bible*, vol 4, ed, Merrill C, Tenny (Grand Rapids: Zondervan Co, 1977), 392.

326) NEB와 NIV, RSV.

327) 이 점에 대해 요셉의 경우에는 "형제 중 뛰어난 자(나실인)"라는 표현이지만 삼손의 경우에는 "하나님의 나실인"이라고 되어 있음으로 표현상 같은 것일 수 없다는 견해도 있을 것이다. 하지만 삼손을 나실인이라 할 때의 의미를 요셉의 경우와 같이 해석하고자 하는 이유는 단지 용어의 문제가 아니라 그가 받은 전쟁의 도구로서의 사명이 일반 나실인의 규례와 거리가 있다는 점도 함께 고려했기 때문이다.

328) Robert Laird, Harris, G. L. Archer, Bruce K. Waltke, 『구약원어신학사전 하』, 번역위원회 역 (서울: 요단출판사, 1986), 707.

329) Gerard Van Groningen, 『구약의 메시야 사상』, 유재원, 류호준 옮김 (서울: CLC, 2007), 312.

만일 삼손이 나실인이라는 말을 이런 방식으로 해석한다면 삼손의 모친에게 부여된 포도주나 독주를 마시지 말라는 명령도 민수기 6장의 나실인 서약과 관련된 것으로 이해하기보다, 존귀한 자(삼손)를 잉태한 이에게 이제 이후의 삶을 매우 경건하고 조심스럽게 살아야 한다는 사실을 분명하게 하기 위함이라고 볼 수 있을 것이다. 잠언 20:1은 "포도주는 거만하게 하는 것이요 독주는 떠들게 하는 것이라 이에 미혹되는 자마다 지혜가 없느니라"고 말씀함으로 포도주나 독주를 마시는 행위가 아름답지 못하다는 점을 지적하고 있다. 이뿐 아니라 잠언 31:4에서도 르므엘 왕을 향해 그의 어머니가 "포도주를 마시는 것이 왕들에게 마땅하지 아니하고……독주를 찾는 것이 주권자들에게 마땅하지 아니하도다"라고 교훈한 것도 찾아볼 수 있다. 이사야 5:22에서는 "포도주를 마시기에 용감하며 독주를 잘 빚는 자들은 화 있을진저"라고 경고하기도 했다. 이런 성경의 견해를 통해서 우리는 삼손을 잉태한 엄마가 포도주와 독주를 마시지 말고 경고를 받은 것을 반드시 나실인 서약을 지키기 위함이었다고 해석할 필요는 없지 않은가 하는 생각을 갖게 된다. 물론 버틀러(Butler)와 같은 학자들이 삼손의 어머니가 포도주와 독주를 마시지 말아야 했던 규례의 근거를 나실인 금지 규례에서 찾고 있다는 사실을 우리가 심각하게 고려할 필요는 있을 것이다. 하지만 그의 견해가 절대적이라고 생각할 이유는 없으며, 단지 여러 견해들 중의 하나로 보아야 할 것이다.[330] 설교자는 이런 모든 것들이 삼손을 연구하고 해석하는 데 하나의 중요한 이슈가 될 수 있음을 잊지 말아야 할 것

---

330) Robert Laird, Harris, G. L. Archer, Bruce K. Waltke, 『구약원어신학사전 하』, 번역위원회 역 (서울: 요단출판사, 1986), 707.
Gerard Van Groningen, 『구약의 메시야 사상』, 유재원, 류호준 옮김 (서울: CLC, 2007), 312.
Trent C. Butler, Judges, Word Biblical Commentary, vol. 8, 조호진 옮김 (서울: 솔로몬출판사, 2011), 770.

이다.

d. 삼손이 딤나 여인과 결혼하고자 한 일은 정욕 때문이었을까?

삼손이 딤나의 블레셋 여인과 혼인하려고 했던 문제에 대하여 기존의 여러 해석자들은 삼손이 자기 눈에 보기에 좋은 대로 행동하던 당시 이스라엘을 대표하는 자답게 자기 눈에 보기에 좋다는 이유로 이방 여인과의 금지된 결혼을 추진했다고 해석한다.[331] 이러한 해석은 매우 심도 깊은 연구에 기초한 것들이라 할 수 있다.

그런데 여기에도 이슈가 될 만한 문제점이 없는 것은 아니다. 개역개정 성경에는 삼손이 딤나 여인과 결혼을 추진한 이유를 "삼손이 틈을 타서 블레셋 사람을 치려 함"(삿 14:4)이었다고 설명하고 있다. 물론 개역개정 성경의 이 구절에 대한 해석에 대해 논란이 있음이 사실이다. 히브리어 성경에는 사사기 14:4의 '삼손'이 단순히 '그'라는 용어로 되어 있기 때문이다. 즉 여기서 '그'가 여호와인지 삼손인지에 대한 논란이 있다는 것이다. 실제로 우리 개역개정 성경과 달리 많은 영어 성경 번역본들이 본문의 '그'를 분명하게 여호와로 해석한다.[332] 그리고 표준 새번역 성경도 이 구절을 "주께서 블레셋 사람을 치실 계기로 삼으려고 이 일을 하시는 줄 알지 못하였다"라고 번역함으로 본문의 '그'가 여호와를 의미한다는 사실을 보여 주고 있다.

일단 삼손을 타락한 사사로 보는 이들이라면 본문의 '그'가 여호와를 의미한다고 보는 것이 매우 자연스러울 것이다. 데이비스

---

331) Walter C Kaiser, "사사기 난해구 해설", 「그 말씀」(1997년 5월): 148.
332) NKJV, NASV, AMP, CEV NLV 등.

(John J. Davis)는 "이 본문에서 '그'가 비록 문법적으로는 삼손
도 나타낼 수 있는 것이겠으나, 이 구절의 첫 번째 진술의 신학적인
본성의 관점으로 볼 때 '그'의 선행사는 삼손보다는 여호와를 의미
할 것이다"[333]라고 주장했다. 하지만 코헨(A. Cohen)은 데이비스와
달리 이 구절에서 삼손을 주어로 해석하는 것이 옳다는 의견에 동조
한다. 즉 코헨은 이 구절에서 '그'는 분명히 삼손을 의미한다는 것
이다.[334] 그리고 이런 그의 의견에 견해를 같이하는 학자들도 여럿
이 있다. 카이저(Walter C. Kaiser)는 이 구절에서 '그'가 삼손이
라는 주장에 동참하는 이들로 부쉬(George Bush), 카일(J. K. F.
Keil), 파우저(Andrew Robert Fausser)와 같은 이들이 있다고 했
다.[335] 실례로 조지 부쉬는 그의 책에서 "문법적 구조에 관한 한 본문
동사의 적절한 주어를 주님 자신으로 이해해야겠지만, 훨씬 자연스
럽고 이치에 맞는 해석은 그를 삼손으로 이해하는 것"이라고 주장했
다.[336] 그리고 카일의 경우도 "삼손은, 그의 부모도 알지 못하는, 하
나님께로부터 온 고상한 충동을 따라 행동하고 있었다고 하면서, 삼
손이 블레셋을 칠 기회를 찾고 있었다"[337]고 본문을 해석했다. 파울
루스(Cassel Paulus)는 이 구절을 주해하면서 "그가 블레셋 아내를

333) John J. Davis, Conquest and Crisis-Studies in Joshua, Judges, and Ruth (Grand Rapids: Baker
    Book House, 1965), 136. 존 J. 데이비스, "본문연구 IV:삼손" 「그 말씀」(1997년 5월): 139 참조. 월터 카
    이저에 의하면 이런 주장에 함께 하는 이들 중에는 Dale Ralph Davis와 Leon Wood, 그리고 Luke
    Wiseman 과 같은 사람들이라고 한다(148쪽 참조). Pulpit 주석은 이 부분에 대해 대부분의 주석가들이
    이곳의 '그'를 삼손으로 해석했다는 점을 지적하면서, 그러한 해석이 삼손의 성급한 삶에 대한 전체적
    취지와 반대가 된다는 이유로 '그'를 삼손으로 해석하는 것을 반대했다. The Pulpit Commentary, vol
    3, ed., H. D. M. Spence (Grand Rapids: Eerdmans Pub, 1950), 149.
334) A. Cohen, Joshua and Judges (New York: The Soncino Press, 1987), 269. 그는 하나님께서 기회를 엿
    볼 필요가 있었다는 식의 사고는 히브리식의 사고가 아니라고 하면서 본문의 '그'는 삼손이라고 생각
    하는 것이 올바르다고 주장했다. 물론 히브리식 사고라는 것이 성경을 이해하는 데 반드시 옳은 사고방
    식이라 할 수는 없겠지만, 과거 이스라엘의 의식의 구조를 파악하기에는 좋은 자료가 될 수 있다고 생각
    된다.
335) Kaiser, "사사기 난해구 해설", 「그 말씀」(1997년 5월): 148.
336) George Bush, Notes Critical and Practical on the Book of Judges (New York: Ivision, Phinney,
    Blakeman & Co., 1866), 186.
337) C. F. Keil & F. Delitzsch, Commentary on the Old Testament, vol. IV: Joshua, Judges, Ruth, trans.,
    J. Martin (Edinburgh: T. & T Clack, 1875), 409.

취한 것은 민족에 대한 반역 행위였지만, 그에게 있어서는 민족적 자유를 얻기 위한 행동의 기회였다"고 하면서, 삼손 행위의 전체 배경은 "그때에 블레셋 사람이 이스라엘을 다스린 까닭"(삿 14:4)이었다고 주장했다.[338] 이러한 파울루스의 본문 주해의 내용을 통해 우리는 그가 본문에서 블레셋을 공격하고자 하는 주체를 삼손으로 보고 있음을 알 수 있다. 이들 외에도 토드(John Todd)의 경우에는 주일학교 아이들을 가르치기 위해 일종의 질문하는 책을 저술했는데, 거기서 "블레셋 사람들을 칠 기회를 찾은 사람은 누구인가?"라는 질문을 던지고는 그 답을 "삼손"이라고 했다.[339] 이처럼 본문의 '그'를 누구로 해석해야 하는지에 대해서는 논란의 여지가 많다.

본문의 '그'가 누구인가에 대한 해석의 문제는 성경번역자들 사이에서도 고민스러운 일이었음이 분명하다. 많은 영어 성경 번역본들이 본문의 '그'가 누구인지를 확정하여 제시하고 있지 않다는 사실에서 우리는 이러한 사실을 지적할 수 있을 것이다.[340] 물론 문장의 선행사를 보고 단정적으로 '그'가 하나님을 의미한다고 주장할 수도 있겠지만, 앞서 살펴본 바와 같이 '그'가 누구인지에 대한 해석에는 논란의 여지가 있음이 사실이다.[341] 이런 사실들을 통해 우리는 이 구절에서 삼손에 대해 각 학자들이 취하는 견해들도 결국 학자 개개인이 삼손에 대하여 어떤 관점을 지니고 있는가와 밀접한 관계가 있을 수밖에 없다는 사실을 알 수 있게 된다.

---

338) Cassel Paulus, *The Book of Judges* (New York: C. Scribner, 1899), 193.
339) John Todd, *A Question Book: Embracing Books of Joshua and Judges* (Northampton: Bridgman & Childs, 1862), 117.
340) KJV, ASV, RSV, NRSV 등.
341) 본문의 "그"를 삼손으로 해석하는 학자들은 대개 19세기의 주석가들인 반면에, 현대 주석가(NICOT, NAC, TOC, WBC, Interpretation, Hamilton, 송병현, 김지찬, 박윤선 etc)들은 주로 "하나님"으로 해석한다. 특히 현대 주석가들이 더욱 히브리어 문법적인 면에 중심을 두고 있는 반면에, 19세기 주석가들은 해석적 전제를 가지고 임했다고 생각될 수 있는 측면도 있다. 하지만 필자의 생각에는 이런 해석들에 논란의 여지가 있다는 것이다.

어쨌든 만일 삼손이 블레셋 사람들을 치기 위해 딤나 여인과 이 결혼을 추진했다고 한다면 그 후의 삼손에 대한 해석들은 상당히 달라질 수 있을 것이다. 만일 삼손이 그런 목적을 가지고 있었다고 한다면, 이 구절은 블레셋을 치려 하시는 하나님의 의도를 알고 삼손이 믿음으로 반응했음[342]을 보여 주는 구절이 될 것이다. 물론 그럼에도 불구하고 삼손의 행위는 자신의 목적 달성을 위해 악한 수단을 사용한 것이라고 비난할 수도 있을 것이다. 하지만 그것은 삼손이 블레셋을 물리치고 이스라엘에 자유를 준 사건에 비한다면 아무것도 아닌 지극히 작은 일이 될 것임이 분명하다고 생각된다.

e. 삼손이 가사 기생에게 들어간 것은 나쁜 짓을 하기 위함일까?

삼손이 가사의 기생에게 들어갔다는 사실 역시도 삼손이 나쁜 짓을 하기 위해 들어갔다고만 할 수 있는 것일까? 물론 우리는 일반적인 추정을 통해 기생의 집에 들어갔다는 사실이 나쁜 일을 행하기 위해 들어간 것이라고 생각하는 것이 자연스러울 수 있을 것이다.

하지만 그가 기생의 집에 들어간 것이 나쁜 짓을 하기 위함인지 아니면 단지 그곳에 머물기 위해 들어간 것인지는 삼손에 대한 해석자의 관점에 따라서 크게 달라질 수도 있다고 생각된다. 왜냐하면 기생의 집은 당시 여관과 같은 역할을 했던 부분들도 있기 때문이다. 우리는 이 문제에 대해 기생 라합의 집에 머물렀던 정탐꾼들의 이야기를 참고해 볼 수 있을 것이다(수 2:1). 정탐꾼들이 기생 라합의 집에 들어간 것은 그곳에 머물기 위함이었다. 그렇다면 삼손이 기생을

---

342) Leon J. Wood는 아마 삼손도 어느 정도는 하나님의 의도를 이해하고 있었을 것이라고 했다; *Downfall and Deliverance: The Book of Judges* (Des Plaines: Regular Baptist Press Pub, 1975), 95.

보고 그 집에 들어갔다는 말도 동일하게 해석될 수 있지 않을까? 물론 이런 추정에 대하여 강하게 반대하는 이들도 있을 것이다. 왜냐하면 "그에게 들어갔더니"라고 한 본문에 사용된 히브리어의 표현 방식이 일종의 관용적인 것으로 "성관계를 갖다"라는 뜻을 갖고 있기 때문이다. 하지만 코헨은 이 구절에 대해 '삼손이 이렇게 강하게 요새화된 도시에 들어가서 기생의 집에 숙박함으로(lodging) 자신의 두려움 없음을 과시했다'[343]고 해석했다. 그의 해석은 기생과 나쁜 짓을 하기 위해 들어갔다는 뉘앙스보다 남의 눈에 쉽게 띄지 않는 곳으로 숙박하러 들어갔다는 의미가 강해 보인다. 코헨은 이런 사실을 여호수아 2장 사건과 연결 지으면서, 삼손이 그렇게 한 것은 자신이 덜 드러나게 하기 위함이었다고 했다.[344] 스멜릭(Willem F. Smelik)은 탈굼(Targum) 역본을 영어로 옮기면서 우리말 "기생"에 해당되는 용어를 "호스테스"(hostess)로 번역했다.[345] 이 용어가 우리나라 사람들에게는 별로 좋은 의미로 인식되지 않는다. 우리는 이 용어를 쉽게 '여성 접대부' 정도로 이해할 수도 있을 것이다. 하지만 실제로 이 용어는 손님을 초대한 안주인이라는 의미로 가장 먼저 해석되어야 한다. 파울루스는 그의 책에서 고대 주석가들이 본문의 기생을 "female innkeeper"(여관집 여주인)로 설명한 것은 어느 정도 옳았다고 평가하면서, 탈굼역은 어느 곳에서나 기생을 "여관집 여주인"으로 해석했다고 설명하고 있다.[346] 만일 이런 해석을 받아들이게 된다면 우리는 삼손이 기생의 집에 들어간 것은 결코 나쁜 짓을 하기 위함이 아니라 단지 하룻밤을 묵기 위한 것이라고 해석할 수 있을 것이다.

---

343) Cohen, *Joshua and Judges*, 278.
344) Cohen, *Joshua and Judges*, 278.
345) Willem F. Smelik, *The Targum of Judges* (Leiden: E. J. Brill, 1995), 583.
346) Paulus, The Book of Judges, 212.

삼손을 타락한 인물로 규정한 상황에서 본문을 본다면 그가 이 여성에게 들어간 사건이 크게 부각될 것이다. 그러나 그 반대의 입장에서 본문을 보면 다른 것이 보일 것이다. 즉 삼손이 가사에 간 목적 자체가 바로 블레셋 사람들이 달아 놓은 성문을 떼어내기 위한 것이라는 사실이다. 그렇지 않다면 그의 행동은 그저 무모한 힘자랑이요, 처음부터 끝까지 바보짓거리에 불과한 것이 되고 말 것이다. 이것은 하나님의 택하신 사사를 지나치게 비하하는 것이 아닌가 하는 생각이 든다.

삼손을 해석하는 데 있어서 이 모든 것들이 하나하나 이슈가 될 수 있다. 물론 어느 것 하나도 쉽게 결론을 내릴 문제는 아니다. 양자가 모두 다 추정에 불과하기 때문이다. 다만 필자의 판단으로는 삼손이 단지 힘만 센 어리석고 타락한 사사라는 개념은 성경의 지지를 받기 어렵다는 생각이다.

f. 삼손의 삶에 대한 히브리서 기자의 평가를 어떻게 해석해야 할까?

히브리서 기자는 "기드온, 바락, 삼손, 입다, 다윗 및 사무엘과 선지자들의 일을 말하려면 내게 시간이 부족하리로다. 그들은 믿음으로 나라들을 이기기도 하며, 의를 행하기도 하며 약속을 받기도 하며 사자들의 입을 막기도 하며……"(히 11:32-33)라고 했다.

여기서 삼손의 행위는 결코 부정적인 의미로 언급이 되지 않았다. 히브리 기자는 삼손이 믿음으로 산 사람이었다고 소개하고 있다. 물론 이 문제를 해석하는 사람들은 이것은 오직 하나님의 은혜를 나타내 주는 것이지, 삼손의 행위가 옳았다는 것을 의미하지는 않는다고 주장한다.[347] 그런데 삼손의 행위를 부정적으로 다룰 때에 히브리 기자의 주장은 사실 해석하기 힘든 것이 된다. 박영선 목사는 이 구절을 해석하는 것이 어렵다는 사실을 다음과 같이 표현했다.

> 히브리서 11장에 기록된 믿음의 위인들이 무엇을 근거로 하며 어떤 평가 기준으로 위인으로 평가되느냐 하는 것은 훨씬 어렵습니다. 지금으로서는 솔직히 제 입장으로는 잘 모르겠습니다. 우리는 '히브리서 11장에 나온 사람들은 무조건 다 영웅들이라고 했었다. (그러나) 그것만은 아니다.' 저는 여기까지만 추적해 왔습니다.[348]

그런데 그런 해석상의 어려움이 사실은 삼손에 관한 본문을 타락한 사사라는 의미로만 보려고 하는 데서 비롯된 것은 아닐까? 히브리서 기자는 분명히 이들 모두를 "세상이 감당치 못할"(11:38) 사람들로 소개하고 있다. 그리고 이들 모두가 "믿음으로 말미암아 증거를 받은 사람들"(39절)이라고도 했다. 이 구절들이 증거하는 내용은 너무나 분명하지 않은가? 이들이 우리가 본받아야 할 믿음의 사람들이라는 것이다. 즉 삼손도 바로 그런 인물들 가운데 하나라는 말이다.

물론 이 말이 이곳에 제시된 모든 인물들의 행위 전체를 본받아야 한다는 뜻은 아니다. 다윗만 하더라도 우리야의 아내인 밧세바를 범하고 심지어 충신 우리야를 간계로 살해하기까지 한 바 있었다. 이런 점들을 본받으라는 것이 성경의 교훈일 리는 만무하다. 당연한 말이겠지만 다윗의 삶이 전적으로 이런 악한 행위로만 점철된 것은 아니다. 성경은 다윗을 "하나님 마음에 합한 자"(행 13:22)라고 소개한다. 다윗의 인생이 전적으로 악하기만 했다면 결코 이런 소개를 할 수 없었을 것이다. 우리가 본받아야 할 부분은 바로 다윗의 인생에서

---

347) Mark Atteberry는 삼손을 구제불능이라고 해석하면서 그가 히브리서 11장에 등장하는 것은 그를 기리려는 것이 아니라 하나님의 은혜를 기리는 것일 뿐이라고 주장했다(그의 책 『삼손 신드롬』 후기 중에). 하지만 그 역시도 삼손에 대한 우리의 판단이 잘못된 것일 가능성에 대해 언급했다.
348) 박영선 『구원 그 즉각성과 점진성』 (서울: 새순출판사, 1992), 200.

하나님의 마음에 합한 부분들일 것임이 분명하다.

오늘날 철저히 보잘것없는 인물로 알려진 사사-삼손이 사실은 우리가 본받아야 할 사람이라는 것을 어떻게 조화시킬 수 있을 것인가? 그것은 삼손에 대한 기존의 해석을 바꾸어야 한다는 사실을 가르쳐 주는 것은 아닐까? 삼손은 철저히 부족한 사람이라는 사실만 강조되고 있는 현실에서, 그에 대한 새로운 해석을 통해 그의 올바른 행동을 믿음의 본으로 삼고 따를 수 있다면 매우 유익할 것임이 분명하다.

물론 성경의 인물들이 실패한 모습밖에 보여 줄 것이 없을 때에, 하나님의 은혜가 더욱 크게 부각될 수도 있을 것이다. 그러나 만일 이런 모습만 나타난다면 마치 '은혜를 더하기 위해 죄를 짓자'(롬 6:1 참조) 하는 것과 다를 바 없는 논리적 사고에 빠지기 쉽다. 더 바람직한 방법은 하나님의 은혜를 입은 사람들이 그 은혜에 반응하는 모습을 통해 성도들이 도전을 받는 것이다. 그것은 인간을 자랑하기 위함이 아니라 도리어 하나님의 은혜가 정말 모든 인간들을 감동시키기에 충분한 것임을 드러내 주는 것이 될 것이다. 물론 억지로 성경인물들을 위인으로 만들자는 것이 아니다. 단지 혹시라도 우리의 선입견으로 인해 성경인물의 장점을 놓치고 있는 것은 아닌지 주의 깊게 살피고, 그 인물들이 하나님의 은혜에 반응하는 모습들을 성경에 나타난 그대로 보고 인정하는 것이 중요하다는 뜻이다.

g. 들릴라는 블레셋 창녀였을까?

들릴라에 대해서도 여러 주석가들이 블레셋 여인이며, 창녀일 것이라고 해석한다.[349] 그런데 들릴라는 블레셋 여인이나 창녀로 추정하기에는 본문에 많은 문제점들이 있다. 우선 블레셋 사람들이 이전 딤나의 블레셋 여인을 다루었던 방식과 들릴라를 다루는 방식이 너무나 다르다는 점을 지적하지 않을 수 없다. 이전 딤나 여인의 경우 수수께끼를 풀기 위해 블레셋 사람들은 그녀의 가족을 죽이겠다는 위협을 가했다. 그러나 들릴라는 그런 협박을 한 것이 아니고, 블레셋의 다섯 방백이 모두 그녀에게 엄청난 규모의 돈을 주기로 약조를 했다. 이것은 들릴라가 함부로 하기 어려운 귀족이나 힘이 있는 여인이었음을 나타내 줄 수도 있지 않을까? 뿐만 아니라 삼손이 이전 딤나여인과 결혼을 한다고 했을 때에는 이방인과 결혼한다는 사실에 대해 가족들의 반대가 있었음이 드러나 있다. 하지만 들릴라와의 연애에 대해서는 그런 기사들이 나타나지 않는다. 이런 점은 들릴라가 도리어 이스라엘 여인이거나 매우 존귀한 여인일 수도 있다는 말은 아닐까?

하지만 사실 이 모든 것들은 성경 본문을 통해 추정해 본 사실들에 불과한 것들이다. 실제로 들릴라에 대해 성경이 언급하고 있는 것은 그녀가 "소렉 골짜기"에 살고 있던 한 여인이었다는 사실뿐이다. 필자가 이곳에서 들릴라의 삶을 새로운 면에서 추정한 이유는 들릴라에 대한 현재까지의 해석과 설교들이 앞서 다룬 내용들, 즉 그녀가 블레셋 사람이었다든지, 혹은 창녀였다든지 하는 해석들을 많이 담고 있었기 때문이다. 필자는 이런 일방적인 성경해석과 설교들이 가지고 있는 문제점들을 지적하고 싶었을 뿐이다.

---

349) *The Interpreter's Bible vol. II: Leviticus-I,IISamuel*는 이 부분에 대한 주석에서 들릴라가 셈족의 이름을 가지고 있지만 블레셋 사람이었을 것이라고 주장한다. 하지만 셈족의 이름을 가졌다는 것에서 우리는 도리어 그녀가 이스라엘 사람이거나 혹은 존귀한 신분의 사람이었을 수도 있다는 생각을 할 수도 있다. 사실 이런 것은 해석의 문제라 할 수 있을 것이다. 물론 당시 이방 사람들이 이스라엘 식 이름으로 불리는 것이 흔한 일이었다고 할 수도 있을 것이다. 그러나 훨씬 자연스러운 것은 셈족의 이름을 가진 사람을 셈족으로 칭하는 것이 아닐까? 실제로 들릴라가 블레셋 사람이었다는 주장도 전혀 뒷받침할 만한 것들은 없다.

사실 들릴라가 어디에 속한 여인인지는 확정하기가 쉽지 않다. 이런 문제를 다루는 데 있어서 해석자가 가진 삼손에 대한 관점이 매우 중요한 역할을 할 것이다.

h. 삼손의 죽음은 자살일까?

삼손의 죽음에 관한 해석들도 사실은 각자의 관점에 따라 매우 다른 것을 볼 수 있다. 삼손을 타락한 인물로 보는 견해를 가진 상당수의 해석자들은 삼손은 마지막까지 자신의 개인적 복수만을 위해 살다가 죽고 말았다고 주장한다. 심지어 삼손은 자살을 했고 그의 죽음은 의롭지 못하다고 해석하기도 한다. 그러나 다른 이들은 삼손의 마지막 모습은 다시 사사로서의 사명을 되찾고, 원수들을 패퇴시키고 이스라엘에 결정적인 승리를 가져다준 영광스러운 행위라고 해석한다.

물론 삼손도 분명히 인간적인 약점들을 많이 가진 사람임이 분명하다. 우리는 어떠한 인간도 그리스도를 온전히 대신할 수는 없다는 사실을 잘 알고 있다. 그러나 그렇다고 해서 하나님의 구속의 역사에 반응하며 나름대로 최선을 다해 신앙생활을 하는 성경인물들의 삶 전체가 아무것도 아닌 것처럼 취급되어서도 안 될 것이다. 도리어 그들이 하나님의 구속에 반응하여 보여 주는 신앙적 결단과 희생의 모습들은 후대 신자들이 따라야 할 귀중한 윤리적 모범이 된다고 해야 할 것이다. 이 책에서는 삼손을 기존의 타락한 인물이라는 종래의 관점과는 다른 견해를 취하여 삼손을 해석하는 입장을 견지한다.

제2장

삼손설교의 실제

여기서는 삼손에 관한 사사기 13-16장의 말씀을 본문으로 각 장마다 한 편씩의 설교문을 실제로 작성해 제시함으로써 어떻게 삼손에 관한 설교를 하는 것이 바람직한지를 논의하고자 한다.

A. 사사기 13장을 본문으로 한 설교 작성 원리와 실례

1. 설교 작성을 위한 본문 이해

우선 어떤 역사적 본문을 가지고 설교를 하든지 성경인물설교를 하고자 하는 설교자는 앞서 제시한 7가지 인물설교의 원리들을 생각하면서 설교를 작성해야 한다.

먼저 본문 내러티브의 흐름에 대하여 살펴보자. 내러티브에 대한 바른 이해는 역사적 본문에 등장하는 인물에 대해 설교하고자 하는 이들에게는 가장 중요하고 우선해야 할 일임이 분명하다. 내러티브에 대한 바른 이해가 없이 온전한 성경인물설교는 불가능하기 때문이다. 사사기 13장은 삼손이 탄생하기 직전 이스라엘의 타락한 모습을 보여 주면서 삼손의 부모가 어떤 과정을 통해 삼손을 낳게 되었는지를 밝혀 주는 내용이 중심을 이루고 있다.

사사기 13:1은 "이스라엘 자손이 다시 여호와의 목전에 악을 행하였으므로"라는 말로 시작이 되고 있다. 여기서 우리는 이스라엘의 타락이 다시 반복되고 있었다는 사실을 알 수 있다. 타락한 이스라엘에게는 사사기의 반복적인 역사에서 이미 본 것처럼 하나님의 징계가 임하기 마련이다. 결국 하나님께서는 그들을 블레셋의 손에 넘겨주어 40년 동안 압제를 당하게 하셨다.

그런데 여기서 주목할 만한 사실이 한 가지 있다. 그것은 이전 사사들의 이야기에서는 이런 압제를 당할 때, 이스라엘이 언제나 하나님께 부르짖었다는 말이 등장하는데, 여기서는 그런 구절을 찾아볼 수가 없다는 것이다. 이 점에 대해 캠벨(Donald K. Campbell)과 린제이(F. Duane Lindsey)가 공저한『여호수아 · 사사기』주석은 사사기 3:9, 15; 4:3; 6:7; 10:10과 대조적으로 "하나님이 삼손을 구원자로 일으키시기 전에 이스라엘이 하나님께 부르짖었다는 아무런 언급이 없다"[350]는 점을 특별히 지적했다. 또한 김의원·민영진 공저의『사사기/룻기』에서도 "간구 공식 부분은 생략되었다. 이스라엘 백성들이 블레셋 사람들의 압제로 인해서 여호와께 구원을 간구했다는 언급은 없다"[351]고 지적한 바 있다. 이것은 당대 이스라엘이 얼마나 타락한 상태였는지를 보여 주는 중요한 시금석이다. 삼손 당시의 이스라엘 백성들은 하나님을 찾는 일조차도 완전히 잊어버리고 있었던 것이다. 하지만 하나님은 이처럼 타락한 이스라엘을 위해 마노아라는 한 사람의 가정을 택하여 구원자를 예비하고 계셨다. 그 구원자로 인하여 이스라엘은 블레셋 사람들의 압제의 손에서 해방 된다. 그리고 아이가 없던 마노아의 가정은 이 아이로 인한 기쁨과 즐거움을 선물로 받았다.

---

350) Donald K. Campbell & F. Duane Lindsey,『여호수아, 사사기』, 장의성 옮김 (서울: 두란노, 1997), 178.
351) 김의원·민영진,『성서주석 사사기/룻기』(서울: 대한기독교서회, 2007), 494.

하나님께서는 먼저 마노아의 아내에게 나타나셔서 아들을 낳을 것이라는 사실을 계시해 주셨다. 사실 마노아의 처 역시도 자신의 불임 문제 때문에 하나님께 간구했다는 기록은 없다.[352] 그럼에도 불구하고 하나님은 그녀에게 나타나 주셔서 아이를 잉태할 것이라는 사실과, 그 아이가 블레셋 사람의 손에서 이스라엘을 구원하기 시작할 것이라는 사실을 계시해 주셨다. 그러면서 아이를 임신한 동안은 포도주와 독주를 마시지 말고 어떤 부정한 것도 먹지 말라고 명하였고 아이에게는 머리에 삭도를 대지 말라고 하셨다. 그 이유는 그 집에 태어날 아이는 날 때부터 나실인이기 때문이라고 하셨다. 하나님의 사자로부터 놀라운 말을 들은 마노아의 아내는 즉시 자기 남편에게 가서 자신이 들은 바를 그대로 전했다.

여기서 하나님의 사자의 등장은 구속사적으로 매우 중요한 의미를 갖는다. 그것은 이스라엘의 불신앙에도 불구하고 여전히 그들을 향해 구원의 은혜를 베푸시는 언약에 신실하신 하나님의 모습을 나타내 주기 때문이다. 이제는 구원자를 보내 주실 것을 간구조차 하지 않을 정도로 타락한 이스라엘을 위해 아이를 낳지 못하는 석녀인 한 여인의 몸을 통해 기적적인 방법으로 구원자-아이를 태어나게 하시는 하나님의 역사하심은 그분의 선하심과 사랑이 얼마나 크고 놀라운지를 잘 드러내 주는 것이라 할 수 있을 것이다.[353] 그리고 이러한 하나님의 사역은 아직 죄인 된 인간들, 경건치 않은 인간들, 전혀 하나님의 은혜를 요구하지도 않는 타락한 인간들을 구원하시기 위해 아들이신 예수 그리스도를 보내 주신 하나님의 사랑의 모습을 희미하게나마 우리에게 맛보게 해 준다.

352) 김의원·민영진, 『성서주석 사사기/룻기』, 495.
353) 김지찬 교수는 자신의 책 『오직 여호와만이 우리의 사사』에서 불임의 여인인 삼손의 어머니와 그 부친이 자신들의 문제를 위해 기도조차 하지 않았던 것을 절망으로 자포자기한 이스라엘의 모습을 보여 주는 유비라고 해석하고 있다. 김지찬, 『오직 여호와만이 우리의 사사』(서울: 생명의 말씀사, 2010), 324-25.

이런 본문의 내러티브는 타락이 극에 달한 시점을 보여 주면서 그와 대비되는 하나님의 은혜의 크기를 극적으로 보여 주고 있다고 할 수 있을 것이다. 모든 것을 이끌어 가시는 참주인공은 하나님이시다. 1-7절에서는 마노아의 처가 수동적으로 모든 것을 받아들일 수밖에 없는 상황이었다.

이처럼 13장의 첫 부분은 인간의 삶에서 구속을 이루어 가시는 하나님의 은혜가 얼마나 크고 놀라운지가 드러나 있다. 하나님은 의를 행하기에 무능한 이스라엘을 찾아와 주셨고, 그들에게 희망을 주셨으며, 그들에게 구별된 삶을 요구하셨다. 비록 하나님이 전면에 나타나서 활동하시는 것으로 기술되어 있지는 않지만 배후에서 삼손의 삶을 통해 자신의 계획을 운행하고 계신다는 사실이 분명하게 드러나 있다.[354]

마노아는 자기 처가 그 신비한 일을 경험하는 동안 함께 있지 않았다. 그는 아내의 말을 듣고 "다시 한번 하나님의 사람을 보내 주셔서 그 낳을 아이에게 자신들이 어떻게 해야 할지를 가르쳐 달라"고 요청했다.[355] 여기서 우리는 마노아가 보이는 믿음 안에서의 큰 절제의 반응을 볼 수 있다. 그는 자기 아내의 행실을 의심하거나 아내가 들었다는 말에 의문을 제기하기보다 먼저 하나님께 간구하며 자기의 궁금함을 해결하고자 하는 모습을 보이고 있다. 이것은 매우 신앙적인 반응이라고 생각된다.[356] 하나님께서는 이런 마노아의 기도를 들으셨다. 그리고 그에게 응답해 주셨다. 흥미로운 사실은 하나님의 사자가 마노아의 기도를 들으시고 마노아에게 직접 나타나신 것이

---

354) 김의원·민영진, 『성서주석 사사기/룻기』, 511.
355) 김지찬 교수는 마노아가 이렇게 기도한 이유를 "아내가 나실인 맹세를 하려면 남편의 허가를 받아야 할 필요가 있었기 때문"이라고 해석했다. 『오직 여호와만이 우리의 사사』, 331.
   Daniel I. Block은 그의 주석에서 지식이 힘이었기에 마노아가 그의 집 안에서 다시 힘을 갖기로 결정함해서 여호와의 사자의 재등장을 요구한 것이라고 해석하고 있다. *The New American Commentary*, vol. 6B: *Judges; Ruth* (Nashville: Broadman & Holman Publisher), 407.

아니라 마노아의 아내에게 나타나셔서 그녀로 하여금 마노아를 불러 오게 역사하셨다는 사실이다. 이것은 아마도 그의 가정 안에 일어날 수 있는 의구심을 조금도 남겨 두지 않으시려는 하나님의 세심한 배려가 아닐까?[357]

하나님의 사자는 마노아에게 그의 아내에게 했던 말씀을 다시 해 주었다. 마노아는 하나님의 사자에게 자신이 음식을 준비할 터이니 머물러 달라고 요청했다. 하나님의 사자는 마노아의 청을 거절했다. 그가 마노아의 청을 거절한 것은 16절에서 "이는 그가 여호와의 사자인 줄을 마노아가 알지 못함이었더라"라는 말씀을 통해 미루어 짐작할 때 그가 천사와 같은 존재였기 때문이었을 것이다.[358] 하나님의 사자는 "번제를 준비하려거든 마땅히 여호와께 드릴지니라"고 하면서 그에게 임할 일들에 대한 모든 감사를 하나님께 드려야 한다는 사실을 지적해 주었다.

마노아는 여호와의 사자의 이름을 물었고 그는 자신의 구체적인 이름을 말해 주지 않았다. 그리고 이런 대답을 해 주었다. "내 이름은 기묘자라." 이것은 그의 이름을 드러낸 것이라기보다는 그 이름의 성격을 드러내 주는 것으로 "이해하기 어렵다"는 뜻으로 보아야 할 것이다.[359] 하지만 동시에 기묘자란 이름은 우리 예수님께 사용되는 독특한 이름이기도 하다. 그러므로 여기서 마노아에게 나타나신 여호와의 사자가 바로 그리스도이셨다고 말할 수도 있을 것이다.[360] 이 사실에서 은혜로우신 하나님의 위대하신 역사를 볼 수 있게 된다. 즉 이 말씀을 통해 택한 백성들을 구원하시기 위해 역사하시는 삼위 하

357) Matthew는 "마노아는 자기 아내가 누군지 알 수 없는 사람과 부적절한 교제를 나눈 것이 아닌가 염려했을 수도 있다"는 해석을 했다. Butler, 『사사기』, 771에서 재인용.
358) 김지찬 교수는 하나님의 사자가 음식을 먹지 않은 이유는 그가 신적인 존재임을 보여 주는 것으로 해석했다; 김지찬, 『오직 여호와만이 우리의 사사』, 337.
359) 김지찬, 『오직 여호와만이 우리의 사사』, 339.
360) De Graff, Promise and Deliverance, vol II, 42.

나님의 연합된 사역을 깨닫게 되고, 그 은혜와 사랑의 풍성함을 알 수 있게 된다.

마노아가 제물을 준비해서 여호와께 드릴 때에 이적이 일어났다. "불꽃이 제단에서부터 하늘로 올라가는 동시에 여호와의 사자도 불꽃에 휩싸여 올라가는" 일이 벌어진 것이다. 이 사건은 그들과 함께 하시는 하나님의 위대하심과, 마노아에게 계시하여 주신 이름과 같이 기묘자 되심을 드러내 주신 것이었으며, 동시에 그들의 제사를 하나님께서 받으셨음을 보여 주신 것이었다. 그리고 이러한 하나님의 나타나심은 죄인 된 인간의 마음에는 두려움을 가져다주는 사건이었다.

우리는 지금까지 사사기 13장에서 죄악 된 자기 백성들에게 다가오셔서 구원을 이루어 주시는 하나님의 은혜로우신 사랑의 이야기를 들을 수 있었다. 이것이야말로 삼손 이야기의 핵심이라 할 수 있을 것이다.

2. 설교 실제[361]

3. 설교 작성 원리

위에 제시된 설교 예문은 필자가 앞서 제시한 7가지 인물설교방법론에 의해 구성해 본 것이다.

제목: 은혜로우신 하나님
본문: 사사기 13:1-5

---

361) 필자가 쓴 『이스라엘 민족의 영웅 삼손』에는 이 내용의 설교가 실려 있지 않다. 사실 이 책을 준비하면서 필자 자신의 설교들도 돌아보는 기회가 되었는데 여러 설교들이 모범적인 형태를 취하고 있음을 발견했다. 그리고 이곳에 제시된 설교의 전문은 〈부록 I〉에 실려 있다.

하나님께서 이스라엘을 블레셋 사람들의 손에 넘겨주신 후, 40년의 세월이 흘러가고 있던 중, 당신의 사자를 통해 석녀인 마노아의 처에게 아들을 주시겠다는 약속을 해 주셨습니다. 그리고 아이가 태어날 때까지 특별히 거룩한 삶을 요구하셨고, 태어날 아이는 평생 동안 구별된 삶을 살게 될 것임을 말씀하시면서, 그 아이가 블레셋 사람들의 손에서 이스라엘을 구원하기 시작할 것이라고 하셨습니다.

1. 자비의 하나님

사사기에는 반복되는 순환 구조가 있습니다. 타락-징계-간구-구원-평화-타락의 일정한 구조입니다. 이스라엘은 죄로 인해 이방인들의 탄압을 받게 되면 간절히 하나님께 간구했습니다(4:3, 6:6, 10:9-10). 그런데 흥미롭게도 삼손이 태어나던 시기에 이스라엘은 40년간이나 블레셋의 압제 아래 있으면서도 간구조차 하지 않았습니다. 이들은 블레셋이 자신들을 통치하는 것을 자연스럽게 인정하고 있었습니다(삿 15:11). 하나님은 이런 이스라엘을 먼저 찾아 주신 것입니다.

오늘날 우리의 삶도 이들과 비슷합니다. 우리 하나님께서는 우리가 전혀 하나님을 알지도 못할 때에, 여전히 죄악을 낙으로 삼고 세상 것을 즐기며 살고 있던 때에 우리를 찾아와서 변화시켜 주셨다는 사실을 잊지 말아야 할 것입니다.

하나님의 찾아오심은 그 자체로 놀라운 축복이었습니다.

1) 그것은 타락한 이스라엘에게 임한 구원 사건이었습니다.
2) 그것은 개인적으로 한 가정의 축복이 되었습니다.

2. 구원자 하나님

하나님께서는 고통당하고 있던 그 시대를 구원하시기 위해 마노아의 가정에 이스라엘을 구원할 아이를 주셨습니다.

동일하신 하나님께서 우리가 고통당하는 모습을 보시고, 우리를 위해 독생자 예수님을 보내 주셨습니다.

삼손의 탄생은 하나님께서 이스라엘에게 소망을 주신 사건이었습니다. 마찬가지로 오늘날 우리는 예수 그리스도 안에서 진정한 소망을 품고 살아갈 수 있다는 사실을 잊지 말아야 할 것입니다.

3. 변화를 촉구하시는 하나님

하나님의 사자는 삼손을 낳을 것을 예언하여 주시면서 그 모친에게 성결한 삶, 구별된 삶을 요구하셨습니다. 포도주와 독주 그리고 부정한 것들을 입에 대서는 안 된다는 것이었습니다. 그녀는 취해 살아서도 부정하게 살아서도 안 되는 사람이라는 것입니다. 오직 말씀대로 정결한 삶을 살라는 것이었습니다.

이러한 삶의 모습은 오늘날 하나님의 은혜를 입은 우리에게도 해당이 됩니다. 하나님의 백성이 된 우리는 성령의 소욕을 따르는 자들이 되어야지 육신의 소욕을 따르는 자들이 되면 안 됩니다(갈 5:19-22).

a. 구속사적, 그리스도 중심적 해석

필자는 우선 본 설교의 내용이 하나님 중심적인 것이 되도록 구성하였다. 무엇보다 고통 중에 있던 이스라엘을 구원하기 위해 구원자 사사-삼손을 일으키심과 같이 예수 그리스도를 보내 주신 사건의 유비를 통해 그리스도 중심적 설교를 시도했다.

b. 하나님에 대한 반응으로 인물의 행위 해석

삼손을 낳은 것을 계시해 주시면서 그 부모에게와 태어나는 아이에게 - 포도주를 입에 대지 말고 부정한 음식을 먹지 말고 아이의 머리에는 삭도를 대지 말라고 하는 – 성결한 삶을 요구하신 사건을 통해 은혜를 입은 자들이 마땅히 드러내야 할 윤리적 반응을 촉구했다.

c. 내러티브에 대한 정당한 해석

본문의 내러티브에 대해서는 앞서 13장 전체의 내러티브 구성에 대한 설명에서 자세히 다루었다. 위 설교문에서는 지면상 다 다루지 않았다.

d. 정확한 본문내용 제시

먼저 본문이 제시하고 있는 내용이 정확하게 무엇인지를 설명하려고 했다.

e. 인물 전기가 되지 않도록 경계함

설교의 전개에 있어서 단순히 인물 전기가 되지 않도록 했으며 무엇보다 하나님의 행하시는 일에 초점을 맞추려고 노력했다.

f. 초시간적 적용점 찾기

하나님께서 간구조차 하지 않던 이들에게 찾아오셨던 것처럼 오늘날도 동일하게 죄인을 찾아오신다는 점을 지적했다.

g. 시대에 맞는 적절한 적용 시도

이 설교에서 필자는 죄인을 여전히 먼저 찾아오시고 죄악된 세상 한가운데 예수 그리스도를 구주로 주신 하나님을 향하여 우리가 마땅히 드릴 이 시대의 윤리적 반응이 있어야 한다는 사실을 강조하고자 했다.

B. 사사기 14장을 본문으로 한 설교 작성 원리와 실례

1. 설교 작성을 위한 본문 이해

사사기 14장 설교를 작성하기에 앞서 먼저 사사기 14장의 내러티브를 어떻게 해석해야 할지에 대하여 생각해 보자. 필자는 이곳에서 삼손의 생애에 대한 내러티브를 히브리 기자가 교훈한 것처럼 우리를 위한 믿음의 모델 가운데 하나로 보는 관점에서 재구성해 보려고 한다.

사사기 14장은 삼손이 본격적으로 이스라엘 역사에 등장하기 시작하는 모습을 보여 준다. 우선 사사기 13:25에서 하나님의 영이 삼손을 움직이기 시작했다는 말씀이 있은 후에 14장의 딤나 사건이 일어났음을 생각할 필요가 있다.

하나님의 영은 이제 본격적으로 삼손을 당신께서 지상에 나게 하신 목적을 이루어 가도록 사용하기 시작하신다. 하나님의 영의 움직임을 받은 삼손은 자신의 사명을 이루어야 하겠다는 의식을 갖게 된 것으로 보인다. 그는 우선 블레셋 사람들의 지경 안에 들어가 블레셋을 칠 기회를 찾았다. 그 방법으로 삼손이 생각한 것은 바로 블레셋 여인과의 결혼이었다. 물론 이 계획은 가족들의 반대를 받아야 했다. 하지만 삼손에게는 틈을 타서 블레셋 사람들을 치려는 분명한 의식이 있었기 때문에 물러서지 않고 가족들을 설득했다. 결국 삼손은 자기 부모를 설득해서 딤나로 함께 내려가게 되었다. 매튜 헨리는 이 사건에 대하여 이렇게 주석하고 있다.

13장 25절에 여호와의 성령이 때때로 그를 감동하기 시작했다는 말씀대로 그가 아내를 택할 때도 그 성령이 그를 감동시켰다. 만일 그렇지 않았다면 그는 부모의 의견을 따랐을 것이고 구태여 그들의 허락을 구하지 않고 부모에게 복종했을 것이다. 그러나 그것은 여호와께로부터 나온 것이었다.[362]

그런데 삼손이 그의 부모와 떨어져 홀로 딤나의 한 포도원을 지나던 중에 큰 위기를 경험한다. 그의 앞에 젊은 사자가 나타난 것이었다. 이 사건에 대하여 기존의 해석들 가운데에는 삼손이 잘못된 길을 가는 것을 막기 위한 하나님의 경고였다고 하기도 한다.[363] 하지만 사실 이때까지 삼손이 힘을 썼다는 다른 기록은 성경에 없다. 어쩌면 삼손은 지금까지 자신에게 힘이 있다는 사실도 몰랐을지 모른다. 이런 삼손 앞에 갑자기 사자가 등장했고 삼손에게 갑작스럽게 하나님의 영이 임하시자 그는 놀랍게도 맨손으로 마치 염소새끼를 찢는 것처럼 그 사자를 찢을 수 있었다.

사실 이제 막 블레셋을 치고자 하는 삼손의 입장에서 마음속에 여러 가지 생각이 나지 않을 수 없었을 것이다. 무엇보다 과연 자신이 무슨 힘으로 블레셋에게서 이스라엘을 구해 낼 수 있을지가 염려되었을 것이다. 그런 그에게 사자가 나타났다. 얼마나 두려운 일이었겠는가? 하지만 바로 그 순간 하나님의 영이 삼손을 도와 주셨고 삼손은 자신에게 얼마나 놀라운 힘이 주어져 있는지를 알 수 있게 되었던 것이다. 즉 이 사건은 블레셋을 치려고 하는 삼손을 격려하시기 위한 하나님의 특별한 은혜라고 생각할 수 있다는 것이다. 매튜 헨리

362) Matthew Henry, 『사사기 룻기』, 박근용 역 (서울: 기독교문사, 1979), 281.
363) 하지만 이 부분에서도 전혀 다른 해석들도 존재한다. 이동수 교수의 경우 사자의 공격은 이스라엘에 대한 블레셋/애굽의 공격을 의미하며 삼손이 이 사자를 찢은 것은 이스라엘을 그들의 손에서 구하기 위해 그들을 공격할 길을 여신 것을 의미한다고 보았다. 이동수, 『사사기의 구속사적 읽기』 (서울: 그리심, 2012), 313-14.

역시 이 말씀에 대하여 같은 이해를 하고 있는데, 그는 이 사자가 나타난 사건에 대해 "사람들이 그들 자신의 힘을 모르기 때문에 할 수 있는 일도 두려워하여 못하는 수가 많다. 하나님은 삼손으로 하여금 하나님의 성령의 힘 안에서 그가 어떤 일을 할 수 있는가를 알게 하시어 그가 어떤 어려운 일도 두려움 없이 대처할 수 있게 하셨다"[364]고 주석했다.

이 사건 후 딤나의 여인과 대화를 나눈 삼손은 그녀를 보고 마음에 들었고 정혼을 한 후에 집에 돌아갔다가 다시 딤나를 찾게 된다. 딤나로 가는 길에 삼손은 자신이 찢어 죽인 사자가 어떻게 되었는지가 궁금해졌다. 만일 삼손이 사자 한 마리 정도 죽이는 것이 아무것도 아닌 힘센 인물이었다고 한다면 그곳에 다시 가 볼 필요가 없었을 것이다. 하지만 이 사건이 매우 독특한 경험이었을 것이고 삼손은 그 흥분되는 현장에 다시 가 보고 싶었던 것으로 보인다. 그런데 그가 그곳에 가서 보니 사자의 몸에 벌떼와 꿀이 있었다.[365] 이 말씀은 사자를 죽인 후에 삼손이 다시 딤나의 여인을 방문하기까지 제법 시간이 흘러갔음을 알려 준다. 벌들이 죽은 지 얼마 되지도 않은 사자의 뼈에 자기 집을 지었을 리는 만무하고, 죽은 사자의 뼈가 거의 일

---

364) Henry, 『사사기 룻기』, 282
365) 삼손이 사자의 몸에서 꿀을 먹은 것에 대해 '시체를 가까이해서는 안 된다' 는 나실인의 규례를 무도하게 어긴 것이라는 주장들이 많다. 이경직 교수의 경우도 삼손이 죽은 사자의 몸에서 꿀을 취한 것은 나실인으로 부정한 것을 먹지 말아야 한다는 사실을 어긴 것이고, 그것을 숨기기 위해 자기 부모에게 그 꿀을 어디서 구했는지를 말하지 않은 것이라고 보았다. 이경직, "삼손 이야기와 기독교윤리", 『진리논단』, 11 (2005): 119. A. E. Cundall도 동일한 의견을 피력했다. Arther E. Cundall & Leon Morris, *Judges and Ruth* (Downers Grove: Inter-Varsity Press, 1968), 164. 그리고 전의영 박사의 경우도 삼손이 사자의 몸에서 취한 꿀을 자기 부모에게 줌으로 그 부모와 자신이 둘 다 불결해졌다고 지적했다. 그리고 삼손이 딤나로 내려갔다는 표현도 단순한 의미가 아니라 신앙적 타락을 의미하는 것으로 보았다. 전의영, "설화비평관점에서 본 삼손 이야기 연구" (강남대학교 박사학위논문, 2006년), 119. 하지만 박윤선 박사의 경우 삼손이 죽은 사자의 몸에서 꿀을 취하여 먹고 자신의 부모에게 드린 이 사건을 부정적으로 해석하지 않는다. 그는 도리어 삼손이 그 부모에게 이 꿀을 드리면서 사자의 이야기를 하지 않은 것은 그의 겸손 때문이었다고 해석했다. 박윤선, 『성경주석-여호수아 사사기 룻기』(서울: 영음사, 1981), 290. 그리고 Leon J. Wood의 경우는 삼손이 그 사실을 부모에게 말하지 않은 것은 그가 이것으로 이미 수수께끼를 만들기로 결심했고 아무도 그 내용을 알게 하고 싶지 않았기 때문에 그렇게 행한 것으로 해석했다. Leon J. Wood, *Downfall and Deliverance: The Book of Judges*, 96.

반 나무와 구분이 되지 않을 정도가 되었기 때문에 벌들이 그곳에 꿀을 저장하게 된 것이었음이 분명하기 때문이다. 삼손은 신기해하면서 그 꿀을 떠서 먹었고 그것을 자기 부모에게도 가져다 드려 먹게 했다.[366)]

그리고 삼손은 이것을 가지고 수수께끼를 만들어 자기 결혼 잔치에 온 사람들에게 궁금증을 불러일으키기 시작했음이 분명하다. 이렇게 말할 수 있는 이유는 다음과 같은 사실 때문이다. 결혼 잔치는 7일 동안 지속되었다. 그런데 수수께끼로 내기를 한 것은 사흘 동안이었다(14:14). 여기서 우리는 거의 3일 동안 삼손이 이 수수께끼를 내며 그 해답에 대한 궁금증을 불러일으켰고, 마침내 궁금증이 커진 블레셋 사람들이 삼손과 자존심을 건 내기를 하게 된 것이 그 후로 사흘 동안이었음을 추정할 수 있게 된다. 이런 본문 이해는 삼손이 수수께끼 내기를 한 것이 매우 의도적인 것임을 드러내 주기 때문에 중요하다. 즉 삼손은 일부러 이 수수께끼를 가지고 문제를 일으키고자 했던 것으로 볼 수 있다는 것이다.[367)]

결국 삼손의 문제를 풀 수 없던 그들은 삼손의 아내를 협박해서 해답을 알아냈고 삼손은 그것을 빌미로 블레셋 사람 30명을 쳐 죽인다. 이 사건도 사사기 14:19는 "하나님의 영이 삼손에게 갑자기 임하시매 삼손이 아스글론에 내려가서 그곳 사람 삼십 명을 쳐 죽이고 노략"한 것으로 말씀하고 있다. 김의원과 민영진의 주석에 의하면 이 구절에서 "노략하였다"는 단어는 군사적 용어로 "전쟁에서 죽은 군

---

366) 이 부분에 대해서 이동수 교수는 사자가 죽고 그 몸에서 꿀을 찾은 것을 이스라엘이 블레셋으로부터 젖과 꿀이 흐르는 땅을 다시 찾을 것을 의미한다고 보았다. 그리고 자기 부모에게 그 꿀을 가져다 드리면서 그 사실을 숨긴 것도 나실인 규례를 어긴 것에 대한 부담을 가졌기 때문이 아니라 이 사건이 의미하는 바를 잘 이해했기 때문이라고 보았다; 이동수,「사사기의 구속사적 읽기」, 315-16 참조.
367) Matthew Henry의 경우 삼손이 수수께끼를 낸 것을 단지 잔치에 참석한 동료들을 기쁘게 하기 위해 행한 일로 보았지만, 김의원·민영진의 주석은 "삼손아……이들을 골탕 먹일 요량으로 수수께끼를 통해 내기를 한 것"이라고 해석하고 있다.

인에게서 벗겨 낸 옷과 무기를 말한다"고 했다.[368] 결국 삼손은 하나님의 군사로서 부르심을 받은 자신의 사명을 다하고 있었던 것이다. 이 일 후에 삼손은 화가 나서 그냥 자기 아버지 집으로 올라가 버렸다.

이런 삼손의 이야기에서 우리는 하나님이 이스라엘을 구하시기 위하여 행하시는 은혜로운 역사를 알게 된다. 삼손을 움직여 이스라엘을 구원하게 하시는 분은 하나님이시다. 삼손은 이런 하나님의 뜻에 부응하여 행동한다. 당시 이스라엘 중에서는 아무도 감히 블레셋 사람들에게서 벗어날 생각조차 하지 못하고 있었다. 그러나 삼손은 이런 생각을 던져 버리고 과감히 블레셋을 칠 기회를 찾았다. 그것이 하나님이 바라시는 바였기 때문이다. 이런 삼손의 모습은 하나님의 구속에 반응하는 신자의 모습을 잘 보여 준다고 할 수 있을 것이다. 신앙적인 사람이 아무도 남지 않은 상황에서 홀로 하나님의 뜻을 이루기 위해 고군분투하는 삼손의 모습은 참으로 귀한 본이 된다. 그리고 그의 이런 행동은 한 사람의 의인도 없는 땅에 그들을 구하기 위해 대신 고난당하러 오신 예수님의 모습을 생각나게 하기까지 한다.

2. 설교 실제

제목: 성령으로 살아가는 사람들의 놀라운 능력[369]
본문: 사사기 14:5-20

삼손이 맨손으로 사자를 찢은 사건이 갖는 의미는 무엇이며 그 안에서 우리가 얻어야 할 교훈은 무엇일까요?

1. 삼손을 등장시키시는 하나님의 섭리

---

368) 김의원·민영진, 『성서주석 사사기/룻기』, 526.
369) 설교 전문은 〈부록 II〉에 제시되어 있다.

당시 이스라엘은 블레셋이 두려워서 아무도 그들과 싸울 생각을 하지 못하고 있었습니다. 이런 상황 속에서 하나님이 삼손을 이스라엘의 영웅으로 만들어 가고 계신 것입니다. 젊은 사자를 맨손으로 때려잡은 삼손의 이야기를 들었을 때 이스라엘 모든 사람들의 마음속에 얼마나 큰 용기가 일어났겠습니까?

시대가 영웅을 필요로 하는 이유는 시대를 하나로 묶기 위한 것입니다. 무엇 때문에 자주 이순신 장군의 이야기가 언급될까요? 그건 우리 시대에도 그와 같은 영웅이 필요하기 때문입니다. 하나님은 삼손이 사자를 맨손으로 찢어 죽인 사건을 통해 낙망하고 절망한 그 시대 사람들에게 삼손이 죽인 사자 이야기를 통해 희망과 은혜를 주시고자 하셨던 것입니다.

그런데 정말 놀라운 사실은 그 누구도 삼손과 힘을 합해 블레셋을 쫓아내려고 하지 않았다는 것입니다.

2. 삼손을 격려하시는 하나님의 은혜

나라와 민족을 위해서 고민하던 삼손은 이 사자를 찢어 죽인 사건을 통해서 자기 안에 내재되어 있던 힘을 발견하게 되었을 것입니다. 우리가 주목해야 될 것은 삼손에 대한 기록에서 사자를 찢어 죽인 일 이전에 삼손이 힘을 행사했다는 다른 기록이 없다는 것입니다. 삼손의 힘이 얼마나 굉장한지가 드러난 첫 번째 기록이 사자를 찢어 죽인 일이었습니다.

하나님의 귀하신 은혜로 사자를 찢어 죽이는 과정을 통해 그는 자신의 속에 내재된 엄청난 잠재력을 발견하면서 크신 위로를 받고 있었던 것입니다.

3. 우리를 향한 하나님의 교훈

1) 하나님의 풍성하신 은혜와 사랑

하나님께서는 우리를 너무나도 사랑하셔서 우리가 다 주님의 품에서 멀어졌을 때에도 우리를 위해 구원자를 보내 주시는 은혜와 사랑이 풍성하신 하나님이십니다. 예수 그리스도는 우리가 아직 죄인되었을 때에 이 땅에 오셔서 우리를 대신해 십자가를 져 주시므로 우리를 억만 가지 죄악 가운데서 건져내 주셨습니다.

2) 성령님의 넘치는 능력과 은혜

삼손이 사자를 맨 손으로 죽일 수 있었던 것은 성령의 능력을 힘입은 까닭이었습니다. 삼손에게 임한 육체적인 탁월한 힘은 성령으로 말미암았던 것이었습니다.

건축과 예술적인 능력도 성령이 주십니다(출 31:2-4). 문학과 음악적인 표현력도 성령님으로 말미암습니다(삼상 16:23). 도덕심과 영적 용기도 성령님으로 말미암아 주어집니다(대하 24:20). 여러 가지 은사들과 능력들이 다 성령의 은혜로 주어집니다(고전 12:8-11).

하나님은 다양한 능력과 재능과 지혜와 명철들을 우리에게 주십니다. 성령의 능력으로 말미암아 우리는 이 모든 것들을 누릴 수 있습니다. 오늘 이 시대에 진정 필요한 것이 무엇입니까? 돈이나 권력일까요? 지금 당장에 필요한 것들이 이것들인 것처럼 보일 수도 있습니다. 그러나 우리에게 진정 필요한 것은 성령의 충만함임을 기억하시기 바랍니다.

꿈을 잃어버린 자리에, 미래가 없는 그곳에 성령의 충만함이 필요합니다. 삶에 지쳐 버려서 낙심한 그 자리에 성령의 충만함이 필요합니다. 삼손과 같이 성령 충만해서 하나님의 뜻을 이루어 나가는 믿음의 용사들이 되시기 바랍니다.

3. 설교 작성 원리

a. 구속사적, 그리스도 중심적 해석

필자는 젊은 사자를 맨손으로 찢어 죽인 사건을 통해 삼손의 삶 가운데 역사하시는 하나님을 드러내는 것을 본 설교의 중심 목표가 되게 했다.

b. 하나님에 대한 반응으로 인물의 행위 해석

성령이 우리 삶의 모든 힘의 근원임을 알고 성령이 요구하시는 뜻에 합당한 삶을 살기를 힘써야 한다는 사실을 강조했다.

c. 내러티브에 대한 정당한 해석

필자는 특별히 삼손이 사자를 찢어 죽인 사건은 삼손에게 내재되어 있는 힘을 드러내 주시기 위한 하나님의 특별한 계획 가운데 이루어진 일임을 드러나게 하고, 이 사건을 통해 삼손을 격려하시는 하나님의 은혜와 사랑이 어떻게 작용하고 있는지를 살피고자 했다.

d. 정확한 본문 내용 제시

필자는 설교에서 항상 본문의 내용을 정확하게 전달하는 것은 가장 기본적인 일임을 잊지 않으려고 한다. 본문에 대한 정확한 전달 없이 설교를 하다보면 자신의 생각대로 말씀을 전하게 되기 쉽다는 사실을 잊지 말아야 한다.

e. 인물 전기가 되지 않도록 경계함

이 설교는 삼손이라는 인물의 전기가 되지 않도록 매우 주의 깊게 구성되었다. 단지 삼손의 힘이나 영웅적인 행위를 부각시키는 것은 이 설교의 관심이 아니다. 철저히 하나님을 부각시키고 드러나게 하는 것이 설교의 중심이다.

f. 초시간적 적용점 찾기

이 설교에서 필자는 삼손이 맨손으로 사자를 찢어 죽인 사건에서 하나님의 섭리와 은혜를 찾아내고 그것을 설교에 적용함으로 시대를 넘어 항상 적용되는 진리를 전하고자 했다.

g. 시대에 맞는 적절한 적용 시도

오늘을 살아가는 신자들이 성령 충만한 삶을 살 때 어떠한 능력과 힘을 가지고 세상에 영향을 미치며 살아갈 수 있는지를 증거함으로 성도들이 성령 충만한 삶을 사모하게 하는 데 초점을 맞추었다.

C. 사사기 15장을 본문으로 한 설교 작성 원리와 실례

1. 설교 작성을 위한 본문 이해

사사기 15장은 하나님께서 삼손을 통해 블레셋의 통치하에서 고통당하던 이스라엘에게 은혜를 베푸셔서 20년이라는 자유의 시간을 누리게 하신 것을 보여 준다. 수수께끼 사건으로 집에 돌아갔던 삼손은 다시 딤나의 자기 아내를 만나러 돌아간다. 그런데 그동안 상황은 완전히 변해 있었다. 즉 삼손이 딤나의 자기 아내가 수수께끼의 비밀을 블레셋 사람들에게 알려 준 것에 화가 나서 이스라엘 자기 집으로 돌아간 것을 안 삼손의 장인이 자기 딸을 다른 사람의 아내로 주어 버린 것이었다. 어찌 되었든지 삼손의 목적은 블레셋과 문제를 일으켜, 그 틈을 타서 그들을 치려고 하는 것이었다. 상황은 삼손의 의도대로 흘러갔다. 삼손은 아내를 다른 사람에게 주어 버린 일을 빌미로 삼아 다시 한번 블레셋을 치는 일을 한다. 그가 하는 말은 의미심장하다. "이번은 내가 블레셋 사람들을 해할지라도 그들에게 대하여 내게 허물이 없을 것이니라." 김지찬 교수는 이 구절이 삼손이 아내를 잃은 것에 대해 당당하게 복수할 수 있게 된 상황을 묘사하는 것으로, 블레셋 사람들의 손에서 이스라엘을 구원해야 할 사명을 가지고 태어난 삼손이 비로소 블레셋 사람들을 해치는 일에 나서기 시작한 것이라고 해석했다.[370] 김지찬 교수는 삼손이 블레셋 사람들을 해치기 시작한 것이 사명에 불타서라기보다는 개인적인 복수심에서 행한 일이라고 해석하지만, 주석가 메튜 헨리는 삼손의 복수는 개인적인 복수심에서 행한 것이 아니라 자신이 이스라엘 민족을 대표한다는 생각에서 행한 것이라고 해석했다. 메튜 헨리는 블레셋 사람들이 삼손을 모욕하고 즐거워했던 이유가 삼손이 이스라엘 사람이었기 때문이라는 사실을 근거로 삼아, 삼손의 복수 역시도 개인적인 것으로 보아서는 안 된다는 사실을 지적했다.[371]

삼손은 여우 삼백 마리를 잡아 꼬리를 서로 묶은 후에 거기에 불을 붙여 블레셋 사람들의 곡식밭 사이로 몰아들였고 결국 블레셋 사람들의 곡식밭을 초토화시켜 버렸다. 블레셋 사람들은 모두 놀라서 뛰어나왔고 그 원인이 삼손이 아내를 빼앗긴 까닭이라는 사실을 알게 된다. 그들은 자신들의 분노를 삼손의 블레셋 장인과 아내를 잔혹하게 화형시킴으로 풀고자 했다. 메튜 헨리는 이 사건에서 죽은 삼

370) 김지찬, 「오직 여호와만이 우리의 사사」, 364-65.
371) Henry, 「사사기 룻기」, 293.

손의 블레셋 장인과 아내의 행위를 부당한 방법으로 재앙을 피하려다가 도리어 화를 당한 어리석은 행위로 평가했다. 메튜 헨리는 이들이 삼손을 배반하고 면해 보려고 했던 바로 그 재앙을 당했다고 했다.[372] 결국 삼손의 딤나 아내와의 결혼은 삼손의 블레셋 처가를 비롯하여 블레셋 사람들 모두에게 큰 피해를 준 사건이 되었고, 이 모든 일들은 결국 삼손이 틈을 타서 행하려고 했던 모든 일들이 이루어졌음을 보여 준다.

삼손은 다시 원수를 갚는다면서 그들을 크게 도륙한 후에 에담 바위 틈에 머물고 있었다. 분노한 블레셋 사람들이 유다와 마주하여 진을 치고 위협을 했다. 유다 사람들은 블레셋의 위협이 삼손 때문임을 알고 삼손을 잡아 주기 위해 에담 바위로 찾아갔다. 그들의 말은 당시 이스라엘이 얼마나 타락했는지를 보여 주기에 충분하다. 그들은 삼손에게 "너는 블레셋 사람이 우리를 다스리는 줄을 알지 못하느냐?"(삿 15:11)고 했다. 하나님의 백성, 이스라엘이 이방인들을 몰아내고 주인이 되었어야 했던 약속의 땅에서 도리어 노예가 되어 있었던 것이다. 이 구절에는 불신앙의 자리에 떨어진 이스라엘 백성의 비참한 모습이 드러나 있다. 이들은 마땅히 삼손을 지켜 주고 보호해 주어야 했다. 하지만 이들은 도리어 삼손을 잡아 주기 위해 올라왔다. 무려 삼천 명이나 무리 지어 올라왔으니 참으로 놀라운 일이 아닐 수 없었다. 기드온 때만 해도 이스라엘이 미디안의 위협을 받자 3만 명이 미디안과 싸우겠다고 올라왔었는데, 이제는 도리어 삼손을 잡아 주기 위해 3천 명의 유다 족속들이 찾아 올라왔으니 이들의 타락의 속도가 참으로 놀랍다는 사실을 알게 된다. 매튜 헨리는 이들의 타락한 행동에 대해 다음과 같이 아쉬움을 표현하고 있다.

---

372) Henry, 『사사기 룻기』, 295.

만일 이들이 죄와 고통 속에서 비겁해지거나 무기력해지지 않았다
면, 이 기회를 잘 이용하여 블레셋 사람의 지배에서 벗어날 수 있었
을 것이다. 이들이 예전의 슬기와 용맹을 조금이라도 지니고 있었다
면, 삼손과 같이 용맹한 자를 선두로 해서 그들의 자유를 찾기 위해
한번 대담하게 싸웠을 것이다.[373]

흥미로운 사실은 이들의 이런 참담한 모습에도 불구하고 삼손은
이들을 해치지 않았다는 사실이다. 삼손은 "너희가 나를 치지 아니
하겠다고 내게 맹세하라"(12절)면서 순순히 유다 지파의 손에 붙잡
혀 주었다. 삼손은 이스라엘 백성들에 의해 이방인들의 손에 넘겨지
는 수모를 겪었다. 이것은 자기 백성을 위해 이 땅에 오셨으나 도리
어 자기 백성이 십자가에 매달아 버린 예수님의 모습을 우리에게 생
각나게 해 주는 사건이 아닐 수 없다.

삼손이 잡혀 가던 중에 레히에 이르렀을 때에 블레셋 사람들이 삼
손에게 소리를 지르며 마주 나오고 있었다. 바로 그 순간 하나님의
영이 삼손에게 임하여 주셨다. 삼손은 자기 팔 위에 밧줄을 끊어 버
렸다. 여기서 우리는 삼손이 묶인 것에서 풀려난 것은 전적으로 하나
님의 힘이었다는 사실을 잊지 말아야 한다.[374] 삼손은 곁에 있던 나
귀의 새 턱뼈를 보고 손을 내밀어 집어 들었다. 그리고 그것으로 블
레셋 사람들을 무려 일천 명이나 쳐 죽이는 엄청난 승리를 거두었
다. 승리의 기쁨 직후 삼손은 심한 갈증을 느끼게 된다. 그는 자신의
갈증을 하나님께 부르짖으며 자신이 이방인들의 손에 떨어지지 않
게 해 주실 것을 간구했다. 삼손이 기도했다는 사실에 대해 버틀러
(Trent C. Butler)는 이렇게 주석했다.

---

373) Henry, 『사사기 룻기』, 298.
374) Daniel I. Block, Judges, Ruth , 445.

여하튼 주석가는 감히 삼손을 완전히 악한 색깔로만 칠할 수 없다. 삼손은……충분히 문제가 많은 사람이다. 그러나 비극적인 순간에 그는 도대체 누구에게 도움을 구해야 하는지 알고 있었다. 적어도 하나님을 향한 일말의 믿음과 경외심이 그의 문제 가득한 심령 속에 자리 잡고 있었다.[375]

그는 삼손이 기도한 것은 하나님을 의지하는 믿음과 경외심이 그 심중에 있었기에 가능한 일이었다고 주장한다. 이 주장에서 우리는 삼손의 삶 전체를 악하게만 해석해서는 안 된다는 사실을 다시 한번 상기하게 된다. 삼손이 기도하자 하나님께서 한 우묵한 곳을 터트려 주셨고 거기서 샘이 터져 나왔다. 삼손은 그것을 먹고 다시 힘을 낼 수 있었다. 삼손이 일천 명의 블레셋 사람들을 칠 때에 어떤 일이 일어났을까? 주위에서 이 광경을 보고 있던 두려움에 사로잡힌 3천 명의 이스라엘을 생각해 보라. 그들은 아마 삼손이 혼자서 이 엄청난 블레셋 사람들을 감당하는 모습에 충격을 받았을 것이다. 그들은 삼손 앞에서 무력한 모습으로 패하고 있는 블레셋의 모습에서 자신들이 지금까지 두려워하고 있던 블레셋의 보잘것없는 실체를 보게 되었을 것이다. 결국 이 일을 계기로 이스라엘은 자유를 얻게 되었고 삼손은 그 후로 20년간 이스라엘의 사사로서의 직무를 감당하게 되었던 것이다.[376]

우리는 사사기 15장에서 타락한 자기 백성을 여전히 사랑하시는 언약에 신실하신 하나님을 만나게 된다. 이같이 타락한 백성을 위해 사사를 일으키시고 그를 통해 이스라엘의 불신앙을 꾸짖으시는 하나

---

375) Butler, 「사사기」, 804-805.
376) 삼손이 20년간 사사로 지냈다는 사실은 매우 중요하다. 이동수 교수는 이 부분을 주목해 보았다. 그는 이 사실이 삼손이 초기에 지혜롭고 겸손한 지도자였음을 보여 주는 것으로 생각했다. 그는 이런 초기 삼손의 삶에는 비난할 것이 없다고 했다. 이동수, 「사사기의 구속사적 읽기」, 336 참조.

님의 위대하심을 깨닫게 된다. 또한 삼손 혼자서도 얼마든지 이 엄청난 일을 하게 하실 수 있는데, 온 이스라엘이 연합하면 못할 일이 무엇인지를 가르쳐 주시는 하나님의 모습이 본문에 생생하게 나타나 있다.

2. 설교 실제

제목: 누가 주님 편에 서서 싸울 것인가?[377]
본문: 사사기 15:9-13

삼손이 블레셋 사람들을 크게 살육했습니다. 그 후 그는 에담의 한 동굴에서 가서 숨어 지내고 있었습니다. 피해를 입은 블레셋 사람들이 군사를 일으켰습니다.

유다 사람들은 크게 놀라 블레셋 사람들이 자신들을 치러 온 이유에 대하여 알아보고 협상을 했습니다.

유다 지파 사람들은 삼손을 지켜주려고 하지 않았습니다. 그들은 겁에 질려 삼손을 잡아 주는 역할을 합니다. 그들은 블레셋의 지배를 마치 당연한 것처럼 받아들였습니다.

유다 사람이 3천 명이나 삼손을 잡으려고 올라왔습니다. 에담이라는 곳에 숨어 있을 삼손을 어떻게 해서든 찾아내기 위하여 많은 사람들을 동원했던 것으로 보입니다.

하지만 삼손은 자기 민족을 사랑하되 끝까지 사랑합니다.

"너희는 친히 나를 치지 않겠다고 내게 맹세하라."

그리고 그는 순순히 그들의 결박을 받아들입니다. 자기 민족을 해치지 않기 위한 그의 배려인 것입니다. 이 말씀이 주는 교훈이 있습니다.

---

377) 김원광,『이스라엘 민족의 영웅 삼손』, 110-21. 이곳에 제시된 설교의 전문은 〈부록 Ⅲ〉에 제시 되어 있다.

1. 이스라엘의 끝없는 타락.

어떻게 유다 백성들이 이 지경이 될 수 있습니까? 메시야가 나타나야 할 그 백성의 모습이 너무나도 초라해져 있었습니다. 결국 유다 백성이 아닌 단 지파 중에서 하나님께서는 하나님의 구원자-사사를 일으키신 것입니다.

우리 주님이 이 땅에 오셨을 때에도 누가 주님을 찾았습니까? 아무도 없었습니다. 사람들은 주님의 구원을 기다리고 있지도 않았습니다. 그들은 메시야를 환영하지도 않았습니다. 그들의 눈은 멀어 있었습니다.

우리도 마찬가지였습니다. 우리가 먼저 주님을 찾은 것이 아니었습니다. 주님이 먼저 우리를 찾으신 것입니다.

2. 타락한 이스라엘을 향한 삼손의 사랑

삼손은 이렇게 자신을 잡으러 온 이스라엘 사람들에게 마치 잡혀 가는 어린양과 같은 모습으로 아무 저항 없이 끌려갑니다. 우리는 이러한 삼손의 모습 속에서 주님의 모습을 생각하게 됩니다. 주님은 분명히 하나님의 사자(Lion)이셨습니다. 그러나 어린양같이 잡혀 주셨습니다. 오직 그 백성을 사랑하는 열심 때문이었습니다. 그 사랑으로 결국 자기 백성을 구하여 내시는 분이 우리 주님이신 것입니다.

3. 타락한 자리, 박차고 일어나라!

유다 지파가 그 전쟁에서 삼손과 함께했더라면 얼마나 좋았을까요? 그러나 그들은 도리어 삼손을 잡아다 주었습니다. 이것은 얼마나 수치스러운 일이었습니까?

『생존의 W이론』이라는 책에서 이면우 교수는 "1904년 러일 전쟁에서 러시아의 무적함대인 극동함대를 물리쳐 뜻밖의 승리를 거둔 도고 헤이하치로 제독이 내가 넬슨 제독에 비견될 만한 훌륭한 제독이라는 찬사는 감사히 받겠으나 나를 이순신 제독과 같다고 치켜세우는 것은 받아들일 수가 없다"[378] 고 했다는 말을 소개하고 있습니다.

김훈은 『칼의 노래』에서 이순신이 마지막 해전에서 갑옷조차 입지 않고 싸웠던 것은 싸움이 승리로 끝나게 될지라도 결국 자신이 죽게 될 것임을 알고 스스로 거기서 죽을 마음을 가지고 있었기 때문인 것으로 묘사합니다.

참으로 안타까운 일이 아닐 수 없습니다. 만일 당시 임금을 비롯한 모든 백성들이 한마음으로 그를 지원해 주었다고 한다면 얼마나 좋았을까요?

주님 나라의 일도 마찬가지입니다. 우리 모두가 주님 나라의 영적 전투에 참석해야 합니다. 세상이 두려워서 미리 손들고 항복한 채, 도리어 자신들을 구할 삼손을 블레셋 사람들에게 잡아다 주던 유다 지파의 모습과 같이 살아서는 안 될 것입니다.

직장 상사가 두려워서 주일도 지키지 못하는 삶을 살고 있지 않습니까?
결국은 두려움의 노예가 되어 있지 않은가요?
사업에 손해를 입는 것이 두려워서 그런 모습으로 살아가고 있지는 않습니까?
나는 진정 주님 나라를 위하여 부르심을 입은 군인입니까?
주님을 위하여 무엇을 포기하고 나아가 싸우셨습니까?

---

378) 이면우, 『생존의 W이론』(서울: 랜덤하우스코리아, 2004), 99-101.

3. 설교 작성 원리

a. 구속사적, 그리스도 중심적 해석

이스라엘 백성이 얼마나 타락하였는지 블레셋 사람들과 맞서 싸우려고 하지 못하고 도리어 삼손을 잡으러 올라왔다. 이런 이스라엘의 행위는 결코 용납되기 어려운 불신앙이며 어리석음이라고 생각된다. 하지만 그럼에도 불구하고 이들을 해치지 않고 도리어 이들의 구원을 위해 자신의 온 삶을 거는 삼손의 모습에서 필자는 죄인들을 위해 자신의 생명을 내어 주신 그리스도의 모형적인 모습을 찾아볼 수 있었다.

b. 하나님에 대한 반응으로 인물의 행위 해석

당시 이스라엘이 삼손과 함께 블레셋과 더불어 싸우는 일에 나서 주었더라면 얼마나 좋았을까를 생각하면서 신앙생활에서 세상이 두려워 꼼짝 못하는 삶을 떠나 믿음으로 세상과 맞설 줄도 아는 신앙생활을 해야 한다는 사실을 강조했다.

c. 내러티브에 대한 정당한 해석

본문 내러티브 해석은 앞서 자세히 다루었다. 필자는 블레셋의 위협 앞에 굴복해서 삼손을 잡아 주기 위해 에담 바위를 찾아온 타락한 이스라엘의 부끄러운 모습과, 그럼에도 불구하고 그들을 해치지 않는 삼손의 자기 백성을 향한 사랑이 잘 대비되도록 내러티브를 해석하고자 했다.

d. 정확한 본문내용 제시

삼손과 이스라엘의 관계를 자세히 살피며, 삼손의 대응에 대해 자세한 검증이 있은 후에 비로소 본문 설교에 대한 구도를 찾아낼 수 있었다.

e. 인물 전기가 되지 않도록 경계함

삼손의 위대함을 드러내서 그의 위인 됨을 따르자는 것이 중심이 아니라 그를 통해 모형적으로 제시된 그리스도의 사랑과 은혜에 믿음으로 보답하자는 것이 중심이 되게 했다.

f. 초시간적 적용점 찾기

삼손을 통해 이스라엘에게 은혜를 베푸시는 하나님의 사랑을, 우리가 아직 죄인 되었을 때에 우리를 향한 사랑으로 먼저 우리를 찾아주신 그리스도의 사랑과 대비시키면서 그 사랑에 대해 반응할 것을 촉구하고자 했다. 이런 은혜의 원리는 초시간적으로 우리 모두에게 적용될 내용이 된다.

g. 시대에 맞는 적절한 적용 시도

필자는 두려움 때문에 직장생활과 사회생활에서 신앙인으로서의 맛을 잃어가고 있는 현대 신앙인들에게 용기를 내라고 권면하는 것을 최종적인 적용의 포인트로 삼았다.

D. 사사기 16장을 본문으로 한 설교 작성 원리와 실례

1. 설교 작성을 위한 본문 이해

사사기 16장은 삼손이 사사로 20년간의 시간을 지낸 후 일어난 그의 인생 말년의 모습을 그리고 있다고 생각 된다. 16장의 내러티브는 삼손이 가사 기생의 집에 들어간 사건으로 시작된다. 이 사건은 삼손의 가망 없는 삶의 모습을 그리는 것으로 그동안 많은 설교자들이 설교해 온 부분이다.[379] 캠벨도 삼손이 가사 기생에게 들어간 사건에 대하여 그가 다시 실패하는 모습이 너무나 실망스럽다고 하면서, 삼손은 여자에 대해 약점을 가지고 있었고, 여러 번 그에 해당하는 시험에서 실패했다고 지적한 바 있었다.[380] 그런데 앞서 이미 밝힌 바와 같이 이 16장의 내러티브도 삼손에 관하여 어떤 관점을 갖는가에 따라 전혀 다른 모습으로 그려질 수 있다. 우선 삼손이 기생의 집에 들어간 것은 상식적으로는 나쁜 짓을 하려는 것이라고 보는 것이 당연할 수도 있다. 하지만 앞서 지적한 것처럼 당시 기생의 집은 여관과 같이 사용되기도 했었다. 여기서 필자는 삼손이 가사 기생의 집에 들어간 것을 바로 그러한 개념에서 보려고 한다.

삼손이 가사 기생의 집에 들어갔다는 정보를 수집한 블레셋 사람들은 그 집을 포위하고 새벽녘에 삼손을 죽이기로 작전을 짰다. 그런데 삼손은 밤중까지 그 기생의 집에 누워 있다가 일어나서 갑자기 성문짝과 두 문설주 그리고 문빗장을 빼내서 그것을 모두 어깨에 짊어지고 헤브론 산꼭대기에 그것들을 옮겨 두었다는 것이다. 도대체 삼손은 왜 이런 짓을 한 것일까? 여러 설교자들이 삼손이 괜한 힘자랑을 했다고 해석하기도 한다. 그런데 정말 할 일 없어서 삼손이 가사의 성문을 떼어 냈을까? 만일 힘자랑을 하고 싶었다면 낮에 해야 옳지 않았을까?

---

379) 삼손 내러티브는 그 구성상 세 여자가 중심적인 위치를 차지하고 있는 것처럼 보일 수 있다. 전의영 박사의 경우도 삼손이 "성적인 매력을 지닌 세 명의 여성과 복잡하게 얽혀 있다"고 표현한 것은 이 세 명의 여성들을 중심적인 인물들로 파악했기 때문인 것으로 보인다. 전의영, "설화비평관점에서 본 삼손이야기 연구", 121 참조. 하지만 세 여성과 삼손의 관계는 도리어 삼손의 삶의 전환을 나타내 주는 것으로 이해할 수도 있다는 점을 인식해야 한다.

380) Donald K. Campbell, *Judges: Leader in Crisis Times* (Wheaton: Victor Books, 1989), 131.

나는 삼손의 이 행위가 갖는 의미가 결코 그렇게 보잘것없는 것이 아니라고 생각한다. 그토록 엄청난 힘을 아무 의미도 없이 사용했다는 것은 이해가 되질 않는다. 더군다나 지금 삼손은 20년간 사사로 이스라엘의 평화를 지켜 온 인물이다. 그동안 그는 아무 문제없이 이스라엘을 잘 이끌 수 있었다. 그런데 괜한 힘자랑을 하다니 이해가 잘 되지 않는 것이다.

사실 삼손이 나귀 턱뼈 하나로 블레셋 군인 일천 명을 죽이고 이스라엘의 자유를 얻게 한 후 블레셋은 이스라엘의 관할 아래 들어왔던 것으로 보인다. 삼손이 가사에 왔다는 것은 블레셋 사람들의 도성 한가운데 들어왔다는 것이고, 이것은 그가 당시 블레셋과의 싸움에서 이겨 블레셋을 자기 통치하에 두었고, 그 지역을 관할하는 자로서 순찰했다는 사실을 보여 주는 것이라고 생각된다.[381] 그런데 그곳에 성문이 달린 것을 삼손이 본 것이다. 성문이 달렸다는 것은 그곳이 자신들의 땅이라는 주장과 다르지 않다. 만일 우리가 자기 집 앞에 대문을 단다면 그것이 의미하는 바는 무엇일까? 그것은 바로 여기는 내 땅이요, 내 집이라는 뜻이다. 김지찬 교수는 성문을 잃은 가사가 무방비 상태가 되었다고 했다.[382] 즉 성문은 그 안을 방비하는 의미를 가진다는 것이다. 만일 누가 내 집 문을 떼어 낸다면 우리의 반응은 어떠할까? 아마 우리는 그 사람을 그냥 내버려두지 않을 것이다. 문짝을 함부로 떼 낼 수 있다는 것은 그 집주인이 아니면 할 수 없는 일이다. 삼손이 성 문짝을 뗀 것은 바로 그 이유로 보아야 마땅해 보

---

381) 이러한 필자의 설명에 대해 동의하지 않을 수도 있을 것이다. 통상적으로 어떤 지역을 관할한다고 하면 행정적으로나 군사적으로 그 지역을 지배한다는 것을 의미한다고 볼 수 있고, 삼손 당시에 이스라엘이 블레셋 지역을 그와 같이 지배했다는 어떠한 암시도 본문에서 찾아볼 수 없다고 주장할 수도 있을 것이다. 하지만 필자의 생각으로는 삼손이 블레셋 군대를 격파하고 난 후 이스라엘과 블레셋의 관계는 분명히 역전이 될 수밖에 없었을 것임이 분명하다. 블레셋이 이스라엘을 완전히 정복한 상황이 아니라도 이스라엘이 블레셋 아래 있었다고 하는 것처럼, 당시 블레셋은 이스라엘의 영향 아래 있었다는 생각은 크게 문제가 되지 않는다고 사료된다.

382) 김지찬, 「오직 여호와만이 우리의 사사」, 379.

인다.[383] 아직 이곳 가사 지역은 삼손과 이스라엘이 관할하는 곳이라는 선언과 같은 것이다. 삼손은 블레셋 사람들과 최대한 마찰을 빚지 않는 상황에서 이 일을 하기 원했고, 결국 밤중에 일을 한 것으로 보인다. 김지찬 교수는 삼손이 헤브론에 성 문짝과 빗장을 가져다 놓은 것은 유다인들이 이전에 삼손을 묶어서 블레셋인들에게 넘긴 비겁한 행동을 모욕하려는 의도가 있어 보인다고 주장한다.[384] 하지만 필자에게는 삼손이 그 문짝을 헤브론에 가져다 놓은 까닭은 바로 그곳의 소유권을 주장하는 것으로 보인다. 가사의 지금 주인은 이스라엘 사람들이라는 사실에 대한 강력한 표징이라는 말이다.

이 놀라운 사건 후에 삼손과 들릴라 사이의 사랑의 이야기가 등장한다. 삼손은 들릴라를 참으로 사랑한다. 하지만 들릴라의 삼손을 향한 사랑은 참된 것이 아니었다. 들릴라는 블레셋 사람들의 물질 유혹에 눈이 멀었다. 그래서 결국 삼손을 배신하고 삼손의 힘의 비밀을 알아내서 그 힘을 없앤 후에, 그를 블레셋 사람들의 손에 넘겼다. 삼손의 인생은 들릴라로 인해 비참해졌다. 그는 나실인의 표식이었던 머리카락을 잘렸다. 그리고 두 눈이 뽑힌 채, 연자 맷돌을 돌리며, 어둠속에 거할 수밖에 없었다. 하지만 그가 갇혀서 이 비참한 일을 당하는 동안 잘린 머리카락은 다시 자랐다. 그리고 그는 기도하는 중에 힘을 회복했다. 그리고 마침내 자신을 조롱거리로 만들고, 하나님을 멸시하는 블레셋 사람들의 축제 기간에 수천 명이 운집해 소리질러 대던 다곤 신전을 무너뜨림으로, 자신이 일생 동안 죽였던 블레셋 사람들보다 더 많은 사람들을 죽이고 장렬한 최후를 마치고 말았다. 김지찬 교수는 삼손이 다곤 신전을 무너뜨린 사건은 세상을 지배

---

383) 김지찬 교수의 경우는 성문을 뜯었지만 삼손과 유다 지파가 무방비의 가사 지역을 공격하지 않은 사실을 지적하면서 적과 싸울 생각은 하지 않고 서로 물고 뜯는 이스라엘은 붕괴 직전의 모습을 하고 있었다고 해석했다. 『오직 여호와만이 우리의 사사』, 379.
384) 김지찬, 『오직 여호와만이 우리의 사사』, 379.

하는 분은 다곤이 아니라 여호와시라는 사실을 드러낸 위대한 승리였다고 주장한다.[385]

삼손이 죽고 난 후 가족들이 그의 시신을 수습하러 왔다. 그의 가족들은 그의 시신을 찾아다가 이스라엘 땅에 장사를 지냈다. 삼손의 죽음에 대해서 삼손에 대해 어떤 견해를 가지고 있느냐에 따라 전혀 다른 해석들이 나타난다. 극단적으로 삼손을 부정적인 인물로 생각하는 설교자들 중에는 삼손이 자살을 했기 때문에 하나님 나라에 참여하기조차 부적합하다는 의견을 피력하기까지 한다. 하지만 이런 의견들은 지나친 면이 없지 않다. 계속 지적하고 있지만 그는 히브리서의 믿음의 영웅들 가운데 등장하여 우리가 본받을 만한 믿음의 사람으로 언급되고 있기 때문이다. 삼손이 '블레셋 사람들과 함께 죽기를 원하노라'(16:30)고 하면서 힘을 썼고 그 말대로 그 건물이 무너져서 죽었으니, 그는 자살을 한 것이라고 평을 하는데, 이것은 결코 정당한 평가로 생각되지 않는다.

우선 삼손이 처한 위치 자체가 그러하다. 당시 삼손은 눈도 보이지 않는 상황에서 대적인 블레셋과 그들의 신 다곤을 대항하여 싸우기로 결심했다. 삼손은 모든 힘을 잃어버린 상황이었다. 그는 간절하게 하나님께 도와달라고 부르짖고 있었다. 사실 삼손은 자신이 다곤 신전을 떠받치고 있는 기둥 아래에 서기까지도 자신이 다시 힘을 쓸 수 있을 것이란 아무런 징조도 받은 바가 없었다. 단지 머리카락이 다시 자랐을 뿐이었다. 김지찬 교수는 머리카락이 다시 자랐다는 것이 삼손이 나실인으로 재헌신되었다는 의미인지, 그의 힘이 다시 생겼다는 의미인지 확실하지 않다고 해석한다.[386] 즉 삼손이 힘을 쓴다고 수천 명을 수용하는 그 거대한 건물이 무너진다는 보장은 전

385) 김지찬, 「오직 여호와만이 우리의 사사」, 399.
386) 김지찬, 「오직 여호와만이 우리의 사사」, 392-93.

혀 없었다는 말이다. 여기서 삼손은 오직 하나님의 능력만을 의지하고 나아가는 것이다. 그에게 정말 자신이 바라는 대로 힘이 주어진다면, 그는 무너지는 건물더미에 깔려 함께 죽을 수밖에 없다는 사실을 잘 알았을 것이다. 그것은 이 기둥이 자리한 위치를 보면 금방 알 수 있는 일이 아닐까?

그러므로 그의 이 말은 엄청난 믿음의 말이 된다. 정말 그 건물이 무너지지 않는다면 결코 그의 죽음은 일어나지 않을 것이다. 그런데 그 건물이 자신으로 인해 무너진다면 자신도 역시 죽을 수밖에 없음을 아는데, 그는 바로 이 자리에서 자신이 죽을 것이라는 믿음으로 건물을 지탱한 두 기둥을 밀었던 것이다. 이것은 불가능을 믿는 절대적 신앙이 아닐 수 없는 것이다. 그러므로 삼손이 한 이 말은 전쟁터에 나가는 군인이 목숨을 걸고 최후까지 싸운다는 의지의 표현이며, 결국 자신의 생명조차 아끼지 않고 적들과 싸우는 최후를 극명하게 묘사한 것이라 할 수 있을 것이다. 메튜 헨리는 분명한 어조로 "삼손은 자살자가 아니었다"고 주장한다. 그리고 그 이유는 "그가 목적했던 것이 이스라엘의 적들의 생명이었지 그 자신의 목숨은 아니었기 때문"이라고 설명했다.[387] 들릴라와 삼손의 관계에서 삼손이 어리석은 일을 행한 것은 분명한 사실이다. 그러기에 인간은 연약한 존재일 수밖에 없다. 비록 그가 사사라 하지만 그는 결코 완전한 구원자일 수는 없었다. 삼손의 연약성은 오직 예수 그리스도 한 분 외에 참구원자는 없다는 사실을 드러내 주는 역할을 한다고 볼 수 있다.

들릴라와 삼손의 이야기는 매우 어두운 면만 가지고 있는 것 같지만 사실 이 이야기 속에도 은혜가 있다. 블레셋 사람들이 삼손의 장례를 막을 수 없었다는 것은 그들이 삼손으로 인해 다곤 신전이 무너

---

387) Henry, 『사사기 룻기』, 325.

진 사건으로 인해 너무나 놀랐기 때문이기도 하겠지만,[388] 더 나아가 이스라엘이 블레셋 사람들의 땅에서 자유롭게 자신들이 하고 싶은 일을 하고 있음을 보여 주는 사건으로, 삼손으로 인해 이스라엘이 누리게 된 자유를 의미한다고 볼 수 있을 것이다. 즉 블레셋 사람들이 초토화되어서 이스라엘이 어떻게 행동하든지 그 행동을 막을 수 없을 정도로 약화되어 있었다는 사실을 보여 주는 것이다. 여기서 우리는 삼손이 그의 마지막 순간까지 이스라엘을 블레셋 사람들의 손에서 구해 낼 사사로서의 사명을 완수했다는 사실을 알게 된다.

사사기 16장으로 설교를 하려고 하는 설교자는 이런 내러티브의 내용을 먼저 철저히 숙지해야 한다. 그리고 이 내러티브를 통해 하나님께서 우리에게 전해 주시고자 하시는 바를 파악하여 설교해야 하는 것이다.

2. 설교 실제

제목: 대적들의 기죽이기[389]
본문: 사사기 16:1-3

삼손 혼자 블레셋 사람들을 1,000명이나 쳐 죽이는 승리를 거두었습니다. 그 후로 이스라엘의 블레셋과의 관계는 확연히 달라졌을 것입니다. 삼손 혼자서 블레셋을 이처럼 도륙하는 모습을 본 이스라엘은 훨씬 당당해졌을 것입니다. 그들은 더 이상 블레셋을 두려워하지 않았을 것입니다. 그러기에 삼손은 지금 당당하게 가사에 나타날 수가 있는 것입니다. 삼손은 주기적으로 적들의 기를 죽이고, 이스라엘의 삶에 평안을 주기 위하여 이 장소를 다녔을 것이라고 생각할 수

---

388) Henry, 『사사기 룻기』, 325.
389) 김원광, 『이스라엘 민족의 영웅 삼손』, 142-55. 이곳에 제시된 설교의 전문은 〈부록 Ⅳ〉에 제시되어 있다.

있습니다.

문제는 삼손 이야기만 나오면 삼손의 삶을 여자 문제와 연관시키는 데 있습니다. 본문을 설교하는 여러 설교자들도 삼손이 가사에서 한 기생을 보고 그에게로 들어갔다는 것을 삼손의 정욕적인 삶의 모습이라고 쉽게 단정해 버리는 경우들이 많이 있습니다.

하지만 일반적으로는 기생 라합의 집에 들어간 정탐꾼들이 나쁜 짓을 하려고 했다고 생각하지 않습니다. 정탐꾼들이 단순히 유숙하기 위하여 그곳에 들어갔다고 해석합니다. 삼손의 경우도 이곳 블레셋 땅에서 날이 어두워진다면 어디에 머물 것입니까? 실제로 기생집은 마치 오늘날의 여인숙과 같은 역할을 겸하고 있지 않았을까 하는 생각이 들기도 합니다.

삼손에 의해 블레셋은 기가 죽어 있었습니다. 삼손은 가사에 와서 적들의 기를 잔뜩 죽여 놓은 후에, 한밤중에 가사 성의 성 문짝과 설주와 빗장까지 완전히 철거해서 짊어지고 그 장소를 떠났습니다. 그를 급습하려던 적들은 한밤에 목격한 삼손의 위력 앞에 놀라서 어안이 벙벙하여졌을 것입니다.

제 생각으로 삼손이 가사에 나타난 것은 바로 이 일을 해결하기 위함이었을 것이 아닐까 합니다. 무엇 때문에 멀쩡한 성 문짝을 떼어내겠습니까? 삼손은 바로 이 일을 하기 위하여 가사에 나타난 것임이 분명합니다.

사실 삼손이 사사로 지내고 있던 지난 20년 동안 블레셋은 이스라엘에게 별다른 해를 끼칠 위치에 있지 못했습니다. 하지만 이들이 이제 다시 세를 규합하고 성 문짝을 만들어 달고 이스라엘과 대적할 움직임이 보임으로 삼손이 그 대적들의 기를 죽이고 그들의 일을 원위치로 돌려놓으려고 이곳에 등장한 것이 아니겠는가 하는 것입니다. 그리고 그 성문을 헤브론, 즉 유다의 주둔지로 옮기는 행위는 그 땅에 대한 유다의 소유권을 주장하는 것이며 이스라엘의 승리를 선언하는 것과 다를 것이 없는 것입니다. 이 사건이 주는 교훈은 무엇입니까?

1. 포기를 모르는 마귀의 세력

마귀의 세력들은 한동안 물러났다가도 다시 틈만 있으면 자신들의 성을 높이 세우고 성문을 만들어 닫고 우리를 공격할 준비를 갖추는 것입니다. 우리는 세상과 마귀와 육신의 정욕과 항상 싸울 마음의 준비를 하고 살아야 합니다. 삼손과 같이 언제나 경계하며 살필 줄 아는 삶을 살아가야 하는 것입니다. 이것이 구원받은 성도들의 마땅한 삶의 자세이어야 할 것입니다.

2. 항상 경계하고 대적하자.

삼손은 하나님이 주신 승리를 지키기 위해 항상 깨어서 경계하는 인물이었습니다. 그는 가서 대적들을 직접 공격하고 무력화시켰습니다. 우리도 삼손처럼 해야 합니다.

혹시 우리 안에 어느 사이엔가 들어와 자리를 잡고 견고한 성을 쌓고 이제 그 문짝도 달고 자신의 세력을 넓히면서 신앙인으로서의 나의 삶을 전체적으로 위협하는 사단의 역사는 없습니까? 우리 안에 악한 습관과 온갖 잘못된 행실들 가운데 오랜 세월 동안 고쳐지지 않고 남아 있는 것은 없습니까?

이런 것들을 우리는 경계해야 합니다.

우리는 육신의 정욕을 따라 행동해서는 안 됩니다. 성령의 소욕을 따라 행동해야 합니다.

오직 성령의 사람다운 모습으로 살아가기를 힘쓰시기 바랍니다.

갈라디아서 5:22-24, "오직 성령의 열매는 사랑과 희락과 화평과 오래 참음과 자비와 양선과 충성과 온유와 절제니 이 같은 것을 금지할 법이 없느니라. 그리스도 예수의 사람들은 육체와 함께 그 정과 욕심을 십자가에 못 박았느니라."

언제나 함부로 말하게 하는 우리의 입술을 훈련해야 합니다.

함부로 행동하는 우리의 손과 발을 조심해야 합니다.

우리의 생각조차도 우리는 절제할 수 있어야 합니다.

우리는 전쟁하듯이 이 일을 감당해야 합니다. 날마다 전신갑주를 입어야 합니다.

에베소서 6:11, "마귀의 궤계를 능히 대적하기 위하여 하나님의 전신갑주를 입으라."

예수님은 마귀의 일을 멸하시기 위해서 이 땅에 오셨습니다. 예수님은 마귀에게 눌린 자들을 자유롭게 해 주셨습니다(행 10:38). 성경은 우리에게 마귀를 대적하라고 말씀합니다(약 4:7).

3. 설교 작성 원리

a. 구속사적, 그리스도 중심적 해석
필자는 이 설교에서 삼손이 가사 성문을 떼어 냄으로 블레셋을 공격한 행위를, 그리스도께서 마귀의 일을 멸하려 하신 일의 모형으로 제시해 보았다. 가사 성문을 떼어낸 사건에 대한 자세한 설명은 앞에 다루어 놓았다.

b. 하나님에 대한 반응으로 인물의 행위 해석
우리가 신앙생활을 해 나가는 과정에서는 늘 영적 전쟁이 있음을 인식하고 항상 깨어 경계해야 한다는 사실을 강조했다.

c. 내러티브에 대한 정당한 해석

내러티브에 대한 해석은 이미 앞서 자세히 다루었다. 그동안 삼손이 가사 기생의 집에 들어간 사건은 삼손의 타락한 행동으로 알려져 있었지만 이곳에서는 조금 다른 관점에서 다루고 있다는 점을 주목해야 할 것이다.

d. 정확한 본문내용 제시

삼손이 가사 성문을 떼어 낸 사건은 3개 구절로 구성이 된 매우 짧은 구절이다. 하지만 이 구절에 대해 전후 문맥을 통해 자세히 이해할 수 있을 때에 위에 다룬 설교와 같은 설교의 작성이 가능해진다.

e. 인물 전기가 되지 않도록 경계함

필자는 삼손을 그리스도의 모형으로 제시함으로 삼손의 인물 전기가 되지 않게 했다. 이것은 삼손을 구속사적이며 그리스도 중심적으로 다루고 있음을 보여 주는 것이다.

f. 초시간적 적용점 찾기

삼손의 블레셋과의 전쟁을 영적 전쟁으로 해석함으로 초시간적 적용을 할 수 있었다. 오늘날 우리는 육신적인 전쟁을 치르고 있지 않지만 항상 정사와 권세와 이 어둠의 세상의 주관자들과 하늘에 있는 악의 영들과 대적하고 싸우고 있음을 잊지 말아야 할 것이다.

g. 시대에 맞는 적절한 적용 시도

필자는 오늘날도 마귀의 세력은 끊임없이 우리 삶의 영역에 들어와 자신이 영향을 미칠 자리를 찾으려 혈안이 되어 있음을 알고 항상 깨어 근신하는 자세로 마귀를 대적하는 삶을 살아야 한다는 사실을 지적함으로, 무엇보다 유혹이 많은 세상 한가운데 살아가고 있는 성도들에게 도전을 주고자 했다.

제3장
성경인물설교 실제를 위한 제안과 한계

필자는 앞에서 설교 현장에서 실제로 시행된 다양한 설교자들의 삼손설교를 분석하고, 결론적인 평가를 수행했다. 그리고 그곳에서 확인한 성경인물로서 삼손에 대한 현장의 설교들이 갖고 있는 문제점들은 단지 삼손설교만이 아니라, 성경인물 설교 전반에 걸쳐 나타나는 보편적 현상이라고 단정 지을 수밖에 없었다. 그러한 현상이 본문의 인물이 삼손이어서 특별히 나타나는 현상이라기보다는 설교가 인물을 다루고 있어서 나타나는 일반적인 현상으로 보이기 때문이다.

그러므로 이곳에서는 삼손설교 실제를 분석하면서 확인한 문제점들과, 필자가 현장의 설교자로서 제시한 삼손설교 실제에 반영된 성경인물 설교를 위한 해석학적, 설교학적 원리들을 종합하여 성경적 성경인물 설교를 위한 실제적인 지침을 제안하고자 한다. 이것은 아래에 보는 바와 같이 해석학적 관점과 설교학적 관점에서 필자가 나름대로 규정한 원리들인 바, 이미 설교 현장의 삼손설교를 분석하는 데서도, 그리고 필자의 삼손설교 실제를 제시하는 데서도 일관되게 이러한 7가지 원리를 본문 접근과 설교 작성의 틀로 제시하여 온 것이 사실이다. 여기서는 이 원리들을 다시 요약하고 종합하여 성경인물설교를 위한 보편적 지침으로 제시하고자 한다.

물론 여기서 제시하는 지침이 완벽한 것도 아니고, 유일한 것도 아닌 것이 분명하지만 그러나 나름대로 지금까지 다룬 내용들을 종합하여 제안함으로써 성경인물을 설교하고자 하는 현장의 설교자들의 설교 실제에 기여하고자 한다.

A. 성경인물설교 실제를 위한 제안

1. 구속사적, 그리스도 중심적 해석

성경인물에 관한 바람직한 성경적 설교를 하기 원하는 설교자라면 마땅히 본문이 제시하는 인물에 대한 진술들을 구속사적, 그리고 그리스도 중심적 관점에서 해석해야 한다는 사실을 기억해야 한다. 모든 성경은 구속 역사의 어느 한 부분에 관한 말씀이다. 어느 말씀도 구속 역사의 흐름에서 벗어나지 않는다. 모든 성경은 구속의 역사를 따라 그리스도를 지향하며 흐르고 있다. 예수 그리스도는 구속 역사의 정점이다. 그러므로 설교자는 성경 전체가 하나님의 구속의 역사를 드러내고 있으며, 각 부분의 이야기들은 성경 전체를 이루고 있는 구속 역사에 관한 큰 이야기에 연결되어 있는 작은 이야기라는 통찰을 바탕으로 성경을 해석하고, 드러내고, 서로 이어갈 수 있는 능력을 갖추어야 하며, 그 과정에서 그리스도를 드러내야 하는 것이다.

　전체 구속의 역사 속에서 그 인물의 삶을 바라볼 때 비로소 그 인물의 새로운 면모가 보이기 시작한다. 그리고 그것은 우리에게 그리스도를 통해 구원을 이루시는 삼위 하나님의 위대한 역사를 드러내 주는 길이 된다. 바로 이렇게 성경을 이해할 때 우리는 비로소 본문을 성경 고유의 목적에 부합하게 다룰 수 있다.

성경이 이 세상 모든 책들과 구별되는 점은 오직 성경에서만 하나님을 참되게 만날 수 있기 때문이다. 물론 자연계시에도 하나님의 신성이 드러나 있는 것은 사실이다. 하지만 성경이 아닌 자연계시만으로는 하나님을 올바로 알기에 부족하다. 오직 성경만이 하나님을 참되게 알게 해 주는 책이다. 하지(Charles Hodge)는 "우리가 어떤 죄인이 구원을 받을 수 있는지 아는 것은 오직 초자연계시(성경)를 통해서뿐이라"고 했다.[390] 오직 성경만이 하나님의 초자연적 계시를 담고 있다는 것, 그것이 바로 성경의 독특함이며 위대함인 것이다.[391] 설교자는 이 점을 잊지 말아야 한다.

성경을 통해 삼위일체 하나님을 드러내는 일에 최선을 다하는 것이 설교자의 의무이다. 그리고 설교에서 하나님을 드러내는 것은 바로 삼위 하나님이 역사 속에서 행하시는 구속의 일을 드러내고, 그리스도를 통해 그 모든 일들을 이루어 가시는 위대한 약속의 성취자 되시는 하나님을 선포함으로 가능해지는 것이다. 그러므로 성경적인 성경인물설교를 하기를 원하는 설교자라면 무엇보다 먼저 구속사와 그리스도 중심적인 관점에서 주어진 본문들의 의미들을 파악하고 드러내는 통찰력을 갖는 것이 매우 중요하다.

2. 하나님에 대한 반응이라는 관점에서 인물의 행위 해석

본문이 제시하는 인물들의 행위가 어떻게 하나님과 관계를 맺고 이루어지고 있는가를 파악하고, 그것이 오늘날의 청중에게 주는 요구 혹은 메시지가 무엇인가를 결정하여야 한다. 즉 본문의 인물의 행위

---

390) Charles Hodge, *Systematic Theology*, vol.I (Grand Rapids: Eerdmans Pub, 1986), 26.
391) Hodge, *Systematic Theology*, vol.I, 154.

를 하나님에 대한 반응이라는 관점에서 파악한 후 그것이 초상황적 차원에서 오늘날의 청중에게도 보편적으로 적용되는 요구가 무엇인지를 확정하는 것이다.

그동안 구속사적 설교론자들의 모범설교 혹은 도덕설교에 대한 강한 경계로 인해 마치 성경인물들로부터 윤리적 행위를 강조하는 것 자체로 모범설교나 도덕설교가 되는 것처럼 오해한 경향이 없지 않았다. 그러나 앞에서 밝힌 것처럼 성경인물들이 하나님의 구속의 역사 속에서 믿음으로 보이는 반응들은 우리가 마땅히 따라야 할 중요한 신앙 윤리적 삶의 모델이 된다. 그러므로 이런 신앙 윤리적 행위들은 마땅히 강조되어야 하고 또한 따라야 할 모범으로 제시가 되어야 한다. 윤리적 행위를 강조하고 요구하는 설교는 모두가 구속사적 혹은 그리스도 중심적 설교를 벗어나 모범설교 혹은 도덕설교가 되는 것은 아니다. 그러한 윤리적 행위가 무엇을 근거로 혹은 어떤 목적으로 요구되는가 하는 것이 중요한 문제이다. 본문에 등장하는 인물의 뛰어난 성품이나 행위를 근거로 하여 우리도 이 사람을 본받아 그러한 성품을 갖자는 식으로 어떤 행위가 강조되면 그것은 우리가 금해야 하는 도덕설교 혹은 모범설교가 될 것이다. 그러나 그 인물의 행위가 자신의 윤리적 도덕적 성품의 훌륭함의 발현이 아니라, 하나님과의 관계를 근거로 한 하나님에 대한 반응으로 나타난 것이라는 관점에서 해석하고 우리도 하나님에 대한 반응으로 이러저러한 행위를 해야 하거나 혹은 하지 않아야 한다고 요구하는 것은 위에서 말한 모범설교 혹은 도덕설교와는 다른 것이다.

구속 역사는 바로 그에 반응하는 사람들을 향한 것이다. 사실상 하나님이 구속하신 것은 바로 사람들이었다. 하나님께서는 사람들을 구속하시기 위해 자기 아들 예수 그리스도를 보내신 것이다. 그러므로 구속 역사에서 사람들은 매우 중요한 위치를 차지하고 있다. 성경의 인물들은 바로 이런 하나님의 구속의 역사가 진행되는 현장에서 살면서 거기에 반응한 자들이다. 구속 역사 속에서 성경인물들이 보이는 반응은 구속 역사를 통해 하나님께서 사람들에게 주시고자 하는 중요한 교훈들을 담고 있음이 분명하다.

그러므로 바로 이러한 행동들을 강조해서 모범으로 삼고 따르게 하는 것은 같은 구속의 은혜를 받은 이 시대 신앙인들에게 중요한 것이 된다. 하나님의 구속 역사에 반응하고 살았던 성경인물들의 삶은 우리에게도 하나님의 구속의 은혜에 반응하며 살라는 강한 메시지가 된다. 성경인물들의 모습은 우리를 위한 구체적인 모델이 되고 있는 것이다. 바울은 분명히 후대의 신자들에게 자신이 그리스도를 본받는 자 된 것같이 후대 신자들 역시 그를 본받는 자들이 되라(고전 11:1)고 했다. 즉 이전 성경인물들의 삶은 분명히 우리들의 모범이 된다는 말이다. 그런데 여기서 우리가 놓쳐서는 안 될 부분이 있다. 그것은 바울이 자신의 윤리적 행위를 먼저 말한 것이 아니라는 사실이다. 자신을 위해 그리스도께서 행하여 주신 구원이 먼저 있었고, 그 구원의 은혜에 감격해서 자신이 그리스도 앞에서 그분이 행하신 대로 살려고 애를 썼으며, 바로 이런 모습을 후대들이 본받게 되기를 원한다는 것이다.

이것이 구속 역사에 반응하는 성도들의 신앙 윤리적 모습인 것이다. 성경인물설교는 바로 이 점에서 매우 큰 장점을 가진다고 할 수 있을 것이다.

3. 내러티브 본문에 대한 정당한 해석

앞서 삼손 본문 해석을 통해 우리는 본문의 내러티브를 어떻게 이해하는가에 따라 본문을 해석하는 것에 큰 차이가 나타나는 것을 살펴보았다. 내러티브 본문을 해석하기 위해서는 우선 내러티브 본문이 갖는 특성에 대한 이해와 그에 따른 본문 읽기와 이해가 필수적이다. 내러티브는 무엇보다도 이야기라는 것이 독특한 성격이다. 그리고 내러티브로서 이야기는 아무런 의도나 목적이 없이 그냥 생각나는 대로 늘어놓은 진술들이 아니라, 이야기 전체가 치밀한 계획과 전략에 따라 배치되고 전개된 것이라는 사실을 의식해야 한다. 강화체 본문들이 주제의 이동에 의하여 전개된다면, 내러티브는 장면의 변화에 의하여 전개된다고 할 수 있다. 그러므로 내러티브 본문을 이해하기 위해서는 무엇보다도 이야기 전체를 파악하는 것이 중요하다. 이것은 내러티브 본문은 단어나 문장 구조나 세부적인 사항들의 분석에 몰입하기 전에 우선 본문 전체를 단숨에 여러 번 읽으면서 그 내용을 전체적인 안목에서 이해하고 파악하는 것이 중요하고, 다시 세부적인 항목이나 사항들을 분석하는 가운데 본문의 흐름과 주제를 파악하는 것이 필요하다는 뜻이다. 인물의 세부적인 한 행동이나 말에 집착하여 그것으로부터 펼칠 수 있는 모든 메시지를 이끌어 내는 것은 위험하다. 무엇보다 본문 이야기가 전하고자 하는 중심 메시지에 설교자는 집중해야 한다. 만일 본문 내러티브의 전체에 대한 정확하고 치밀한 이해를 소홀히 하고 눈에 띄는 어떤 한 행동이나 장면에 집착하게 되면 본문이 그 인물을 통하여 드러내고자 하는 중요한 메시지를 놓치거나 왜곡하게 될 위험이 있다.

또한 본문 이야기에 대한 이해는 전체 성경 역사의 흐름을 방해하지 않아야 하고, 자연스러워야 한다. 만일 본문 내러티브에 대해 자신이 이해한 바가 성경 전체 내러티브와의 사이에 문제를 일으키게 된다면, 자신의 내러티브를 주의 깊게 살펴서 잘못된 곳은 없는지

면밀히 분석해 보고 바로잡는 것이 필요하다.

4. 효과적인 본문의 제시

내러티브 본문에 대한 연구는 본문의 이야기를 자세히 읽는 것에서
부터 출발해야 한다. 여러 설교문들을 읽어보면서 본문을 자세히 읽
었다는 생각이 들지 않는 부분들이 눈에 띌 때 조금 아쉬웠다. 설교
는 본문으로부터 출발해야 한다. 그리고 본문은 하나님의 말씀이다.
그러므로 하나님의 말씀을 연구하는 설교자는 항상 본문을 열심히
읽고 연구하는 것으로부터 출발함이 마땅할 것이다.

그러나 내러티브 본문의 설교에서 놓쳐서는 안 되는 중요한 요소
가 있다. 그것은 본문의 내용을 청중에게 제시하는 것이다. 많은 설
교자들이 본문에서 지금 무슨 일이 일어나고 있는지를 청중에게 말
해 주지 않거나 혹은 단편적이고 간헐적인 본문 인용 방식으로 청중
에게 본문을 제시하면서 곧바로 본문에 근거한 결론적 메시지를 선
포하는 방식으로 설교를 진행하는 경우가 있다. 혹은 본문을 제시한
다할지라도 본문에서 일어나고 있는 일을 생생하게 실감할 수 있도
록 그 진상을 제시하는 것이 아니라, 본문의 내용을 추상적인 단어나
개념적인 용어들로 요약 해설하는 방식으로 본문을 언급하는 정도에
그침으로써 청중이 본문의 실제 내용이나 사건 혹은 장면을 생생하
게 떠올리게 하지는 못하는 경우들이 있다.

파이퍼(John Piper)목사는 "설교한다는 것은 하나님의 말씀−성
경 본문−을 설명하고 그 말씀에 환호함으로 예배하는 것"[392]이라고
했다. 하나님의 말씀을 잘 설명하기 위해 본문의 이야기를 온전히 이

---

392) John Piper, 『하나님을 설교하라』, 박혜영 옮김 (서울: 복 있는 사람, 2012), 9.

해하기까지 읽고 또 읽는 수고를 계속할 뿐만 아니라, 그 내용을 설교 주제로 가장 효과적으로 드러낼 수 있도록 청중에게 제시하여 그 주제로 설교할 설교자와 그 주제로 설교를 들을 청중 사이에 본문의 공유가 이루어지게 해야 한다. 그러므로 본문을 읽은 후에는 전후 문맥을 따라 이야기 전체를 구성해 보는 작업을 수행해야 한다.

5. 인물의 전기가 되지 않도록 경계

구속사적이고 그리스도 중심적인 관점에서 성경인물을 접근하지 않으면 자칫하면 그 인물이 하나님과의 관계 혹은 하나님의 역사 진행에 있어서 갖는 성격이나 역할 등이 아니라, 단순히 그 인물 자신의 전기로 인물 이해가 이루어질 위험이 있다. 그리고 이런 성경 해석을 하게 되면 세상의 위인전에서 위인이 주는 교훈과 별로 다르지 않은 교훈들을 성경 안에서 끄집어 내어 전하기 쉽다.

이런 인물전기식의 접근방식은 결국 그 인물의 위대함을 중심으로 성경을 말하게 될 뿐 하나님을 중심으로 말하게 될 수 없다는 문제점이 있다. 성경의 진정한 주인공은 이미 여러 번 지적했듯이 하나님 자신이시다. 그러므로 우리는 성경의 주인공이 되시는 하나님을 중심으로 성경을 설교함이 마땅하다는 사실을 잊지 말아야 할 것이다.

6. 초상황적 적용점 찾기

성경인물이 살던 시대와 오늘날 청중이 살고 있는 시대 사이에는 큰 간격이 있다는 사실을 설교자는 결코 잊어서는 안 된다. 성경의 내용 그대로를 우리 시대에 적용할 수는 없는 것이다. 성경인물들을 해석할 때에 이러한 점들이 반드시 고려되어야 한다.

우리 시대는 삼손 시대와 같이 이방 여인과의 결혼이 문제가 되지 않는다. 삼손 시대와 같이 타민족이라 해서 사람을 함부로 죽이는 일들은 허용되지 않는다. 사실 성경의 인물들은 모두 자신이 살고 있는 시대의 상황과 문화에 영향을 받지 않을 수가 없다. 그들의 삶에는 이런 영향력들이 고스란히 드러나 있다. 만일 설교자가 이런 점을 고려하지 않고 오늘날에는 전혀 해당되지 못할 교훈들을 그대로 오늘 이 시대에 적용하려고 하면 결코 사람들의 마음을 움직이기 힘들 것이다.

그러므로 설교자는 반드시 성경인물 해석에 있어서 어느 한 시대를 넘어 모든 시대에 적용이 될 수 있는 초상황적, 초문화적 메시지를 찾아낼 줄 아는 능력을 길러야 한다. 그런 메시지를 찾아낼 때 비로소 청중은 설교에 참여하여 본문의 세계를 자신도 경험하며 은혜를 받게 되는 것이다.[393]

7. 시대에 맞는 적실성 있는 적용

이 책을 쓰면서 다룬 유명 설교자들의 설교를 연구하면서 그들의 설교에는 한 가지 분명한 공통적인 장점이 있다는 사실을 알 수 있었다. 그것은 그들의 설교가 모두 적실성에 있어서는 탁월하다는 점이었다. 즉 유명한 설교자들은 청중이 원하는 바가 무엇인지를 너무나도 잘 알고 있다는 사실이다.

사실 많은 설교자들이 설교를 열심히 준비해서 전해도 청중을 고

---

393) 정창균,「고정관념을 넘어서는 설교」, 22-23.

려하지 않음으로 전혀 전달이 되지 못하는 경우들이 비일비재하다. 그러므로 설교자는 이런 점을 생각하고 항상 조심하는 자세로 적실한 설교를 만들기를 힘써야 할 것이다. 물론 청중에게 효과적으로 적용이 되는 적실성을 확보하기 위하여 본문에 근거함으로 확보해야 되는 설교의 적합성 혹은 정당성을 희생할 수는 없다. 설교의 적실성과 정당성은 동시에 확보되어야 하는 것이지, 어느 하나를 확보하기 위하여 다른 하나를 희생할 수 있는 것이 아니다. 설교는 본문에 근거하고 청중을 지향하는 것을 본질로 한다는 점에서 본문에 근거함으로 얻어지는 정당성과 청중에게 효과적인 적용을 성취함으로 얻어지는 설교의 적실성은 동시에 확보해야 하는 것이다. 적실성과 정당성이 같이할 때 그 설교는 앞으로 한국 사회 안에 큰 반향을 일으키는 능력 있는 설교로 남게 될 것이다.

B. 적용의 한계

위에서 제안한 내용들은 성경인물설교를 하고자 하는 설교자들에게 매우 큰 도움이 될 것이지만, 이 방법들을 적용하는 데에는 분명히 한계가 있음도 밝히지 않을 수 없다. 즉 이제까지 제시한 방법론들이 성경의 모든 인물들을 설교할 때에 그대로 적용되는 것은 아니라는 사실이다.

1. 신약의 인물들

우선 신약의 인물들에 대하여는 위에서 제시한 성경인물설교의 방법론을 그대로 적용한 해석이 어렵다. 그들은 모두 그리스도께서 이미 오신 이후의 인물들이므로 더 이상 그리스도를 모형적으로 제시하는 인물로 해석될 수는 없다. 그러나 신약 역시 삼위 하나님 중심적인 메시지를 담고 있다는 점에 있어서, 또한 오늘날의 성도들의 삶에 적용되기 위해서는 초상황적인 메시지를 찾아내야 한다는 점 등에서 어느 정도의 유익은 될 수 있을 것이다.

2. 간략히 이름만 언급된 인물들

앞서 제시한 방법들은 내러티브가 있는 구약의 역사적 본문을 해석하고 설교할 때에 요긴한 것들이다. 그러므로 비록 구약에서 다루어졌다 할지라도 특별한 내러티브가 없이 간략하게 이름들만 언급된 인물들에 대해서는 적용이 되기 어려울 수밖에 없다.

3. 시가서 등에서 예로 다루어진 인물들

어떤 성경의 인물이 시편이나 잠언과 같은 곳에서 단지 하나의 예화로 사용되는 경우에도 앞서 제시한 방법론이 그대로 적용되기는 쉽지 않을 것이다. 이런 인물들에 대한 해석과 설교의 문제는 앞으로 더 연구가 되어야 할 것이다.

 나가는 말

성경인물설교는 설교 현장 어디서나 쉽게 발견이 된다. 그러나 어떻게 성경인물설교를 해야 하는지에 대한 구체적인 논의가 없음으로 마치 일반 인물들의 전기를 다루는 것과 같은 방식으로 성경인물설교가 진행되어 온 것이 사실이었다.

이 책에서 필자는 성경인물들을 실제로 설교하고자 할 때 그것이 청중에게 적실성이 있을 뿐 아니라, 성경의 의도에 충실한 설교이어야 한다는 전제 아래, 그것을 위하여 설교자는 어떤 점들을 고려해야 하는가를 제안하고자 하였다. 그것을 위하여 우선 인물설교에 대한 신학적, 설교학적 입장을 확고히 하기 위한 논의를 구속사적 설교론과 함께 개진하였다. 그리고 국내외의 유명 설교자들에 의해 수행된 인물설교들을 분석하고 평가하면서 7가지의 인물설교 분석의 틀을 제시하였다. 그것은 해석학적 입장에서 3가지의 관점과 설교학적 입장에서 4가지의 관점이었다. 이 7가지의 관점은 이 책에서 성경적이고 적실성 있는 성경인물설교를 위한 기본적인 지침으로 일관되게 제시되었다.

필자는 특별히 이 분석과 이해의 관점(틀)을 기존의 삼손설교들에 먼저 적용해 보았다. 국내외의 유명 설교자들과 국내 5개 교단의 대표적 설교자들의 삼손설교가 그 대상이었다.

이들의 삼손에 대한 설교들을 살피는 과정에서 필자는 기존의 성경인물 설교자들이 빠지기 쉬운 인물설교의 여러 함정들을 발견할 수 있었다. 그것은 다음과 같이 요약을 할 수 있다.

1) 대부분의 성경인물설교들이 모범적, 윤리적 형식으로 작성되었다.

2) 본문에 대한 상세한 연구가 부족한 경우들도 상당수 발견되었다.

3) 성경인물을 전기적으로 다룬 경우들이 많았다.

4) 알레고리적 해석들도 여러 번 발견되었다.

5) 시간적 간격을 무시한 조급하게 동일시하는 방법들도 자주 발견되었다.

6) 윤리 행위를 강조하기는 하지만 구속사에 대한 반응으로서가 아니라 단순한 행위윤리를 강조하는 경우들이 많았다.

이러한 삼손설교의 문제점들은 사실 성경인물설교의 일반적인 문제점이라 해도 큰 문제는 되지 않을 것이다. 이 설교들이 보이는 이러한 문제들은 그것이 삼손에 대한 설교이기 때문이 아니라, 한 인물에 대한 설교라는 점에서 나타나는 양상들이기 때문이다.

필자는 이러한 점들을 살핀 후에 삼손을 바로 설교하기 위해서는 어떻게 해야 하는지에 대하여 필자 나름의 방법들을 제시하였다. 필자는 우선 삼손을 설교하기 전에 사사기 전체의 흐름에 대한 바른 이해가 있어야 한다는 사실을 지적했다. 그리고 그 사사기의 흐름 속에서 삼손을 이해하고 설교하려고 시도했다.

필자는 삼손설교의 예문들을 제시하기 전에 먼저 삼손설교에 적용되어야 할 전제들을 언급했다. 그것은 성경인물설교의 전제들과 같은 것들이었다. 다만 삼손을 해석함에 있어서 이슈가 되는 몇 가지 문제점들을 지적했다. 그리고 새롭게 삼손 내러티브를 구성했고 그것을 바탕으로 필자 자신의 삼손설교 예문을 제시했다. 앞에서 행한 분석과 논의들을 바탕으로 필자는 마지막으로 현장의 설교자들이 성경인물설교를 행하고자 할 때 고려해야 할 사항들을 7가지로 제안하였다. 7가지 제안 중 어느 것은 구체적인 시행지침이나 방법이라기보다는 설교자의 자세나 원리적인 문제들에 불과한 것도 사실이다. 그러나 성경적인 성경인물설교를 수행하기 위해서 설교자에게 필요한 것은 한편의 설교를 작성하는 기법만은 아니다. 성경인물설교를 하는 설교자의 성경을 대하는 자세나 성경에 대해 가진 원리적인 사고는 직접적으로 성경인물설교에 영향을 미치기 마련이다. 이런 것들은 설교자들이 장기적으로 의식하며 준비하며 갖추어야 하는 것들로 실제로는 설교에 직접적인 영향을 미치는 매우 중요한 사항들이라고 생각된다.

이제 필자는 마지막으로 지금까지 연구를 바탕으로 바람직한 성경인물설교를 위하여 설교자들이 나아가야 할 방향을 종합적으로 진술함으로 이 책을 마치려고 한다.

A. 바른 성경관

설교자가 성경은 유일하고 독특한 "세상에서는 결코 찾아볼 수도 없고 들을 수도 없는 하나님의 말씀의 저장고"[394]라는 의식을 먼저 갖지 않는다면 바른 성경인물설교란 불가능할 수밖에 없다. 이 책에서 살펴본 유명 설교자들의 삼손에 대한 설교문들에서 우리는 여러 편의 설교들이 주로 삼손이란 인물의 인간적인 장단점을 중심으로 윤리적 교훈을 주는 방식을 취하고 있다는 사실을 발견했다. 이런 설교들의 문제점은 "그런 윤리적 교훈을 담고 있는 세속적인 문학 작품

---

394) 이승진, 『설교를 위한 성경해석』(서울: 기독교문서선교회, 2008), 149.

도 얼마든지 설교를 위한 기본 텍스트로 활용이 가능하다는 논리를 가능하게"[395] 만드는 결과를 초래할 것이다. 물론 대부분의 설교자들이 성경과 일반 위인전의 권위를 동등하게 생각할 리는 만무할 것이다. 하지만 성경인물들에 대한 이런 방식의 접근 자체가 바로 그런 문제들을 일으킬 수 있다는 사실을 지적하는 것이다. 사실상 이런 방식의 설교에는 그레이다누스의 지적과 같이 성경이 거의 필요가 없게 된다.[396] 바른 성경인물설교를 하기 원한다면 설교자가 "성경을 말하며, 성경으로부터 말하는 것이 필수적이라는 것"[397]과 성경은 그 자체가 신학적 목적을 갖고 한 시대의 사람들에게 주어졌지만 동시에 시간과 공간을 초월하여 오고 오는 모든 사람들에게 주어진 하나님의 말씀이라는 사실을 잊지 말아야 할 것이다. 이것은 설교자의 성경관의 문제이며, 바로 성경에 대한 설교자의 신학적 전제의 문제인 것이다.

B. 지속적인 자기 설교 평가

필자는 이 책에서 성경적 성경인물설교를 위하여 해석학적, 설교학적 관점에서 구성된 인물설교 실제를 위한 7가지 지침을 제안하였다. 이 제안을 기초로 자신의 인물설교를 작성할 뿐 아니라, 작성된 자신의 설교를 이러한 관점에서 지속적으로 점검하고 평가해 보는 노력이 설교의 발전을 위하여 매우 중요하다고 할 수 있다.

대한 반응으로 인물의 행위를 해석했는지, 내러티브 본문에 대한 해석은 바른지를 살펴보아야 한다. 그리고 본문을 정확히 그리고 효

---

395) 이승진,「설교를 위한 성경해석」, 148.
396) Sidney Greidanus,「구속사적 설교의 원리」, 권수경 역 (서울: SFC출판부, 2011), 87.
397) 정창균, "김동호 목사의 〈나의 설교를 말한다〉를 읽고",「기독교개혁신보」 2007. 02. 14.

과적으로 제시했는지, 인물을 한 사람의 전기처럼 그 인물의 일거수
일투족에만 집중하여 다루고 끝나지는 않았는지, 성경의 시대와 오
늘날의 시대 사이의 간격을 무시하고 무리한 해석이나 적용을 하지
는 않았는지, 청중에게 적실성 있는 적용을 담고 있는지 등을 항상
점검해 보아야 한다.

C. 성경인물설교의 목표 인식

성경인물설교라는 말은 자칫 오해를 불러일으키기 쉽다. 그것은 이
용어 자체가 마치 어떤 인물에 대하여 설교하는 것을 의미하는 것처
럼 들리기 때문이다. 그러나 인물설교의 목표는 결코 어떤 인물에
대하여 설교하는 것일 수 없다. 이승진 교수가 잘 지적해 준 바와 같
이, 인물설교는 단순히 성경에 등장하는 인물에 관하여 강의하는 것
이 아니다. 성경인물의 삶을 통해서 오늘도 역사하시는 하나님을 선
포하는 것이 인물설교의 목적이다. 설교를 듣는 청중의 삶속에서 오
늘도 살아 역사하시는 하나님께서 과거 성경에 등장하는 인물들의
삶과 신앙 속에서는 어떻게 역사하셨고 그들을 통해서 무슨 일을 어
떻게 행하셨는지를 살펴봄으로 그 인물들과 동일한 삶을 살아가는
오늘의 청중에게 하나님과 그분의 구원 사역을 선포하는 것이 인물
설교의 중요한 목표이다.[398] 설교자는 이와 같은 인물설교의 목표를
의식하고 설교를 수행해야 한다. 설교를 할 때마다 지금 자신이 전하
고자 하는 것은 어떤 인물의 삶이 아니라 그들 속에서, 혹은 그들을
통해 역사하셨던 하나님을 전하는 것이 목표라는 사실을 상기할 수
있어야 한다. 이럴 때에 비로소 설교자는 바람직한 성경적 성경인물

---

398) 이승진, 『설교를 위한 성경해석』, 170.

설교를 할 수 있게 될 것이다.

  이 책을 쓰면서 필자 자신의 설교들을 살펴볼 수 있었던 점은 개인적으로 매우 유익한 일이었다. 그동안 필자 자신이 설교자로서 얼마나 많은 실수들을 범했는지를 살피는 것은 고통스러운 경험인 동시에, 미래를 위해 다행스럽고 복된 기회이기도 하였다. 이 경험으로 필자는 앞으로 더 바른 설교를 위해 노력할 수 있게 되었다고 감히 말할 수 있을 것 같다. 그리고 이러한 논의 자체가 한국교회 강단의 성경인물설교를 더욱 풍성하게 만들어 주는 좋은 자양분이 되리라는 기대도 가져본다. 그리고 근래에 들어서 한국교회 강단에서 거의 찾아보기 어려운 삼손에 대한 긍정적인 설교들의 가능성을 탐구함으로써 사사기 인물인 삼손에 대한 더 풍성한 논의들이 앞으로 더 풍성하게 나타나게 될 것이라는 생각이 드니 더욱 기쁘다.

부록 I

제목: 은혜로우신 하나님

본문: 사사기 13:1-5

삼손이 태어나던 시기에 이스라엘은 범죄함으로 인해 하나님의 징계를 당하고 있었습니다. 하나님께서는 이스라엘을 블레셋 사람들의 손에 넘겨주셨습니다. 그리고 무려 40년의 세월이 흘러가고 있었습니다.

그때에 하나님께서는 당신의 사자를 통해 아이를 낳지 못하던 석녀인 마노아의 처에게 아들을 주시겠다는 약속을 해 주십니다. 그리고 더하여서 그녀에게 포도주와 독주를 마시지 말고 어떤 부정한 것도 먹지 말라는 명령을 내리셨습니다. 그리고 아이를 낳으면 머리에 삭도를 대지 말라고 하시면서 그 아이는 태어나는 순간부터 하나님께 바쳐진 나실인이 된다고 하셨습니다. 그리고 그 아이가 블레셋 사람들의 손에서 이스라엘을 구원하기 시작할 것임을 예언해 주셨습니다. 이 말씀이 우리에게 주는 귀한 교훈들을 함께 생각하며 은혜를 나누려고 합니다.

1. 자비의 하나님

사사기에는 반복되는 순환 구조가 있습니다. 그것은 이스라엘이 범죄를 저지르면 하나님이 이방인들을 들어 그들을 치시고 이스라엘이 고통 중에 하나님께 부르짖으면 하나님께서 구원자를 일으키셔서 그들을 구원해 내시고 일정한 기간 평화의 시기를 허락해 주신다는 사실입니다. 그리고 다시 이스라엘이 타락하면 동일한 과정이 반복되는 것입니다.

그래서 매번 범죄를 저지른 이스라엘이 하나님의 은혜를 구하는 장면이 등장합니다.

4:3. "야빈 왕은……이스라엘 자손을 심히 학대하였으므로 이스라엘 자손이 여호와께 부르짖었더라."

6:6. "이스라엘이 미디안으로 말미암아 궁핍함이 심한지라. 이에 이스라엘 자손이 여호와께 부르짖었더라."

10:9-10. "암몬 자손이……유다와 베냐민과 에브라임 족속과 싸우므로 이스라엘의 곤고가 심하였더라. 이스라엘 자손이 여호와께 부르짖어……."

그런데 흥미롭게도 삼손이 태어나던 즈음에 이스라엘은 무려 40년간이나 블레셋의 압제 아래 있으면서도 간구조차 하지 않았습니다. 이들은 도리어 블레셋이 자신들을 통치하는 것을 자연스럽게 인정하고 받아들이고 있었습니다. 사사기 15:11에서 이스라엘 사람들이 삼손에게 "블레셋 사람이 우리를 다스리는 줄을 알지 못하였느냐"라고 말하는 것에서 우리는 당시 이스라엘 사람들의 정신세계를 엿볼 수 있습니다.

간구조차 할 줄 모르는 무능한 이스라엘이 무슨 소망이 있을까요?

하나님께서는 바로 이처럼 타락한 자들을 친히 찾아와 주신 것입니다. 간구조차 하지 않았지만 그들을 불쌍히 여기셔서 친히 찾아와 주시고 그들에게 은혜를 베풀어 주고 계시는 것입니다.

하나님께서는 우리가 전혀 하나님을 알지도 못할 때에, 여전히 죄악을 낙으로 삼고 세상 것을 즐기며 살고 있던 때에 우리를 찾아와 주셨고 우리를 변화시켜 주셨다는 사실을 잊지 말아야 할 것입니다. 이것이 바로 하나님의 은혜입니다.

하나님의 찾아오심은 그 자체로 놀라운 축복이었습니다.

1) 그것은 이스라엘에게 구원을 베푸시기 위한 것이었습니다.

하나님께서는 이 타락한 자들에게 나타나셔서 그들을 구원해 주실 것을 말씀하셨습니다. 이처럼 놀라운 축복이 어디 있겠습니까? 아무런 공로 없이 그들에게 구원을 베푸시겠다고 하시는 것이야말로 은혜로우신 하나님의 위대하심을 잘 보여 주는 사건이 아닐 수 없습니다.

2) 그것은 개인적으로 한 가정의 축복이 되었습니다.

아이를 낳지 못하던 가정에 하나님의 은혜가 임한 것입니다. 전혀 요청하지도 않았는데 하나님께서 찾아오셔서 이처럼 은혜를 베풀어 주시는 것을 생각할 때에 우리는 감격하지 않을 수 없습니다.

우리의 삶에도 하나님이 찾아와 주셨습니다. 여러분이 먼저 간청하셨습니까? 아마 많은 분들이 전적인 은혜에 의해 이 자리에 오셨을 것입니다. 그 은혜에 진정한 감사가 넘칠 수 있기를 소원합니다.

2. 구원자 하나님

하나님께서는 고통당하고 있던 그 시대를 구원하시기 위해 마노아의
가정에 한 아이를 주실 것이라고 말씀하셨습니다. 그 아이가 바로 이
스라엘을 구원할 구원자가 될 아이였습니다.

이러한 하나님의 은혜는 우리 시대에도 동일하게 나타났습니다.
변치 않으시는 하나님은 우리가 고통당하는 모습을 보시고 우리를
위해 독생자 예수님을 보내 주셨다는 사실을 잊지 말아야 할 것입니다.

삼손의 탄생은 이스라엘에 소망을 주는 탄생이었습니다. 마찬가
지로 오늘날 우리는 예수 그리스도 안에서 진정한 소망을 품고 살아
갈 수 있다는 사실을 잊지 말아야 할 것입니다.

그의 부모가 지어 준 이름 삼손은 "태양"이란 의미가 있습니다.
이 이름에는 그 부모의 간절한 희망이 담겨져 있다고 볼 수 있을 것
입니다. 그것은 바로 이 어둠의 시대를 끝내고 밝은 태양이 비치는
새로운 세상을 열어 달라는 것이었음이 분명합니다. 즉 아이를 갖
고 난 후부터 이들 부부는 끊임없는 소망 가운데 살 수 있게 된 것입
니다.

우리에게 예수님도 마찬가지 존재가 되십니다. 예수님이 우리 안
에 들어오시는 순간부터 우리는 항상 희망의 사람이 될 수 있습니다.
예수님이 우리 삶의 모든 어둠을 몰아내 주시고 의의 태양으로 치유
하는 광선을 발하여 주시리라는 희망이 항상 우리 마음을 충만하게
만들어 줄 것입니다.

이것이 바로 하나님의 은혜임을 믿으시기 바랍니다.

3. 변화를 촉구하시는 하나님

하나님의 사자는 삼손을 낳을 것을 예언하여 주시면서 그 모친에게

성결한 삶, 구별된 삶을 요구하셨습니다. 삼손의 모친에게 요구된 삶은 삼손을 낳기까지 그녀 역시도 구별된 삶을 살아야 한다는 것이었습니다.

그녀는 포도주와 독주를 입에 대서는 안 됩니다. 그녀는 취해서 살면 안 되는 사람이었다는 것입니다. 항상 정신 바짝 차리고 살아야 했다는 것입니다. 그리고 하나님이 금하신 부정한 음식들로 자신을 더럽혀서도 안 된다는 것입니다.

즉 말씀대로 정결한 삶을 살라는 것이었습니다. 이것이 하나님의 구원의 은혜를 입은 자들에게 요구되는 삶의 모습이었습니다.

또한 이 말씀은 철저히 하나님만이 자기 삶의 왕이시고 주인이심을 인식하고 살라는 것을 의미합니다.

늦어서 얻은 이 아이는 마노아 부부에게 너무나 소중해서 아이가 탄생하는 즉시 세상 그 어떤 것과도 비교할 수 없는 귀중한 존재가 되어 버릴 수밖에 없었습니다. 그런데 하나님께서는 그 아이를 이들 부부 마음대로 다루어서는 안 된다고 하십니다. 머리도 마음대로 자르지 말라고 하십니다. 아이의 먹는 것도 마음대로 해서는 안 됩니다. 하나님이 아이에 대한 소유권을 주장하시는 것입니다.

우리는 하나님의 은혜를 입은 자답게 철저한 청지기 의식을 지니고 살아가야 합니다.

성경을 연구하는 가운데 가장 분명하게 깨닫게 되는 부분 중 하나가 이것입니다. 다윗이란 인물을 보세요. 하나님은 그를 당신의 마음에 합한 자라고 하셨습니다. 다윗이 하나님의 마음에 합한 인물로 인정을 받게 된 이유가 무엇일까요? 우리는 그의 삶을 통해 그 실마리를 찾아볼 수 있습니다.

그는 처음부터 끝까지 청지기 의식에 사로잡혀 살았습니다. 그에게는 자신의 것이 없었습니다. 그는 모든 것이 다 주님의 것이라고 고백했습니다. 그는 주님이 시키시는 일만을 행하고자 했습니다. 그 실례로 자기 시대에 성전 건축을 포기한 사건을 들 수 있습니다. 성전 건축은 다윗에게 너무나도 귀중한 일이었습니다. 그는 이 사역을 위하여 최선을 다해 돈과 물자들을 모았습니다. 성전 지을 것을 다윗이 다 장만했습니다. 그야말로 자신의 모든 것을 투자한 헌신이었습니다.

다윗은 군인이었습니다. 거칠게 인생을 살아온 인물입니다. 시인 다윗만 생각해서는 안 됩니다. 그는 전쟁터에서 거침없이 적장의 머리를 베어 칼 끝에 매달 수 있는 용사였습니다. 이런 사람들은 잔인할 수 있습니다. 제멋대로일 수 있습니다. 사람 두려운 줄 모르는 사람일 수 있습니다.

그런데 사람 두려운 줄 모를 사람인 다윗이 늘 조심스러운 분이 계셨습니다. 그분은 바로 하나님이셨습니다. 그는 하나님의 말씀 앞에는 늘 겸손했습니다. 아무런 힘도 없는 선지자가 감히 왕인 자기 앞에서 당당히 잘못을 지적해도, 하나님의 말씀을 듣는 것으로 알고 순종하는 사람이 다윗입니다. 자신이 성전 지을 모든 것을 준비했지만, 하나님은 그 아들이 성전을 건축하게 하시겠다고 하셨습니다. 그는 무조건 순종했습니다.

그의 왕은 하나님이셨습니다.

그의 모든 소유의 주인은 하나님이셨습니다.

그는 자신의 행동으로 이것을 분명히 했습니다.

그러기에 하나님께서 그를 그토록 만족하게 여기신 것입니다.

마노아 부부에게 하나님이 요구하시는 것도 마찬가지입니다. 비록 자식이 소중하기는 하나 그보다 하나님의 뜻이 더 중요하며 그분이 이 자식의 주인이신 것입니다. 내 것이 아니라는 것입니다. 일생을 청지기로 살아야 합니다. 그 가운데 하나님의 은총이 임하는 것입니다.

이러한 삶의 모습은 오늘날 하나님의 은혜를 입은 우리에게도 동일하게 해당이 됩니다. 하나님께서는 그리스도를 통해 구원받은 그 백성들에게 성결의 삶을 요구하십니다. 우리는 우리를 더럽히는 온갖 세상 것들로부터 우리를 구별할 수 있어야 합니다. 하나님의 백성이 된 우리는 성령의 소욕을 따르는 자들이 되어야지 육신의 소욕을 따르는 자들이 되면 안 됩니다.

"육체의 일은 분명하니 곧 음행과 더러운 것과 호색과 우상 숭배와 주술과 원수 맺는 것과 분쟁과 시기와 분냄과 당 짓는 것과 분열함과 이단과 투기와 술 취함과 방탕함과 또 그와 같은 것들이라……. 이런 일을 하는 자들은 하나님이 나라를 유업으로 받지 못할 것이요 오직 성령의 열매는 사랑과 희락과 화평과 오래 참음과 자비와 양선과 충성과 온유와 절제니……"(갈 5:19-22).

우리는 본래 은혜를 받을만한 자들이 아니었습니다. 우리는 죄를 저질렀고 허물로 더럽혀진 자들이었습니다. 그런데 하나님께서 우리를 먼저 사랑해 주셨습니다. 우리 같은 죄인들을 먼저 찾아와 주셨습니다. 그리고 구원자 예수 그리스도를 통해 우리에게 놀라운 구원의 은혜를 베풀어 주셨습니다. 그 은혜를 받은 자들이라면 반드시 기억해야 할 일이 있습니다. 그것은 그 은혜에 보답하여 이제는 성결의 삶을 살아야 한다는 것입니다.

이 시대에 우리는 주변에서 성결한 자들이라는 칭찬을 듣고 있습니까? 이 시대 도처에서 우리는 도리어 그리스도인으로서 성결하게 살지 못하고 세상처럼 살다가 망신당하는 수많은 사람들의 이야기를 듣고 있습니다. 인기를 누리는 크리스천 연예인들 중에서, 그리고 수많은 그리스도인 정치가들과 사업가들 그리고 목회자들과 교육자들 중에서 우리는 해서는 안 될 일을 해서 어려움을 겪는 이야기들을 거의 날마다 들을 수 있습니다. 이러한 삶은 결코 구원받은 자의 삶답지 못한 것이라 할 것입니다.

또한 우리도 청지기의 삶을 살아야 합니다. 하나님이 진정한 통치자이심을 인정하며 절대적인 순종과 복종으로 그분의 뜻을 따르는 삶을 살아야 합니다. 아무리 내가 좋아하는 일들이 있다 할지라도 그것이 하나님이 원하시는 바가 아니라면 마땅히 그쳐야 한다는 사실을 잊지 말아야 합니다.

오늘날 우리는 과연 하나님을 위해 얼마나 우리의 욕망을 절제하며 살고 있습니까? 자신의 취미와 즐거움을 위해 하나님의 뜻을 얼마든지 거스르는 삶을 살고 있지는 않은지요? 연휴가 겹치기만 하면 주님의 날은 생각지도 못하고 오직 나의 개인적인 즐거움만을 위해 모든 계획을 세우는 삶을 살고 있지는 않습니까? 그렇게 살고 있는 우리가 과연 청지기일까요?

진정한 청지기로서의 삶을 살아감으로 하나님께 참된 기쁨을 드리는 우리 모두가 될 수 있기를 소원합니다.

부록 II

제목: 성령으로 살아가는 사람들의 놀라운 능력
본문: 사사기 14:5-20

유명한 설교자 한 분이 이 본문을 다음과 같이 해석했습니다. "삼손 앞에 포도원에서 사자가 나타났다. 포도원은 사자가 나타날 곳이 아니다. 그런데 사자가 나타났다면 그것은 하나님이 그의 길을 가로막고 경고하기 위함이었음이 분명하다. 하지만 삼손은 조용히 생각할 줄 몰랐다. 그는 묵상할 줄 몰랐다. 그의 마음속에 생각하는 것은 오직 여자뿐이었다."

성경은 삼손을 그처럼 우스갯거리로 표현하지 않습니다. 하지만 현대의 여러 설교자들에게 삼손은 도덕심도, 자제력도, 영성도 부족한 인물로 평가가 되고 있습니다.

과연 삼손은 그토록 보잘것없는 인물일까요? 삼손을 해석할 때 중요한 것은 당시 상황 속에서 그의 역할을 조명해 보는 것입니다. 현대적 시각으로 삼손을 일방적으로 재단하면 안 됩니다. 삼손의 삶을 당시 상황 속에서 제대로 복원해 내는 것은 삼손을 바르게 이해하기 위해 반드시 선행되어야 할 일이라고 생각됩니다.

삼손이 사자를 찢어 죽인 일이 괜한 일이라고 설명하는 것은 필자에게는 매우 이상하게 보입니다. '포도원은 사자가 나타날 곳이 아니다'라고 어디 규정되어 있습니까? 포도원에 사자가 나타나면 안 되는 무슨 이유가 있을까요? 이해하기 어려운 해석들이라고 생각됩니다.

사자를 찢어 죽인 사건에 대해서 다른 시각에서 한 번 살펴봅시다.

주일학교 시절 선생님들의 동화시간이 지금도 뚜렷이 생각이 납니다. 선생님들의 성경동화 소재로 가장 흔하게 등장하는 인물들이 누군지 아십니까? 다윗이나 삼손입니다. 어린 시절 삼손이 맨손으로 사자를 찢어 죽인 일이나, 다윗이 골리앗을 물맷돌로 쳐 죽인 위대한 사건들을 동화로 들었을 때 무슨 생각을 했었는지 지금도 생생하게 기억이 납니다. 어린 마음에 동화가 현실의 이야기인 것처럼 감동을 느꼈습니다. 그리고 가슴 속 깊은 곳에 나도 삼손이나 다윗 같은 인물이 되고 싶다는 간절한 바람이 일어났었습니다. 당시 어린 사내아이들의 마음속에 삼손은 그야말로 우상이었습니다.

삼손의 이야기는 아이들의 마음속에 모든 것을 할 수 있는 힘을 가진 초인에 대한 희망을 심어 주었습니다. 삼손의 이야기를 들으면서 나도 하나님께 힘을 얻어 나라를 위해 혹은 이웃들을 위해 그리고 내 가족을 위해 큰일을 하고 싶다는 생각을 갖게 해 주었습니다.

존 엘드리지가 쓴 「마음의 회복」이라고 하는 책은 남성들이 남성상을 잃어가는 것들에 대한 지적을 하고 있습니다. 그는 이 책에서 현대 교회들도 남성을 여성처럼 길들이려고 하는 측면이 많이 보인다고 했습니다. 하나님께서 사람을 창조하실 때 남자와 여자로 창조하셨고 남자는 남자의 특별한 성징이 있고, 여자는 여자로서의 성징이 있는데, 남자들은 태어날 때부터 모험적이고 굉장히 전투적이라고 합니다. 남성들은 여성들과 자기 자녀들을 지키고, 자기 산업을 지키기 위해 전쟁터에 나가도록 마음이 항상 자극되는 사람들이라고 합니다. 이 책에 의하면 여성들은 자기를 지켜 줄 수 있는 그런 남성들이 필요하다고 느끼기 때문에 남성들의 용기나 모험심 같은 것들을 보기 원하고 칭찬해 주고 싶어한다고 합니다.

예를 들어 봅시다. 전쟁을 잔혹하다고 말을 합니다. 하지만 막상 전쟁이 일어나서 총칼을 들고 싸울 때, 앞에서 지켜주는 군대가 없다고 한다면 이 사회는 어떻게 될까요? "무조건 싸움은 없어야 된다"라고 말하기는 쉽습니다. 하지만 싸움이 있을 수밖에 없는 것이 사람이 살아가는 사회입니다. 그 사회 속에서 자기 희생을 무릅쓰고 자녀들과 아내를 지키려고 목숨을 걸 수 있는 남성들이 없다면 어떻게 될까요? 그래서 남자들의 마음속엔 삼손을 바라볼 때에 그런 경외심을 갖게 되는 것입니다.

한때 K1이라는 격투기가 인기를 끌고 있다는 보도가 있었습니다. 매우 잔인한 경기임에도 불구하고 왜 그렇게 인기를 끌게 되었는가 설명한 기사를 보았습니다. 그 기사는 K1이 인기를 끄는 비결 중에 하나로 우승한 승자에게 "당신은 진정한 남자다"라고 말을 해 준다는 사실을 꼽았습니다. "네가 진정한 남자라"고 치켜 세워주는 것 때문에 사람들이 이 경기에 그토록 열광한다는 것입니다.

남자들의 마음속에는 끊임없는 경쟁심이 자리하고 있습니다. 남성들은 운동을 할 때 대개의 경우 혼자 하는 운동보다 남하고 경쟁하는 걸 좋아합니다. 우리 교회 남자 집사님들도 축구하다가 다리를 삐기도, 부러지기도 하고, 인대가 늘어나는 일을 겪으면서도 계속 축구를 하고 싶어합니다.

"그렇게 과격한 것 좀 하지 말고 서로 떨어져서 하는 족구 같은 경기를 하는 것이 어떻겠습니까?" 해 보았지만 그때마다 대답은 이렇습니다.

"목사님, 축구를 해야 운동한 것 같아요"

이런 남자의 세계에서는 삼손을 보면서 나도 그런 인물처럼 됐으면 좋겠다는 생각이 드는 것이 당연한 일일 것입니다. 그런 인물이라면 내 생명을 맡기고도 따라갈 수 있겠다는 생각이 드는 것입니다.

어린이의 순수한 눈에 비친 삼손은 바로 이런 인물이었습니다. 그런데 어른이 된 후에 더 이상 삼손은 그런 인물로 우리 앞에 보이지 않는 것입니다. 그는 우리 앞에 평가절하되어 있고 형편 없는 인물이 되어 있습니다. 어린 시절의 우상과 같은 인물은 그렇게 추락되어 있었습니다. 그러나 나는 성경을 읽어 나가면서 어린 시절 마음속에 품었던 삼손에 대한 생각들이 지금 우리가 생각하는 삼손에 대한 생각보다 훨씬 더 정확하다는 생각을 갖게 되었습니다.

이제 본문에 대하여 생각해 봅시다. 도대체 삼손이 맨손으로 사자를 찢은 사건을 통해서 하나님께서 가르쳐 주시려 했던 것은 무엇일까요? 이 사건의 의미를 좀 더 상세히 추적하기 위해서 몇 가지 사실들을 인지(認知)할 수 있어야 합니다.

우선 삼손에게 있어서 이 사건은 굉장한 전환점이었습니다. 삼손은 이스라엘의 사사로 부르심을 입은 나실인이라는 사실을 스스로 깨닫고 난 후, 성령의 감화를 받고 본격적으로 나아가 이스라엘을 구원할 일을 해야 하겠다는 결심으로 블레셋 사람들의 땅을 찾아갔습니다. 나름대로 철저한 계획을 세웠을 것입니다. 그 계획을 이루기 위해 블레셋 여인하고 결혼도 했습니다. 틈을 타서 블레셋 사람을 쳐야 되겠다고 적들의 한가운데로 찾아들어 간 것입니다. 그야말로 호랑이 잡으려고 호랑이 굴에 들어간 것입니다. 그러나 막상 원수의 땅 한가운데 혼자 섰을 때 삼손의 마음속에도 '과연 내가 이 일을 잘 해낼 수 있을까?' 하는 등의 고민이 일어나지 않았을까요? 과연 그는 워낙 기운이 센 사람이라 아무런 걱정이나 망설임도 없이 '나 혼자 다 할 수 있어!' 라고 말했을까요? 제 생각에 삼손은 이스라엘 전체를 꼼짝 못하게 억누르고 있는 무서운 블레셋 사람들의 땅 한가운데서 '어떻게 하면 이들을 다 이겨 내고 내 백성 이스라엘을 구원해 낼 수 있을까?' 를 고민했을 것임이 분명합니다.

'삼손이 장사였으니까 재미삼아 사자를 찢어 죽였을 것이다' 라는 것은 조금은 이상한 해석이라고 생각이 됩니다. 논리적으로 생각해 봅시다. 기운이 아무리 센 사람이라 할지라도 사자를 재미로 찢어죽일 수 있을까요? 사실 보통 사람은 주먹만 한 야생 고양이 하나도 상대하기가 쉽지 않다는 사실을 아십니까?

맨손으로 야생 고양이를 잡아 본 적이 있었습니다. 교회 사택에 살고 있을 때입니다. 고양이가 사택 주변에 새끼를 여러 마리 낳았습니다. 고양이 울음소리는 꼭 아이 울음소리 같았습니다. 저녁마다 아이 울음소리가 들리니 견딜 수 없어 고양이들을 잡기로 했습니다. 그런데 이게 장난이 아니었습니다. 우선 주먹만한 새끼 고양이도 동작이 무척이나 빨랐습니다. 겨우 잡자 사정없이 내 손에 상처를 입혔습니다. 나는 가죽 장갑을 끼고서야 겨우 그 주먹만 한 고양이를 잡을 수 있었습니다. 그리고 잡은 후의 처리는 더 난감했었습니다. 그런데 사자를 심심풀이로 찢어 죽였다고 어떻게 생각할 수 있겠습니까?

이제 한창 혈기 왕성해서 두려움 없이 싸우자고 덤비는 사자를 재미로 찢어 죽일 수는 없는 것입니다. 사자도 가만히 앉아 놀고만 있지는 않았을 것입니다. 기운이 센 것만으로 될 일이 결코 아니었습니다. 삼손에게 있어서도 이 상황은 갑작스럽고 두렵기까지 했을 것입니다. 그런데 하나님께서 이 다급한 상황에서 삼손이 사자를 찢어 죽일 수 있게 하셨다는 사실에 우리는 주목해야 합니다.

이방여인에게 장가들려고 하는 그의 길을 막아서기 위해 사자를 보내셨다고 해석하지만 성경은 도리어 이렇게 말씀합니다.

'삼손이 여호와의 신에게 크게 감동되어 손에 아무것도 없어도 그 사자를 염소새끼를 찢음같이 찢었다.'

즉 삼손은 성령의 능력으로 사자를 이긴 것이지, 재미로 사자를 찢어 죽인 게 아니라는 것입니다. 성령이 그를 감화해 주신 것입니다. 성령께서 그에게 능력을 주셔서 사자도 이길 수 있게 도와주셨다는 말입니다.

그러면 무엇 때문에 주님이 이 사건을 삼손에게 허락하셨을까요?

1. 삼손을 등장시키시는 하나님의 섭리

당시 이스라엘 상황을 보면 그것을 알 수 있습니다. 이스라엘은 블레셋이 두려워서 아무도 그들과 싸울 생각을 하지 못하고 있었습니다. 이런 상황 속에서 하나님은 삼손을 이스라엘의 영웅으로 만들어 가고 계신 것입니다. 젊은 사자를 맨손으로 때려잡은 삼손의 이야기를 들었을 때, 이스라엘 모든 사람들의 마음속에 얼마나 큰 용기가 일어났겠습니까?

시대마다 한 시대의 정신들을 하나로 묶어 나아가야 할 방향을 제시해 줄 영웅들이 필요했습니다. 오늘날도 영웅을 세우기 위해 사람들은 많은 노력을 기울입니다. 시대가 영웅을 필요로 하는 이유는 시대를 하나로 묶기 위한 것입니다. 무엇 때문에 자주 이순신 장군의 이야기가 언급됩니까? 그건 우리 시대에도 그와 같은 영웅이 필요하기 때문입니다. 삼손이 사자를 찢어 죽인 사건은 이스라엘 백성들의 마음속에 '블레셋을 이길 수 있는 큰 장수가 마침내 우리나라 안에 태어났구나!' 하는 희망을 줄 사건이었음이 분명합니다. 하나님은 낙망하고 절망한 그 시대 사람들에게 삼손이 죽인 사자 이야기를 통해 희망과 은혜를 주고자 하셨던 것임이 분명합니다.

그런데 정말 놀라운 사실은 그 누구도 삼손과 힘을 합해 블레셋을 쫓아내려고 하지 않았다는 것입니다.

이 일은 예수님의 사역과 삼손 사역 사이의 유사점을 드러내 줍니다. 예수님이 이 땅에 오신 것은 마귀의 일을 멸하시기 위함이었습니다. 예수님께서는 군대 귀신 든 자를 고쳐 주시기도 하셨습니다. 그야말로 군대 귀신을 멸하신 것입니다. 그러나 예수님이 행하시는 엄청난 이사와 기적을 보면서도 사람들은 예수님과 함께하기를 거부했습니다. 오히려 그들은 예수님을 죽이라고 고소했습니다.

마치 이런 모습처럼, 이스라엘은 도리어 삼손을 잡으러 왔습니다.

예수님이 사탄을 멸하신 것처럼 삼손은 달려드는 젊은 사자를 물리쳤습니다.

예수님이 사람들에게 버림을 당한 것처럼 삼손도 자기 백성에게 버림을 당했습니다.

예수님이 홀로 그 백성을 구하신 것처럼 삼손도 아무도 도와주지 않는 가운데서 그 백성을 구해 냈습니다.

삼손이라는 이름은 "태양과 같다"는 뜻을 갖고 있다고 합니다. 그는 하나님의 귀하신 은혜로 한 시대를 구원하기 위해 태양과 같은 인물로 이 땅에 보내졌습니다. 하나님께서는 그 백성을 너무나도 사랑하셔서 삼손을 그 압제 당하는 땅에 보내 주셨습니다.

마치 하나님께서는 오늘도 자기 백성을 구원하시기를 기뻐하시며, 그들을 위해 예수그리스도를 보내셔서 그 백성을 지키고 보호하신다는 사실을 우리에게 연상하게 하지 않습니까?

2. 삼손을 격려하시는 하나님의 은혜

또한 이 사자의 출현은 삼손을 격려하기 위한 하나님의 특별한 장치였다고 생각됩니다. 삼손은 지금 아무도 보지 않는 가운데 포도원에 나갔습니다. 삼손이 장가들러 와서 혼자 다니는 건 이상한 일입니다. 정말 그가 이 블레셋 여자를 사랑해서 자기 부모님까지 다 모시고 와서 장가가려고 하는 인물이라면 이렇게 한가하게 아무도 없는 곳들을 혼자 돌아다니겠습니까? 이 말씀은 결국 삼손의 깊은 고뇌를 우리에게 가르쳐 준다고 생각됩니다. 그가 고뇌 중에 깊이 묵상하면서 홀로 포도원을 거닐고 있을 때 갑자기 사자가 나타난 것입니다. 그것은 위기였습니다. 그런데 갑작스럽게 등장한 사자 때문에 위기에 빠진 삼손이 오히려 성령의 도우심으로 말미암아 사자를 이겼습니다.

나라와 민족을 위해서 나 혼자 무엇을 할까 고민하던 삼손은 이 사자를 찢어 죽인 사건을 통해서 자기 안에 내재되어 있던 힘을 발견하게 되었을 것입니다. 우리가 주목해야 될 것은 삼손에 대한 기록에서 사자를 찢어 죽인 일 이전에 삼손이 힘을 행사했다는 다른 기록이 없다는 것입니다. 삼손의 힘이 얼마나 굉장한지가 드러난 첫 번째 기록이 사자를 찢어 죽인 일이었습니다. 삼손이 '내 안에 이토록 엄청난 힘이 내재되어 있구나'라고 깨달은 것은 바로 이 사건 때문이었습니다.

하나님의 귀하신 은혜로 사자를 찢어 죽이는 과정을 통해 그는 자신의 속에 내재된 엄청난 잠재력을 발견하면서 큰 위로를 받고 있었던 것입니다. 결국 하나님께서는 삼손을 이스라엘의 지도자로 세우시기 위한 특별한 배려 차원에서 이 사자를 보내셨다는 사실을 알 수 있는 것입니다.

3. 우리를 향한 하나님의 교훈

이 사건이 오늘을 살아가고 있는 우리에게 주는 교훈은 무엇일까요?

1) 하나님은 은혜와 사랑이 풍성하시다는 사실입니다.

하나님께서는 우리를 너무나도 사랑하셔서 우리가 다 주님의 품에서 멀어졌을 때에도 우리를 위해 구원자를 보내 주시는 은혜와 사랑이 풍성하신 하나님이십니다. 예수 그리스도는 우리가 아직 죄인되었을 때에 이 땅에 오셔서 우리를 대신해 십자가를 지시므로 우리를 억만 가지 죄악 가운데서 건져 주셨습니다.

2) 성령님께는 특별하신 능력과 은혜가 넘치신다는 사실입니다.

삼손이 사자를 맨손으로 죽일 수 있었던 것은 성령의 능력을 힘입은 까닭이었습니다. 당신은 삼손의 그 엄청난 기운이 어디서 나오는 것이었다고 알고 있습니까? 혹시 머리카락이라고 생각하지는 않습니까? 삼손의 머리카락이 잘렸을 때 삼손이 기운을 잃어버렸다고 하니 그 힘이 머리카락에서 나온다고 생각하기 쉬울 것입니다. 그러나 삼손이 가진 그 엄청난 기운의 진정한 근원은 머리카락이 아닌 성령님이셨다는 사실을 우리는 기억해야 합니다. 그럼 왜 머리카락이 잘렸을 때 기운을 잃어버렸을까요? 그것은 하나님의 성령이 그가 머리를 잘린 그 순간부터 그와 함께 하시지 않으셨다는 데 있는 것입니다.

하나님은 그의 일생동안 머리에 삭도를 대서는 안 된다고 말씀하셨습니다. 삼손이 머리카락을 잘린 것은 아무리 변명을 한다 할지라도 하나님과의 약속을 지켜 내지 못한 것입니다. 머리카락을 자르느냐 안 자르느냐의 문제보다 하나님이 주신 명령을 얼마나 소중한 것으로 받아 평생토록 잘 지키느냐 안 지키느냐가 중심 문제였던 것입니다.

성령은 그가 머리카락을 지키고 있는 동안 그와 함께하셨습니다. 그러나 그가 하나님의 말씀대로 자신의 삶을 지켜내지 못했을 때 그를 떠나가셨던 것입니다. 그 순간부터 그는 힘을 가질 수 없었습니다. 문제는 성령에 달려 있었던 것입니다.

성령의 역사는 너무나도 다양합니다. 성령은 정치적이고 군사적인 능력도 주십니다. 사무엘상 11:6에 보면, "사울이 이 말을 들을 때에 하나님의 신에게 크게 감동되매"라는 말씀이 있습니다. 그 때 어떤 일이 벌어졌습니까? 암몬족속을 대상으로 전쟁에서 승리하였던 것입니다.

삼손에게 임한 육체적인 탁월한 힘도 성령으로 말미암았던 것이었습니다. 사사기 15:14의 말씀을 보십시오. "삼손이 레히에 이르매 블레셋 사람이 그에게로 마주 나가며 소리 지르는 동시에 여호와의 신의 권능이 삼손에게 임하매 그 팔 위의 줄이 불탄 삼과 같아서 그 결박되었던 손에서 떨어진지라."

그가 머리카락을 기르고 있었기 때문에 그 손에 있는 모든 줄을 불탄 삼처럼 끊었던 것이 아니라 성령의 능력이 그 일을 하게 했다는 것입니다.

건축과 예술적인 능력도 성령이 주십니다.

출애굽기 31:2-4를 보십시오. "내가 유다지파 훌의 손자요 우리의 아들인 브살렐을 지명하여 부르고 하나님의 신을 그에게 충만하게 하여 지혜와 총명과 지식과 여러 가지 재주로 공교한 일을 연구하여 금과 은과 놋으로 만들게 하며."

하나님께서 특별하게 브살렐이라고 하는 사람에게 지혜와 총명을 주시고 손에 재주를 주셔서 성막 안에 비치될 모든 예술 작품들을 만들게 하셨다는 것입니다.

문학과 음악적인 표현력도 성령님으로 말미암습니다.

사무엘상 16: 23을 보십시오. "하나님의 부리신 악신이 사울에게 이를 때에 다윗이 수금을 취하여 손으로 탄 즉 사울이 상쾌하여 낫고 악신은 그에게서 떠나더라"

도덕심과 영적 용기도 성령님으로 말미암아 주어집니다.

역대하 24:20의 말씀을 보십시오. "이에 하나님의 신이 제사장 여호야다의 아들 스가랴를 감동시키시매 저가 백성 앞에 높이 서서 저희에게 이르되 여호와께서 말씀하시기를 너희가 어찌하여 여호와의 명령을 거역하여 스스로 형통치 못하게 하느냐 하셨나니 너희가 여호와를 버린 고로 여호와께서도 너희를 버리셨느니라."

하나님의 명령을 거역한 것에 대해서 과감하게 지적하는 이 도덕심과 용기는 하나님의 신이 스가랴를 감동시키심으로 나타났습니다.

여러 가지 은사들과 능력들이 다 성령의 은혜로 주어집니다. 고린도전서 12:8-11의 말씀을 보십시오.

"어떤 이에게는 성령으로 말미암아 지혜의 말씀을, 어떤 이에게는 같은 성령을 따라 지식의 말씀을, 다른 이에게는 같은 성령으로 믿음을, 어떤 이에게는 한 성령으로 병 고치는 은사를, 어떤 이에게는 능력 행함을, 어떤 이에게는 예언함을, 어떤 이에게는 영들 분별함을, 다른 이에게는 각종 방언 말함을, 어떤 이에게는 방언들 통역함을 주시나니 이 모든 일은 같은 한 성령이 행하사 그 뜻대로 각 사람에게 나눠 주시느니라"

정태기 교수가 미국에서 함께 공부한 목사님의 초대를 받아 한 교회를 방문했는데 거기서 노벨물리학상을 받은 그 교회 장로님을 만났다고 합니다. 그는 "박사님은 어떻게 연구 활동을 하셨기에 노벨 물리학상을 받기까지 하셨냐?"고 물어보았습니다. 그런데 그 80이 넘은 장로님이 하신 말씀이 너무나도 겸손했습니다.

"여러 물리학자들이 노는 모임에 갔다가 바닥에 떨어져 있는 큰 솥뚜껑이 보이기에 집어 들고 '어, 여기 솥뚜껑이 있네' 하였더니 자기에게 노벨 물리학상을 줬다"고 하더랍니다.

하나님은 다양한 능력과 재능과 지혜와 명철들을 우리에게 주십니다. 성령의 능력으로 말미암아 우리는 이 모든 것들을 누릴 수 있습니다. 오늘 이 시대에 필요한 것이 진정 무엇입니까? 우리 일생에 가장 필요한 건 무엇입니까? 돈입니까? 권력입니까? 지금 당장에 필요한 것들이 이것들인 것처럼 보일수도 있습니다. 그러나 우리에게 진정 필요한 것은 성령의 충만함임을 기억하시기 바랍니다. 꿈을 잃어버린 자리에, 미래가 없는 그곳에 성령의 충만함이 필요합니다. 삶에 지쳐 버려서 낙심한 그 자리에 성령의 충만함이 필요합니다. 삼손과 같이 성령 충만해서 하나님의 뜻을 이루어나가는 믿음의 용사들이 다 되어야 하겠습니다. 능력 있는 삶을 원하십니까? 삶의 변화를 원하십니까? 기쁘고 열정적인 삶을 원하십니까? 성령의 충만함을 받으시기 바랍니다.

제목: 누가 주님 편에 서서 싸울 것인가?
본문: 사사기 15:9-13

블레셋을 향한 삼손의 공격은 집요했습니다. 그는 블레셋 사람들의 곡식밭과 감람원 등에 큰 피해를 입혔습니다. 그리고 또 자기를 배신한 아내와 장인이 죽었다는 이유로 다시 블레셋 사람들을 크게 살육했습니다.

그 후 그는 에담의 한 동굴에서 가서 숨어 지내고 있었습니다. 엄청난 피해를 입은 블레셋 사람들이 군사를 일으켰습니다. "이에 블레셋 사람이 올라와서 유다에 진을 치고 레히에 편만한지라"(9절)

유다 사람들은 크게 놀랐습니다. 그들은 급히 사신을 보내 블레셋 사람들이 자신들을 치러 온 이유에 대하여 알아보고 협상을 합니다. 유다 지파가 어떤 지파였습니까? 누구보다 용감한 지파 중의 하나가 아니었던가요? 여호수아 14장에서 우리는 갈렙을 중심으로 유다 지파가 일부러 하나님의 약속하신 산지를 자신들에게 달라고 요구하는 장면을 만납니다.

"그 날에 여호와께서 말씀하신 이 산지를 내게 주소서 당신도 그 날에 들으셨거니와 그곳에는 아낙 사람이 있고 그 성읍들은 크고 견고할지라도 여호와께서 혹시 나와 함께하시면 내가 필경 여호와의 말씀하신 대로 그들을 쫓아내리이다"(수 14:12)

헤브론은 어떤 곳이었습니까? "헤브론의 옛 이름은 기럇 아르바라. 아르바는 아낙 사람 가운데 가장 큰 사람이었더라"고 했습니다. 즉 그곳 사람들이 상당한 거인족들이었다는 것을 의미하는 것입니다. 그러나 그들은 용감하게 싸웠습니다. 그들은 자신들에게 맡겨진 거의 대부분의 성읍들을 정복했고 예루살렘에 여부스 거민 조금만을 남겨 두었을 뿐이었습니다. 그렇게 용감하고 대범했던 자들이 바로 유다 지파였습니다. 그런데 바로 그 사람들이 그리 오랜 세월이 흐르지도 않았는데 이처럼 약한 모습으로 변해 있는 것은 참으로 충격적인 일이 아닐 수 없습니다.

한때는 용감하고 훌륭했던 신앙인들이 시간이 흘러 이와 같이 변해 버릴 수 있다는 사실은 우리를 겸손하게 만듭니다.

유다지파 사람들은 자기 민족인 삼손을 지켜 주려고 하지 않았습니다. 그들은 겁에 질려 있었습니다. 왜 이렇게 되었습니까? 사명을 잃어버렸습니다. 하나님의 명령을 기억하지 않게 되었기 때문입니다.

그들은 블레셋 사람들의 편에 서서 도리어 삼손을 잡아 주는 역할을 하기까지 합니다. 노예 의식이 그들을 지배하고 있었습니다. 그들은 블레셋의 지배를 마치 당연한 것처럼 받아들였습니다. 미리 체념하고 있는 것입니다.

"너는 블레셋 사람이 우리를 관할하는 줄을 알지 못하느냐?"

그리고 노예로 살아가는 현재의 모습을 나름대로 만족하게 여기고서 도리어 삼손 때문에 자신들이 고통을 당하고 있다고 말하는 어처구니없는 모습을 보이고 있습니다.

"네가 어찌하여 우리에게 이같이 행하였느냐?"

그들은 무려 3천 명이나 삼손을 잡으려고 올라왔습니다. 어떤 사람들은 이것은 당시 이스라엘이 삼손의 힘을 알고 있었기 때문에 두려워서 많은 사람들을 데리고 온 것이라는 견해를 펴기도 합니다. 하지만 제 생각에 삼손이 이제까지 자기 민족을 해친 적이 없다면 한 사람 삼손을 잡으려고 삼천이나 동원한다는 것은 우스꽝스러운 모습이 아닐 수 없습니다. 우리가 생각할 수 있는 가장 자연스러운 것은 에담이라는 곳에 숨어 있을 삼손을 어떻게 해서든 찾아내기 위하여 그들은 총력을 기울였고 많은 사람들을 동원했던 것임을 알게 됩니다. 그 인원으로 블레셋과 싸울 생각을 해야 하지 않았겠습니까? 그런데 그들은 도리어 삼손을 잡아 주기 위하여 수천 명씩이 함께하였던 사실을 보게 됩니다.

이것이 바로 당시 이스라엘의 수준이었습니다. 그들은 거의 모두가 하나 같이 타락해 있었습니다.

"우리가 너를 블레셋 사람의 손에 붙이려고 이제 내려 왔노라."

참으로 충격적인 타락의 모습이 아닐 수 없습니다. 그들은 아무런 미래 소망이 없어 보이는 자들이었습니다.

그런데 삼손은 너무나도 인내심이 강합니다. 그 백성을 향한 그의 마음은 한결같습니다. 자기 민족의 행하는 일이 얼마나 그를 분노하게 하였겠습니까? 어떻게 블레셋으로부터 자신을 지켜 주기는커녕, 자신을 잡아 주겠다고 마치 사냥하듯 그토록 많은 사람들이 자기를 찾아올 수 있단 말입니까? 서운한 것을 생각하면 끝이 없었을 것입니다.

그러나 삼손은 이런 인간적인 생각에 매달리지 않았습니다. 그는 자기 민족을 사랑하되 끝까지 사랑합니다.

"너희는 친히 나를 치지 않겠다고 내게 맹세하라"

그리고 그는 순순히 그들의 결박을 받아들입니다. 왜 이렇게 하였을까요? 자기 민족을 해치지 않기 위한 그의 배려인 것입니다.

이 사건이 우리에게 주는 교훈이 참으로 큽니다.

1. 이스라엘의 끝없는 타락

유다 백성의 타락은 정말이지 한계가 보이지 않습니다. 어떻게 이스라엘이 이 지경이 될 수 있습니까? 메시야가 나타나야 할 그 백성의 모습이 너무나도 초라해져 있었습니다. 결국 유다 백성이 아닌 단 지파 중에서 하나님께서는 하나님의 사사를 일으키심을 보게 됩니다. 우리는 이런 사실을 알고 깊이 깨달아야 합니다. 항상 왕년에 자신이 어떻게 신앙생활을 했는가를 자랑하는 사람들이 많이 있습니다. 그러나 문제는 현재의 모습입니다. 현재 나는 과연 어떠합니까? 현재 나는 정말이지 바로 서 있습니까?

타락한 인생의 모습은 얼마나 비참합니까? 주님이 이 땅에 오셨을 때에 누가 주님을 찾았습니까?

"기록한 바 의인은 없나니 하나도 없으며 깨닫는 자도 없고 하나님을 찾는 자도 없고 다 치우쳐 한가지로 무익하게 되고 선을 행하는 자는 없나니 하나도 없도다"(롬 3:10-12).

아무도 없었습니다. 사람들은 주님의 구원을 기다리지조차 않았습니다. 유대인들은 분명히 말씀을 받고 메시야를 기다리고 있던 사람들이었지만 그들은 메시야를 환영하지 않았습니다. 그들의 눈은 멀어 있었습니다.

우리는 어떠했습니까? 우리도 마찬가지였습니다. 우리가 먼저 주님을 찾은 것입니까? 아니었습니다. 주님이 먼저 우리를 찾아와 주신 것입니다.

2. 타락한 이스라엘을 향한 삼손의 사랑

삼손은 이렇게 자신을 잡으러 온 이스라엘 사람들에게 마치 잡혀 가는 어린양과 같은 모습으로 아무 저항 없이 끌려갑니다. 그는 사자를 맨손으로 잡은 사람이었습니다. 그는 곧 이어 유다 사람들이 두려워하는 블레셋 군대를 무려 1,000명이나 맨손으로 죽일 장사입니다. 그러나 그는 아무 저항 없이 끌려갔습니다. 오직 그들을 위하여 희생하는 삶을 선택한 것입니다.

우리는 이러한 삼손의 모습 속에서 주님의 모습을 생각하게 됩니다. 주님은 분명히 하나님의 사자(Lion)이셨습니다. 그러나 어린양같이 잡혀 주셨습니다. 끌려가셨습니다. 자신을 내어 주셨습니다. 오직 그 백성을 사랑하는 열심 때문이었습니다. 그 사랑으로 결국 자기 백성을 구하여 내시는 분이 우리 주님이신 것입니다.

3. 타락한 자리! 박차고 일어서라.

유다 지파가 그 전쟁에서 삼손과 함께 했더라면 얼마나 좋았을까요? 그러나 그들은 너무나도 기막힌 짓을 저지르고 말았습니다. 도리어 삼손을 잡아다 준 것입니다. 삼손 혼자의 힘으로도 그들을 구해 낼 수 있었습니다. 그런데 그들은 모두 두려움에 사로잡혀 자신들의 구원자를 잡아다 주는 어리석음을 범하고 말았습니다. 이것은 얼마나 수치스러운 일이었습니까? 이처럼 부끄러운 일이 어디 있겠습니까?

이면우 교수의 『생존의 W이론』이라는 책에 다음과 같은 이야기가 나옵니다.

1904년 러일 전쟁에서 러시아의 무적함대인 극동함대를 물리쳐 뜻밖의 승리를 거둔 도고 헤이하치로 제독은 평소 이순신 장군을 무척 존경했는데, 그가 승전 기념식장에서 이순신 제독에 버금가는 위대한 해군제독이라는 칭찬을 듣고 무척 당황스러워하면서 다음과 같이 대답을 했다고 합니다.

'나를 영국의 넬슨 제독에 비유하는 것은 받아들일 수 있으나 이순신 제독과 비교하는 것은 받아들일 수 없습니다. 이순신 제독은 내가 감히 따라갈 수 없는 훌륭한 제독입니다.'

그는 러일 전쟁 전에 이순신 장군의 모든 기록을 읽고 이순신 장군의 모든 전승지를 몇 차례에 걸쳐서 직접 돌아보았다고 합니다. 이순신 장군의 연구가로도 유명한 그는 러시아의 무적함대를 무찌르는 과정에서 丁(정)자진을 사용했는데, 그의 정자진은 이순신 장군의 학익진을 응용한 진법이었다고 합니다.

그는 자신보다 이순신 장군이 나은 4가지 이유를 이렇게 말했다고 합니다.

1) 영국 넬슨 제독이나 나는 국가에서 만들어 준 전함을 가지고 전투에 나가 이겼으나 이순신 제독은 국가의 지원은커녕 각종 모함과 질시 속에서 스스로 거북선과 같은 우수한 전함을 만들어 전투에 이겼습니다.

2) 영국 넬슨 제독이나 나는 국가에서 훈련한 수병을 데리고 나가 전투에 이겼으나 이순신 제독은 스스로 수병을 조련하여 전투에 나

가서 이겼습니다.

3) 우리는 국가가 보급한 각종 화기와 장비를 사용하여 전투에 이 겼으나 이순신 제독은 국가의 의심 어린 감시 속에서 각종 화기를 스 스로 제작하여 전투에 나아가 이겼습니다.

4) 나는 함선의 수가 3배가 넘는 러시아 해군과 싸워 이겼으나 이 순신 제독은 12척의 배로 300여척 즉 30배에 가까운 적과 상대하여 승리했습니다.

이상과 같은 이유에서 내가 넬슨 제독에 비견될 만한 훌륭한 제독이 라는 찬사는 감사히 받겠으나, 나를 이순신 제독과 같다고 치켜 세우 는 것은 받아들일 수가 없습니다.

이면우 교수가 소개하고 있는 이순신 장군의 모습은 정말 감동적 입니다.

그런데 이순신 장군이 그토록 국가와 민족을 위하여 싸우고 있 을 동안 당시의 지배자들은 도대체 무엇하고 있었을까요? 그를 잡아 들였다가 급하면 다시 전장으로 내치기를 몇 차례나 반복했던 것입 니다.

김훈의 『칼의 노래』라는 소설에는 이순신 장군이 마지막 해전에 서 갑옷조차 입지 않고 싸웠던 것은 스스로 이 싸움이 승리로 끝나게 될지라도 결국 자신이 죽게 될 것임을 알고 스스로 그 해전에서 죽을 마음을 가지고 나간 것으로 묘사되고 있음을 보게 됩니다.

참으로 안타까운 일이 아닐 수 없습니다. 만일 당시 임금을 비롯 한 모든 백성들이 한마음으로 그를 지원해 주었다고 한다면 어떻게 되었겠습니까? 하지만 우리 민족은 그렇게 하지 못했던 것입니다. 주님 나라의 일도 마찬가지입니다. 우리 모두가 주님 나라의 영적 전 투에 참여해야 하겠습니다. 적극적인 참여자가 되어야 합니다.

우리는 과연 주님의 승리에 동참하는 사람들입니까? 세상이 두려 워서 미리 손을 들고 항복한 채, 주님을 도리어 잡아다 주던 삼손 시 대의 유다 지파의 모습과 같이 삶을 살아가고 있지는 않습니까?

직장 상사가 두려워서 주일도 지키지 못하는 삶을 살고 있지 않습니까?

결국은 두려움의 노예가 되어 있지 않은가요? 사업에 손해를 입는 것이 두려워서 그런 모습으로 살아가고 있지는 않습니까?

나는 진정 주님 나라를 위하여 부르심을 입은 군인입니까? 주님을 위하여 무엇을 포기하고 나아가 싸우셨습니까?

오늘 이 시간 이 자리에 함께 한 모든 성도들이 주님과 함께 담대히 세상을 향하여 나아가 싸울 수 있는 능력 있는 성도들이 되시기 바랍니다. 담대한 주님의 백성들이 되시기 바랍니다.

부록 Ⅳ

제목: 대적들의 기죽이기
본문: 사사기 16:1-3

삼손에 대한 설교를 하면서 가장 어렵게 느껴지는 부분이 오늘 본문입니다. 사실 대개의 본문 설교는 삼손의 무절제한 삶에 관한 것들입니다. 삼손은 강한 남자였고 그에게는 절제하지 못하는 안타까운 측면이 있었다는 것입니다.

그러나 저는 이 본문을 다룸에 있어서 먼저 시간적인 간격에 대하여 말씀을 드리고 싶습니다. 이 시간적인 간격에 대한 이해가 중요한 것은 그동안 삼손의 별다른 과오에 대한 기록이 없다는 사실을 지적할 수 있기 때문입니다. 즉 사람들이 흔히 생각하는 것같이 그가 날마다 아무 절제 없는 삶을 살던 인물이 아니라는 것입니다. 20년 동안 그는 사사로서 조용히 그러나 나라의 산성과 같은 든든한 역할을 감당하면서 그 백성을 이끌었다는 사실입니다.

사사기 15:20과 16:1 사이에는 시간적인 간격이 상당합니다. 거의 20년의 간격입니다. 우리는 쉽게 15장 마지막 부분과 16장 첫 부분을 그대로 연결 지어 생각하는 경향이 강합니다. 그러나 사실은 그렇게 해서는 안 됩니다. 16:1-3의 가사 기생과의 사건은 삼손의 사사로서의 직무 초기와 말기의 중간 정도나 혹은 마지막 부분이 된다고 보면 틀림이 없습니다. 제 생각으로는 거의 20년이 지난 후의 일이라고 생각하면 무난하다고 생각됩니다. 왜냐하면 삼손의 사사로서의 기간을 5장 끝에서 언급하고 난 후에 이 사건이 다루어지고 있기 때문입니다.

먼저 오늘 말씀을 자세히 살펴봅시다. 삼손은 블레셋 사람들의 거주지인 가사로 갔습니다. 저는 이것은 당시 삼손과 이스라엘의 위치가 그만큼 당당해진 것에 대한 표현이 아닌가 하는 생각을 해 보았습니다.

삼손이 무슨 일을 했습니까? 블레셋 사람들을 도륙했습니다. 그들은 삼손 한 사람에게 무려 1,000명이 죽임을 당하는 엄청난 피해를 보고 달아났던 것으로 보입니다.

그 후로 이스라엘의 블레셋과의 관계는 확연히 달라졌을 것임을 우리는 짐작할 수 있습니다. 삼손 혼자서 블레셋을 이처럼 도륙하는 모습을 본 이스라엘의 삶이 어떠했겠습니까? 그들은 이제 더 이상 블레셋을 두려움의 대상으로 여기지 않았을 것입니다. 삼손 혼자서 행한 그 엄청난 사건 앞에서 그들은 입을 다물 수 없었을 것입니다.

결국 이 사건 이후 우리가 상상할 수 있는 것은 블레셋의 세력은 약해지고 이스라엘은 훨씬 당당해졌을 것이라는 사실입니다. 그러기에 삼손은 지금 당당하게 가사에 나타날 수가 있는 것입니다. 삼손의 가사 출현은 그가 지금 블레셋 사람들을 압도하고 그 위용을 과시하는 것이라고 생각이 됩니다. 아마도 주기적으로 그는 적들의 기를 죽이고 이스라엘의 삶에 평안을 주기 위하여 이 장소를 다녔을 것이라고 생각할 수가 있을 것입니다.

문제는 삼손 이야기만 나오면 삼손의 삶을 여자 문제와 연관시키는 데 있습니다. 본문에서도 삼손이 가사에서 한 기생을 보고 그에게로 들어갔다는 것을 삼손의 정욕적인 삶의 모습이라고 쉽게 단정해 버리는 모습들을 볼 수 있습니다. 하지만 제 생각에는 당시에 기생집에 들어가는 것이 반드시 창녀를 찾는 행위일 것인가에 대하여 좀 더 깊이 숙고해 보아야 할 점들이 있어 보입니다. 사실 기생집에 들어간 것은 삼손만이 아닙니다.

여호수아 2:1, "눈의 아들 여호수아가 싯딤에서 두 사람을 정탐으로 가만히 보내며 그들에게 이르되 가서 그 땅과 여리고를 엿보라 하매 그들이 가서 라합이라 하는 기생의 집에 들어가 거기서 유숙하더니."

여기서 우리는 정탐꾼들이 기생 라합의 집에 들어갔다는 말을 누구도 창녀와 함께 나쁜 짓을 하기 위하여 들어갔다고 해석하지 않습니다. 그저 단순히 유숙하기 위하여 들어간 것으로 해석합니다.

사실 삼손이 이곳 블레셋 땅에서 날이 어두워진다면 어디에 머물수 있었겠습니까? 아무 블레셋 사람의 집에나 들어갈 수 있는 것은 당연히 아닐 것입니다. 제 생각에는 당시 기생집은 마치 오늘날의 여인숙과 같은 역할을 겸하고 있었던 것으로 이해가 됩니다.

어쨌든 일반 역본들이 이렇게 잘 해석하고 있지 않지만, 유대의 랍비들의 경우 기생이란 말(조나)을 여관집 주인으로 해석하는 경우도 많이 있다는 것을 우리는 알 필요가 있습니다. 물론 라합의 경우 히브리서는 그녀가 분명히 기생 신분이었음을 밝히고 있습니다. 그런데 라합이 있는 집에 그 정탐꾼들이 들어갔다고 그들이 음란한 짓을 하려고 거기 들어갔다고 생각할 수는 없다는 것입니다. 당시 기생집은 바로 이방의 객들이나 여러 여행객들의 쉼터와 같은 역할도 겸하고 있었던 것으로 보인다는 것입니다.

그러기에 아람 탈굼역은 바로 이런 해석을 따른 것을 볼 수 있습니다. 즉 여관집 주인의 개념으로 '조나'를 해석하고 있다는 것입니다(Cassel). 물론 대다수의 해석이 좇지 아니하는 해석입니다. 그러나 제 판단으로는 이 해석이 훨씬 더 삼손의 삶을 올바르게 드러내 준다는 생각입니다.

왜냐하면 설교자들의 해석 가운데에서는 삼손에 대하여 부정적인 시각이 많이 등장하지만 사실 성경에서는 삼손에 대해 부정적인 해석을 하는 것을 크게 찾아낼 수 없기 때문입니다.

지금의 상황은 이전과는 판이하게 다른 상황이었습니다. 삼손에 의하여 블레셋은 기가 죽어 있습니다. 이제 그들은 밤에 은밀히 행동하게 되었고 삼손은 도리어 밝은 낮에 당당하게 가사에 나타나 있는 것입니다. 이것은 블레셋과 이스라엘의 위치가 완전히 뒤바뀐 모습을 보여 주는 것이 아닐 수 없습니다.

삼손은 주도면밀했습니다. 그는 자신이 언제라도 블레셋의 습격을 당할 수 있는 적진에 들어와 있다는 사실을 알고 있었습니다. 그는 그곳에 와서 적들의 기를 잔뜩 죽여 놓은 후에 그 밤에 가사 성의 성 문짝과 설주와 빗장까지 완전히 철거해서 짊어지고 그 장소를 떠난 것으로 되어 있습니다. 그를 급습하려던 적들은 한밤에 일어난 삼손의 위력 앞에 놀라서 어안이 벙벙하여졌을 것입니다.

저는 삼손이 가사에 나타난 것은 바로 이 일을 해결하기 위함이었다고 생각합니다. 사실 무엇 때문에 멀쩡한 성 문짝을 떼어 내겠습니까? 어떤 분들은 삼손이 괜한 힘자랑을 했다고 합니다. 무식한 게 할 일 없이 여자 노름이나 하다가 힘자랑한 것이 바로 성 문짝 떼어 간 일이라고 합니다. 하지만 제 생각으로는 오히려 삼손이 바로 그 일을 하기 위하여 20년이라는 사사 기간 동안 특별히 이곳에 나타난 것이 아닐까 하는 것입니다. 즉 지난 20년 동안 블레셋은 이스라엘에게 별다른 해를 끼칠 위치에 있지 못했습니다. 하지만 이들이 이제 다시 세를 규합하고 성 문짝을 만들어 달고 이스라엘과 대적할 움직임이 보임으로 삼손이 그 대적들의 기를 죽이고 그들의 일을 원위치로 돌려놓으려고 이곳이 등장한 것이 아니겠는가 하는 것입니다. 그리고 그 성문을 헤브론, 즉 유다의 주둔지로 옮기는 행위는 이스라엘의 승리를 선언하는 것과 다를 것이 없는 것입니다. 이 사건이 주는 교훈은 무엇입니까?

1. 포기를 모르는 마귀의 세력

우리는 영적 전쟁터에서 삶을 살아가고 있습니다. 이런 우리의 삶에 마귀는 항상 어떻게 우리를 공격할 것인가를 연구합니다. 마귀의 세력들은 한동안 물러났다가도 다시 틈만 있으면 자신들의 성을 높이 세우고 성문을 만들어 달고 우리를 공격할 준비를 갖추는 것입니다. 우리는 세상과 마귀와 육신의 정욕과 항상 싸울 마음의 준비를 하고 살아야 합니다.

이런 영적 대적이 있다는 사실을 잊고 살아가는 것은 참으로 위험한 일을 초래할 수 있음을 기억해야 하겠습니다. 그러므로 삼손과 같이 언제나 경계하며 살필 줄 아는 삶을 살아가야 하는 것입니다.

우리는 일생 마귀와 육신 그리고 세상과 싸우는 신앙의 삶을 살아

가야 합니다. 결코 포기하지 않고 언제든지 기회만 있으면 우리를 삼
키려고 달려들 악한 세력들에 대하여 항상 믿음으로 대항하여 승리
하는 성도들이 다 되시기 바랍니다.

2. 항상 경계하고 대적하자.

대적들은 조용하게 어느 사이 자신들의 성에 문짝도 달아 놓고 이스
라엘을 공격할 준비도 갖추고 하는 것입니다.

삼손은 항상 깨어서 경계하는 인물이었습니다. 그는 대적들이 문
짝을 만들어 달고 자신들의 나라를 든든하게 만들어 가는 모습을 가
만히 앉아 보고 있지만 않았습니다. 그는 가서 대적들을 직접 공격하
고 무력화시키는 모습을 봅니다.

사실 살아가는 동안 우리는 영적인 전쟁을 치열하게 치를 수밖에
없습니다. 이스라엘이 처음 가나안을 정복했을 때에 그 땅에 남아 있
는 자들은 너무나도 보잘것없었습니다. 그 땅에는 평화가 찾아 온
것처럼 보였습니다. 그러나 대적들은 그런 평화의 시기에 이스라엘
과의 전쟁을 준비하며 그 세력을 키우는 것입니다.

다 사라지고 없어진 것처럼 보였던 자들이 나중에는 큰 세력들이
되어 이스라엘을 괴롭히고 있는 것이 사사기의 모습들인 것입니다.
삼손이 이들을 찾아와서 그 성문을 부수는 것은 바로 이런 그들의 세
력 확장을 막기 위한 수단이었음이 분명해 보입니다.

우리의 삶을 돌아보아야 합니다. 혹시 우리 안에 어느 사이엔가
들어와 자리를 잡고 견고한 성을 쌓고 이제 그 문짝도 달고 자신의
세력을 넓히면서 신앙인으로서의 나의 삶을 전체적으로 위협하는 사
단의 역사는 없습니까? 나 자신도 모르게 우리는 사단의 공격으로
인하여 빼앗긴 삶의 지경들은 없습니까?

우리 안에 악한 습관과 온갖 잘못된 행실들 가운데 오랜 세월 동
안 고쳐지지 않고 남아 있는 것은 없습니까? 도리어 그 습관들이 더
높은 성벽을 쌓고 내 안에 그 위치를 단단히 쌓아 나가는 일은 없습

니까?

이런 것들을 우리는 경계해야 합니다.

삶의 습관처럼 굳어져 가는 나태함과 게으름, 혹은 끊임없는 시기심과 질투심, 거친 폭력성과 공격성, 예배 시간마다 경험하는 지루함과 같은 것들은 없습니까?

어느 사이 마치 내 삶의 일부나 되는 것처럼 내 속에 들어와서 성을 쌓고 나조차 들어갈 수 없게 제멋대로 나에게 영향을 주는 악한 습관들은 없습니까?

언제부터인지 모르게 우리 삶속에 들어와 버린 세상 습관들은 없습니까?

우리는 육신의 정욕을 따라 행동하는 사람입니까 아니면 성령의 소욕을 따라 행동하는 사람입니까?

"육체의 소욕은 성령을 거스르고 성령의 소욕은 육체를 거스르나니 이 둘이 서로 대적함으로 너희의 원하는 것을 하지 못하게 하려 함이니라 너희가 만일 성령의 인도하시는 바가 되면 율법 아래 있지 아니하리라 육체의 일은 현저하니 곧 음행과 더러운 것과 호색과 우상 숭배와 술수와 원수를 맺는 것과 분쟁과 시기와 분냄과 당 짓는 것과 분리함과 이단과 투기와 술 취함과 방탕함과 또 그와 같은 것들이라 전에 너희에게 경계한 것같이 경계하노니 이런 일을 하는 자들은 하나님의 나라를 유업으로 받지 못할 것이요"(갈 5:17-22).

오늘 이런 것들을 향하여 우리는 담대히 싸움을 선언할 수 있어야 합니다. 이 모든 것들을 이겨내야 합니다. 그리고 오직 성령의 사람으로 살아가기를 힘써야 합니다.

"오직 성령의 열매는 사랑과 희락과 화평과 오래 참음과 자비와 양선과 충성과 온유와 절제니 이 같은 것을 금지할 법이 없느니라. 그리스도 예수의 사람들은 육체와 함께 그 정과 욕심을 십자가에 못박았느니라"(갈 5:23-24).

언제나 함부로 말하는 우리의 입술을 훈련해야 합니다.

함부로 행동하는 우리의 손과 발을 조심해야 합니다.

우리의 생각조차도 우리는 절제할 수 있어야 합니다.

우리는 전쟁하듯이 이 일을 감당해야 합니다. 날마다 전신갑주를 입어야 합니다.

"마귀의 궤계를 능히 대적하기 위하여 하나님의 전신갑주를 입으라. 우리의 씨름은 혈과 육에 대한 것이 아니요 정사와 권세와 이 어두움의 세상 주관자들과 하늘에 있는 악의 영들에게 대함이라 그러므로 하나님의 전신갑주를 취하라 이는 악한 날에 너희가 능히 대적하고 모든 일을 행한 후에 서기 위함이라 그런즉 서서 진리로 너희 허리띠를 띠고 의의 흉배를 붙이고 평안의 복음의 예비한 것으로 신을 신고 모든 것 위에 믿음의 방패를 가지고 이로써 능히 악한 자의 모든 화전을 소멸하고 구원의 투구와 성령의 검 곧 하나님의 말씀을 가지라 모든 기도와 간구로 하되 무시로 성령 안에서 기도하고 이를 위하여 깨어 구하기를 항상 힘쓰며 여러 성도를 위하여 구하고 또 나를 위하여 구할 것은 내게 말씀을 주사 나로 입을 벌려 복음의 비밀을 담대히 알리게 하옵소서 할 것이니 이 일을 위하여 내가 쇠사슬에 매인 사신이 된 것은 나로 이 일에 당연히 할 말을 담대히 하게 하려 하심이니라"(엡 6:11-20).

예수님은 마귀의 일을 멸하시기 위해서 이 땅에 오셨습니다. 예수님은 마귀에게 눌린 자들을 자유하게 해 주셨습니다(행 10:38). 성경은 우리에게 마귀를 대적하라고 말씀합니다(약 4:7).

우리는 담대하게 주님의 거룩한 삶을 우리의 삶에 적용할 것을 선언해야 합니다. 그 모든 악한 행실들이 우리 안에 자리할 수 없도록 그 성문을 헐어야 합니다. 대적들이 우리의 신앙의 힘을 보고 우리를 어찌할 수 없다고 생각할 만큼 그렇게 강한 신앙의 모습을 드러내야 합니다.

세상이 우리의 믿음과 행실을 보고 주눅이 들 정도로 강한 그리스도인들이 될 수 있기를 바랍니다. 삼손처럼 담대하게 세상을 대적하며 주의 나라를 든든하게 세워 나가는 믿음의 사람들이 되기 바랍니다.

참고문헌

I. 한서

고재수.『구속사적 설교의 실제』. 서울: 기독교문서선교회, 1987

권성수.『성령설교』. 서울: 국제제자훈련원, 2009.

김운용.『설교의 새로운 패러다임』. 서울: 장로회신학대학교출판부, 2007.

김원광.『하나님을 경외하는 지도자가 보인다』. 인천: 바울. 1998.

　　.『이스라엘 민족의 영웅 삼손』. 인천: 바울출판사, 2006.

　　.『생의 정상에 선 큰 사람』. 서울: 쿰란출판사, 2009.

김지찬.『오직 여호와만이 우리의 사사』. 서울: 생명의 말씀사, 2010.

김홍도.『불기둥』. vol 16. 서울: 불기둥사, 1989.

문성모.『곽선희 목사에게 배우는 설교』. 서울: 두란노, 2008.

박완철.『개혁주의 설교의 원리』. 수원: 합신대학원출판부, 2007.

박영선.『구원 그 즉각성과 점진성』. 서울: 새순출판사, 1992.

　　.『다윗의 삶과 하나님의 주권』. 파주: 세움, 2009.

박종칠.『구속사적 구약성경해석』. 서울: 개혁주의신행협회, 1991.

박희천.『성경에서 방금 나온 설교』. 서울: 요단출판사, 2007.

오우성.『성서와 심리학의 대화』. 서울: 대한기독교서회, 2007.

옥한흠.『시험이 없는 신앙생활은 없다』. 서울: 국제제자훈련원, 2003.

윤영탁 역편.『구약신학논문선집』. 수원: 합동신학대학원출판부, 2012.

이관직.『성경인물과 심리분석』. 서울: 생명의 말씀사, 2008.

이동수.『사사기의 구속사적 읽기』. 서울: 그리심, 2012.

이동원.『청중을 깨우는 강해설교』. 서울: 요단출판사, 1991.

. 『이렇게 시대를 극복하라』. 서울: 도서출판나침판, 1993.

이면우. 『생존의 W이론』. 서울: 랜덤하우스코리아, 2004.

이승진. 『설교를 위한 성경해석』. 서울: 기독교문서선교회, 2008.

. 『상황에 적실한 설교』. 서울: CLC, 2012.

이태형. 『두려운 영광』. 서울: 포이에마, 2008.

정성구. 『개혁주의 설교학』. 서울: 총신대학출판부, 1993.

정성영. 『설교스타일』. 서울: 한들 출판사, 2004.

정장복 외. 『설교학 사전』. 서울: 예배와 설교 아카데미, 2008.

정창균. 『고정관념을 넘어서는 설교』. 서울: 합동신학대학원출판부, 2003.

II. 번역서

Akin, Daniel, David Allen, & Ned Mattews. 『하나님의 명령-본문 중심으로 설교하라』. 김대혁 옮김. 서울: 베다니출판사, 2011.

Atteberry, Mark. 『삼손 신드롬』. 김주성 옮김. 서울: 이레서원, 2005.

Bailey, Raymond. 『설교자 바울』. 이명희 옮김. 대전: 침례신학대학교출판부, 1996.

Blaising, Craig A. & Darrell L. Bock. 『하나님 나라와 언약』. 곽철호 옮김. 서울: CLC, 2005.

Bulkley, Ed. 『왜 크리스천은 심리학을 신뢰할 수 없는가?』. 차명호 옮김. 서울: 미션월드, 2006.

Butler, Trent C. 『Word Biblical Commentary vol 8, Judges』. 조호진 옮김. 서울: 솔로몬출판사, 2011.

Campbell, Donald K. & F. Duane Lindsey. 『여호수아, 사사기』. 장의성 옮

김. 서울: 두란노, 1997.

Carter, Terry G, J. Scott Duvall, & J. Daniel Hays.『성경설교』. 김창훈 옮김. 서울: 성서유니온, 2009.

Chapell, Bryan.『그리스도 중심의 설교』. 김기제 옮김. 서울: 도서출판은성, 2007.

Clowney, Edmund. P.『구약에 나타난 그리스도』. 서울: 네비게이토, 1988.
『설교와 성경신학』. 류근상 역. 서울: 크리스챤출판사, 2003.

Dempster, Stephen. G.『하나님 나라 관점으로 읽는 구약신학』. 박성창 옮김. 서울: 부흥과 개혁사, 2012.

Dever, E. Mark 외 6인.『십자가를 설교하라』. 이심주 옮김. 서울: 부흥과 개혁사, 2009.

Doriani, Daniel. M.『적용』. 정옥배 옮김. 서울: 한국성서유니온, 2009.

Fee, Gorden. D. & Douglas Stuart.『책별로 성경을 어떻게 읽을 것인가?』. 김성남 옮김. 서울: 성서유니온, 2008.

Geisler, Norman. L.『구약성경개론』. 윤영탁 옮김. 서울: 엠마오, 1977.

Goldsworthy, Graeme.『복음과 하나님의 계획』. 김영철 역. 서울: 한국성서유니온, 1994.
『성경신학적 설교 어떻게 할 것인가』. 김재영 옮김. 서울: 성서유니온, 2010.

Greidanus, Sidney.『구속사적 설교의 원리』. 권수경역. 서울: SFC, 2011.
『구약의 그리스도, 어떻게 설교할 것인가』. 김진섭·류호영·류호준 역. 서울: 이레서원, 2010.
『성경해석과 성경적설교(상)』. 김영철 역. 서울: 여수룬, 2006.
『성경해석과 성경적설교(중)』. 김영철 역. 서울: 여수룬, 2006.

Groningen, Gerard Van.『구약의 메시야 사상』. 유재원·류호준 옮김. 서울:

CLC, 2007.

Harris, Robert Laird, G. L. Archer, & Waltke, Bruce K. 『구약원어신학사전하』. 번역위원회 역. 서울: 요단출판사, 1986.

Job, John. 『구약의 핵심진리』. 서울: 성서유니온선교회, 2002.

Liefeld, Walter L. 『사도행전의 해석』. 김진옥 옮김. 수원: 합동신학대학원 출판부, 2014

Long, Thomas. G. 『성서의 문학유형과 설교』. 박영미 옮김. 서울: 대한기독교서회, 1995.

Lowry, Eugene L. 『설교자여, 준비된 스토리텔러가 돼라』, 이주엽 옮김. 서울: 요단출판사, 2011.

Mathewson, Steven. D. 『청중을 사로잡는 구약의 내러티브설교』. 이승진 옮김, 서울: CLC, 2008.

Mcather, John. 『예수님이 선택한 평범한 사람들』. 서울: 생명의 말씀사, 2010.

Mcather, John. 『하나님이 선택한 비범한 여성들』. 서울: 생명의 말씀사, 2011.

McGrath, Alister. 『십자가로 돌아가라』. 정득실 역. 서울: 생명의 말씀사, 2010.

Overstreet, Larry R. *Biographical Preaching: Bring Bible Characters to Life*. 이승진 역. 『성경인물설교 이렇게 하라』. 서울: CLC, 2007.

Piper, John. 『하나님을 설교하라』. 박혜영 옮김. 서울: 복 있는 사람, 2012.

Pratt, Richard. L. Jr. 『구약의 내러티브 해석』. 이승진·김정호·장도선 공역. 서울: CLC, 2007.

Ramm, Benard. L. *Protestant Biblical Interpretation*. 권혁봉역. 『성경해석학』. 서울: 생명의 말씀사, 1985.

Robinson, Haddon W. *Biblical Preaching: The Development and Delivery of Expository Messages,* 박영호 역. 『강해설교』. 서울: CLC, 2007.

Spurgeon, Charles. H. 『스펄전설교전집-여호수아 사사기 룻기』. 보문번역 위원회역. 대구: 보문출판사, 1999.

Thomas, Ian. W. 『에스더서』. 권달천 역. 서울: 생명의 말씀사, 1984.

Vanboozer, Kevin, J. 『이 텍스트에 의미가 있는가?』. 서울: IVP, 2010.

Wiersbe, Warren. W. 『상상이 담긴 설교』. 이장우 옮김. 서울: 요단출판사, 2001.

Young, Edward. J. 『구약총론』. 홍반식·오병세 옮김, 서울: 한국개혁주의신 행협회, 1978.

III. 서양 서적

Archer, Gleason L. Jr. *A Survey of Old Testament Introduction.* Chicago: Moody Press, 1979.

Augustine. *The Works of Saint Augustin.* III/10: Sermons. Trans. Edmund Hill, O. P. New York: New City Press, 1995.

Block, Daniel I. *Judges, Ruth.* The New American Commentary. Vol. 6B. Nashvill: Broadman & Holman Publisher, 1999.

Bush, George. *Notes critical and Practical on the Book of Judges.* New York: Ivision, Phinney, Blakeman & Co., 1866.

Buttrick, George Arthur,(Ed). *The Interpreter's Bible, Vol.II: Leviticus-I.II Samuel.* New York: Abingdon Press, 1953.

Campbell, Donald K. *Judges: Leader in Crisis Times.* Wheaton: Victor Books, 1989.

Cassel, Paulus. *The Book of Judges,* New York: C. Scribner, 1899.

Cohen, A. *Joshua and Judges .* New York: The Soncino Press, 1987.

Cundall, Arther E. & Leon Morris. *Judges and Ruth,* Tyndale Old Testament Commentaries. London: Inter-Varsity Press, 1968.

Davis, John J. *Conquest and Crisis-Studies in Joshua, Judges, and Ruth.* Grand Rapids: Baker Book House, 1965.

De Graff, S. G. *Promise and Deliverance.* Trans, H. Evan Runner & Elisabeth Wichers Runner. Phillipsburg, N. J.: Presbyterian and Reformed Publishing Co., 1978.

Fee, Gorden D & Douglas Stuart. *How to Read the Bible for All It's Worth.* Grand Rapids: Zondervan, 2003.

Hodge, Charles. *Systematic Theology* Vol.I. Grand Rapids: Eerdmans Pub, 1986.

Hunter, John E. *Judges and a Permissive Society.* Grand-Rapid: Zondervan Co, 1975.

Keil, C. F & F. Delitzsch. *Commentary on the Old Testament,* Vol. Ⅱ, Trans. James Martin. Grand Rapids: Eerdmans, 1976.
. Joshua, *Judges, Ruth-Commentary on the Old Testament.* Vol. Ⅳ. Trans. James Martin, Edinburgh: T. & T Clack, 1875.

Robinson, Haddon W. *Biblical Preaching-The Development and Delivery of Expository Messages. Grand Rapids,* Michigan, Baker Book House: 1980.

Smelik, Willem F. *The Targum of Judges.* Leiden: E. J. Brill, 1995.

Spence, H. D. M. (Ed). *The Pulpit Commentary*, Vol. 3. Grand Rapids: Eerdmans Pub., 1950.

Stott, John R. W. *Between Two Worlds*. Grand Rapids: Eerdmans, 1982.

Tenny, Merrill C, (Ed), *The Zondervan Pictorial Encyclopedia of The Bible*. Vol. 4. Grand Rapids: Zondervan Co, 1977.

Todd, John. *A Question Book: Embracing Books of Joshua and Judges*. Northampton: Bridgman & Childs, 1862.

Vanderwaal, C. *Search the Scripture*. Vol. 2. Ontario: Paideia Press, 1978.

Wilkinson, Bruce & Kenneth Boa. *Talk Thru the Old Testament*. Nashville: Thomas Nelson Pub, 1983.

Wood, Leon J. *Downfall and Deliverance: The Book of Judges*. Des Plaines: Regular Baptist Press Publishing, 1975.

Ⅳ. 정기간행물의 논문들

고영민. "구속사적 설교를 말한다".「월간목회」413 (2011년 1월): 55-59.

김병훈. "내러티브 신학과 성경의 역사적 사실성".「헤르메네이아 투데이」51 (2011년 봄): 73-95.

김운용. "베드로 인물설교".「헤르메네이아투데이」42 (2008년 봄): 132-150.

김지찬. "사자보다 강하나 꿀에 약한 삼손".「그 말씀」(2005년 12월): 24-36.

김진수. "구약 내러티브의 해석과 설교".「신학정론」30/2 (2012년 11월):

523-44.

김창훈. "구약 내러티브 본문, 어떻게 설교할 것인가?".「헤르메네이아 투데이」51 (2011년 봄): 11-26.

류근상. "구속사적 성경해석의 원리와 방법".「고려신학」7 (2002): 33-62.

류응렬. "예수 그리스도 중심의 설교: 그 기초와 방법론".「신학지남」277 (2003년 겨울): 276-305.

. "예수 그리스도 중심 설교의 기초".「그 말씀」(2005년 11월): 116-29.

. "Charles H. Spurgeon의 인물연구"「설교한국」3/1 (2011년 봄): 44-76.

박유미. "내러티브 해석학 개요: 내러티브 해석법이란 무엇인가?".「헤르메네이아 투데이」51(2011년 봄): 27-51.

박철현. "설교자를 위한 사사기 개관".「그 말씀」(2005년, 10월): 18-23.

. "설교를 위한 구약 내러티브 본문 주해".「헤르메네이아 투데이」51 (2011년 봄): 101-17.

성종현. "구속사적 성경해석의 실제".「진리논단」창간호 (1997): 105-24.

신성종. "모형론적 성경해석에 대하여".「빛과 소금」(1985년 8월): 47-49.

오규훈. "성경해석학으로서의 심리학과 해석의 예".「장신논단」27호, (2006): 269-97.

이달. "내러티브 본문의 인물 해석과 설교".「헤르메네이아 투데이」42 (2008년 봄): 65-79.

이경직. "삼손이야기와 기독교윤리".「진리논단」11 (2005): 113-39.

이동수. "말씀의 검으로 새 생명을 낳는다".「월간목회」365 (2007년 1월): 144-45.

이명희. "인물설교".「복음과 실천」21 (1998년 겨울): 188-215.

이승구. "나실인 제도의 의미와 그 신약적 적용".「한국개혁신학」31 (2011):

162–89.

이승진 "사사기 설교 이렇게 하라".「그 말씀」(2005년 10월): 24–33.

　　　　"인물설교의 설교학적 가능성".「성경과신학」43 (2007년 7월): 111–40.

　　　　"상담설교를 위한 심리학적 성경해석의 가능성과 한계".「헤르메네이아 투데이」43, (2008년 여름): 65–84.

이정석. "사사기의 현대적 적용을 위한 제언".「그 말씀」(1997년 5월): 173–80.

이형원. "사사기에 나타난 내러티브의 탁월성".「그 말씀」(2005년 11월): 18–27.

정성구. "성경적인 설교로 돌아가자".「월간목회」358 (2006년 6월): 201–203.

　　　　"멜기세덱의 축복".「월간목회」367 (2007년 3월): 162–64.

　　　　"뭇별을 셀 수 있나".「월간목회」368 (2007년 4월): 164–66..

정인교. "야곱 인물 설교".「헤르메네이아 투데이」42 (2008년 봄): 80–92.

정창균. "구속사와 성경인물설교".「헤르메네이아 투데이」42 (2008년 봄): 22–37.

　　　　"성경 인물설교의 당위성과 한계성".「신학정론」26/2 (2008년 11월): 165–93.

　　　　"성경적 성경인물설교를 위한 설교학적 고찰과 제안".「설교한국」3/1 (2011): 9–43.

조상현. "윤리적 행위를 촉구하는 설교".「설교한국」4/1 (2012년 봄): 118–52.

채규현. "성경의 역사와 하나님의 관점".「월간목회」364 (2006년 12월): 141–45.

황규명. "신학과 심리학의 통합에 대한 성경적 접근". 「총신대논총」 24
    (2004): 390-419.

Davis, John J. "본문연구 IV: 삼손". 「그 말씀」 (1997년 5월): 137-44.

Kaiser, Walter C. "사사기 난해구 해설". 「그 말씀」 (1997년 5월): 145-52.

Stek, John H. "성서모형론의 어제와 오늘". 류호준 역. 「기독신학저널」 1
    (1998년 가을): 339-64.

V. 학위 논문

김정현. "구속사적 설교 원리에 근거한 설교 작성법에 관한 연구: 사사기를
    중심으로". 백석대학교 기독교전문대학원 박사학위논문, 2008.

박상열. "성경적 설교로서 인물설교연구". 총신대학목회신학전문대학원 박
    사논문, 2011.

전의영. "설화비평관점에서 본 삼손 이야기 연구". 강남대학교 박사학위논
    문, 2006.

조상현. "구속사적 설교의 청중 적용의 당위성과 신앙공동체 지향성에 대한
    연구". 합동신학대학원대학교 신학박사학위논문, 2012.

황대연. "성경인물설교에 관한 설교학적 연구". 합동신학대학원대학교 신
    학박사학위논문. 2010.

VI. 기념 논총

정창균. "성경의 문학적 형식과 신학적 목적에 비추어 본 설교의 내러티브 본

질". 『한국교회의 신학인식과 실천』. 수원: 합동신학대학원출판부,
(2006): 784-97.

Ⅶ. 주석류

강병도 편. 『호크마종합주석: 여호수아—룻기』. 6권. 서울: 기독지혜사, 2000.
김의원·민영진. 『성서주석 사사기/룻기』. 서울: 대한기독교서회, 2007.
박윤선. 『성경주석—여호수아 사사기 룻기』. 서울: 영음사, 1981.
Henry, Matthew. 『창세기(하)』. 정혁조 역. 서울: 기독교문사, 1979.
　　　　『사사기·룻기』. 박근용 역. 서울: 기독교문사, 1979.
Keddie, Gorden J. 『사사기·룻기』. 이중수 역. 서울: 목회자료사, 1990.

Ⅷ. 신문 기사

김도훈. "심리학적 성서해석의 등장이유". 『크리스챤투데이』 2004, 3, 20.
정창균. "김동호 목사의 〈나의 설교를 말한다.〉를 읽고". 『기독교개혁신보』
2007, 02, 14.

Ⅸ. 인터넷 자료

http://www2.wheaton.edu/bgc/archives/docs/bg-charlotte/1007-1.htm
http://www.wacriswell.org/printTranscript.cfm/SID/423.cfm.
http://dream10.org/dream/sermon/view.jsp?menu=A&page=4&sernum

=2864&sermoncat=1

http://wbctimes.com/sub_read.html?uid=42268&section=sc7

http://cafe.daum.net/eillm/7uyU/44?docid=wcNC7uyU4420060311184437

http://www.wacriswell.com/about-dr-wa-criswell/

http://archive.org/stream/notescriticalan04bushgoog #page/n192/
mode/2up

http://archive. org/stream/bookofjudges42cass#page/192/mode/2up

http://archive.org/stream/questionbookemb00todd#page/116/mode/2up

http://archive.org/stream/joshuajudgesruth 04keil#page/n5/mode/2up